ANNUAL REPORT ON
INTERNATIONAL COMMERCIAL ARBITRATION
IN

CHINA

中国国际商事仲裁年度报告

（2021~2022）

中国国际经济贸易仲裁委员会 主编
China International Economic and Trade Arbitration Commission

CIETAC

法律出版社
LAW PRESS·CHINA
北京

图书在版编目(CIP)数据

中国国际商事仲裁年度报告. 2021～2022 / 中国国际经济贸易仲裁委员会主编. -- 北京 : 法律出版社, 2022

ISBN 978-7-5197-7014-3

Ⅰ. ①中… Ⅱ. ①中… Ⅲ. ①国际商事仲裁－研究报告－中国－2021－2022 Ⅳ. ①D997.4

中国版本图书馆CIP数据核字(2022)第148904号

中国国际商事仲裁年度报告(2021～2022)
ZHONGGUO GUOJI SHANGSHI ZHONGCAI
NIANDU BAOGAO (2021～2022)

中国国际经济贸易仲裁委员会 主编

策划编辑 沈小英
责任编辑 毛镜澄
装帧设计 李 瞻

出版发行 法律出版社
编辑统筹 法治与经济出版分社
责任校对 王晓萍 王语童
责任印制 吕亚莉
经　　销 新华书店

开本 710毫米×1000毫米 1/16
印张 22.25 **字数** 287千
版本 2022年8月第1版
印次 2022年8月第1次印刷
印刷 北京虎彩文化传播有限公司

地址:北京市丰台区莲花池西里7号(100073)
网址:www.lawpress.com.cn
投稿邮箱:info@lawpress.com.cn
举报盗版邮箱:jbwq@lawpress.com.cn

销售电话:010-83938349
客服电话:010-83938350
咨询电话:010-63939796

书号:ISBN 978-7-5197-7014-3
定价:136.00元

《中国国际商事仲裁年度报告(2021～2022)》编辑委员会

前 言

2022年5月18日国家主席习近平在庆祝中国国际贸易促进委员会建会70周年大会暨全球贸易投资促进峰会上发表视频致辞中提出，要坚持真正的多边主义，践行共商共建共享的全球治理观，动员全球资源，应对全球挑战，促进全球发展。要坚持对话而不对抗、拆墙而不筑墙、融合而不脱钩、包容而不排他，以公平正义为理念引领全球治理体系变革。

仲裁作为多元纠纷解决机制中的重要环节，在国际营商环境建设中的作用越来越突出，每一起仲裁案件都是营商环境“试金石”。作为中国最具代表性的国际性常设仲裁机构，中国国际经济贸易仲裁委员会（以下简称贸仲）具有近70年处理国际商事争议的经验，不断推动我国涉外仲裁制度创新和仲裁法治建设发展。贸仲坚持以习近平新时代中国特色社会主义思想为指导，全面贯彻落实党的十九大和十九届历次全会精神，坚持公正高效，不断提升仲裁公信力，各项工作取得新进展。近年来，贸仲国际商事仲裁案件受案量、标的额以及当事人国籍数量均名列国际仲裁机构前列，仲裁裁决在全球100多个国家和地区得到执行，铸就了中国仲裁的国际公信力和影响力。2021年贸仲的案件数量持续增长，首次突破4000件。

争议金额大幅增加,连续4年突破千亿元大关。国际化因素显著增强,案件争议更加复杂,案件类型多样化,新兴领域案件增长呈亮点。

2015年9月22日,贸仲在北京首次发布《中国国际商事仲裁年度报告(2014)》,这是国内第一次针对中国国际商事仲裁(通常意义上的中国涉外仲裁)的发展所作的年度总结。至今7年间,中英文版的《中国国际商事仲裁年度报告》受到了国内外仲裁理论和实务界的广泛关注。为进一步总结中国国际商事仲裁法治建设情况,推动我国国际商事仲裁制度完善、行业发展和信息交流,扩大我国在国际商事仲裁舞台上的话语权和影响力,并为我国进一步发展国际商事仲裁事业提供参考,贸仲继续编写并发布《中国国际商事仲裁年度报告(2021～2022)》。

《中国国际商事仲裁年度报告(2021～2022)》除前言外,共分为六章,分别为"中国国际商事仲裁发展概况""仲裁庭组成方式的比较及实证研究""私募基金争议解决视角下:'卖者尽责、买者自负'的重述与新说""股权转让合同解除及违约责任问题研究""国际仲裁中国家放弃豁免条款效力考察""中国国际商事仲裁司法审查案例及所涉法律问题"。本年度报告采用实证分析与理论研究相结合的研究方法,力求展现中国国际商事仲裁发展亮点。具体而言,在分析2021年中国国际商事仲裁案件数据和中国仲裁法制实践发展的基础上,同步跟踪国内外商事仲裁理论研究动态,探讨中国国际商事仲裁司法审查情况,比较分析仲裁庭组成方式的发展与实践,重点研究私募基金争议解决视角下"卖者尽责、买者自负"与股权转让争议中合同解除及违约责任的热点问题,并特别观察国际仲裁中国家放弃豁免条款的效力。

《中国国际商事仲裁年度报告(2021～2022)》课题组组长为中国人民大学法学院党委书记杜焕芳仲裁员和贸仲仲裁研究所主任姚俊逸,课题组主要成员为最高人民法院民事审判第四庭副庭长沈红雨、司法部公共法律服务管理局仲裁处副处长刘世虎、中国政法大学国际法学院教授宋连斌仲裁员、众才国际律师事务所管理合伙人陈希佳仲裁员、兰台律师事务所合伙人律师杨强仲裁员、隆安律师事务所合伙人律师邱琳仲裁员。中国人民大学法学院博士研究生段鑫睿、阮昊翔,中国政法大学国际法学院博士研究生武振国参与了部分内容的撰写。具体任务分工如下:前言由杜焕芳负责撰写;第一章由杜焕芳、沈红雨、刘世虎、段鑫睿、阮昊翔负责撰写;第二章由宋连斌、陈希佳、武振国负责撰写;第三章由杨强负责撰写;第四章由邱琳负责撰写;第五章由杜焕芳、段鑫睿负责撰写;第六章由沈红雨负责撰写。本年度报告初稿完成后,杜焕芳和姚俊逸对报告全文进行了统稿,贸仲副主任兼秘书长王承杰,副秘书长徐延波,仲裁院副院长解常晴、谷岩等对报告进行了审稿。

《中国国际商事仲裁年度报告(2021～2022)》的编写,得到了最高人民法院民事审判第四庭、司法部公共法律服务管理局的一贯支持,中国人民大学法学院、中国政法大学国际法学院、兰台律师事务所、众才国际律师事务所、隆安律师事务所等单位在资料提供、初稿撰写、中期评审等方面给予的便利条件和大力协助。贸仲仲裁研究所副主任粟撒,仲裁研究所张蓓、许天舒、谭琦以及实习生刘一铭等为本年度报告的课题立项、分工协调、典型案例及数据收集、文字核校等工作付出了大量努力。法律出版社法治与经济出版分社社长沈小英编审、责任编辑毛镜澄等为本年度报告的编辑校对、装帧设计、排版印刷做了大量工作,付出了辛劳。在此一并表示由衷感谢!

《中国国际商事仲裁年度报告(2021～2022)》课题组

2022 年 8 月

目　　录

第一章　中国国际商事仲裁发展概况

一、中国国际商事仲裁案件数据分析

(一)全国仲裁委员会受理案件情况①

1. 受案量及标的额

2021 年,全球的经贸往来和发展仍然受到疫情影响,经济复苏趋势疲软。仲裁行业亦是如此。总体而言,2021 年中国仲裁事业虽然受到影响,但继续保持了向好的稳步发展态势。

2021 年,全国 270 家仲裁委员会共受理案件 415,889 件,全国仲裁案件标的总额为 8593 亿元,比 2020 年上升 1406 亿元,同比上升 19.6%。其中,传统商事仲裁案件为 268,879 件,与 2020 年相比增加 7832 件,同比增幅为 3%;其中,有 55 家仲裁委员会运用网上仲裁方式处理案件 142,755 件,较 2020 年增加 3091 件,同比增幅为 2%(见图 1-1 至图 1-4)。

① 资料来源:司法部公共法律服务管理局《二〇二一年全国仲裁处理案件情况》(根据各仲裁机构报告数字统计),2022 年 3 月。

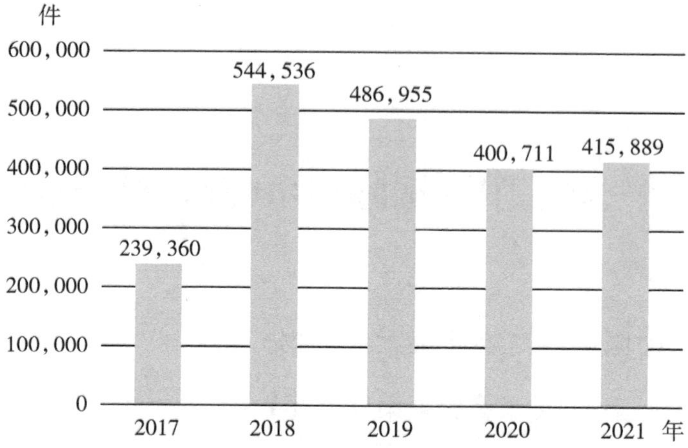

图1－1　全国仲裁委员会受案总量

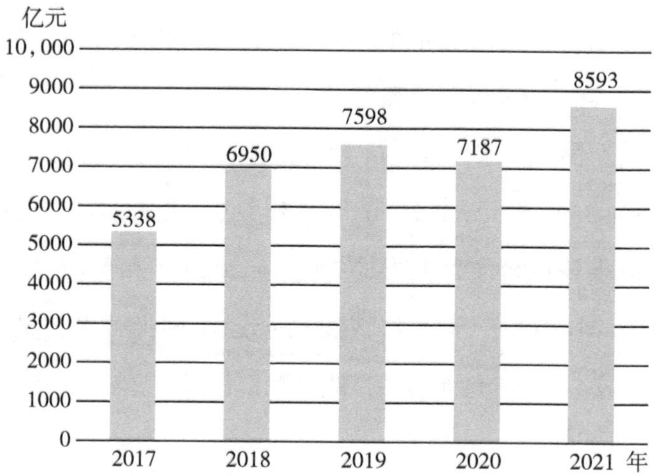

图1－2　全国仲裁委员会受案标的总额

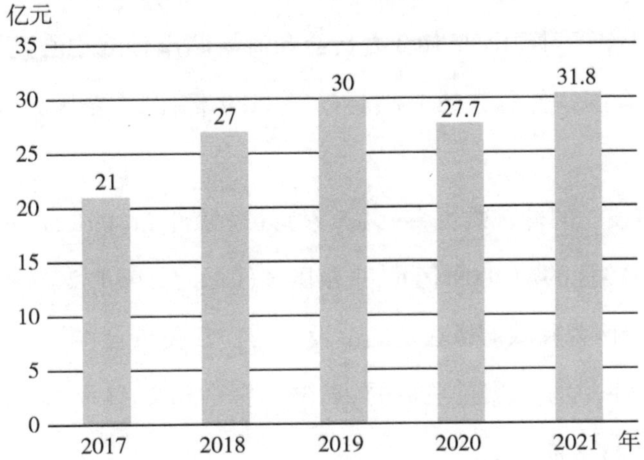

图 1－3　全国仲裁委员会平均受案标的额

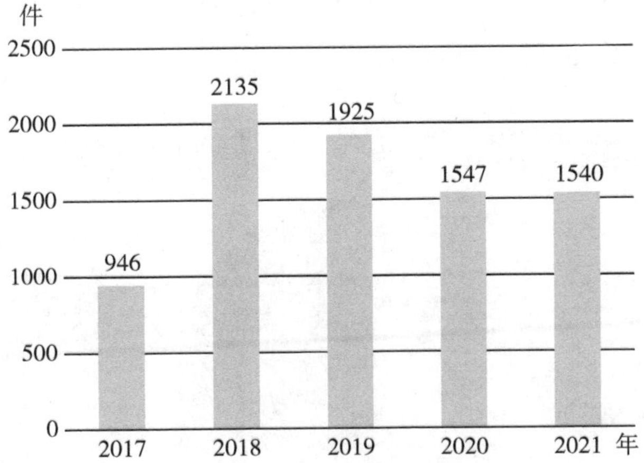

图 1－4　全国仲裁委员会平均受案量

2021年,全国270家仲裁委员会中,中国国际商会设立的仲裁委员会(共3家,即贸仲、中国海事仲裁委员会和海峡两岸仲裁中心)共受理案件4223件,占全国案件总数的1%;标的额1239亿元,占全国案件标的总额的14.4%。

直辖市设立的仲裁委员会(共5家)处理案件21,991件,占全国案件总数的5.3%;标的额2009亿元,占全国案件标的总额的23.4%。

省、自治区人民政府所在地的市设立的仲裁委员会(共27家)处理案件101,723件,占全国案件总数的24.5%;标的额2043亿元,占全国案件标的总额的23.8%。

其他设区的市设立的仲裁委员会(共235家)处理案件287,952件,占全国案件总数的69.2%;标的额为3302亿元,占全国案件标的总额的38.4%(见图1－5、图1－6)。

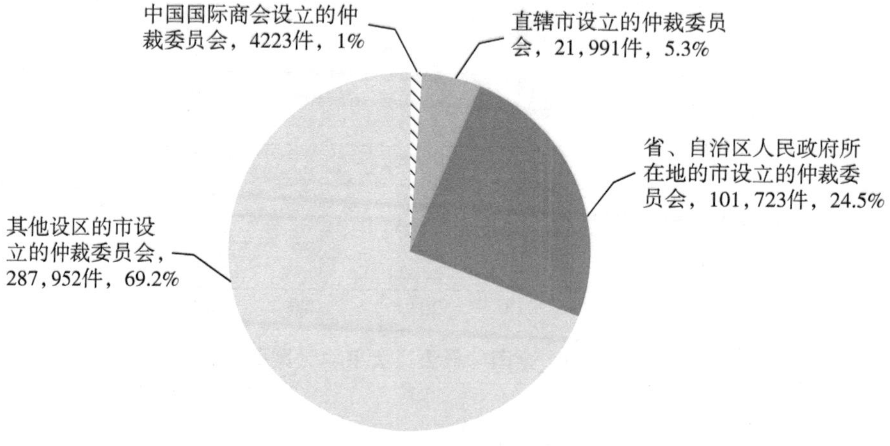

图1－5　受理案件占比

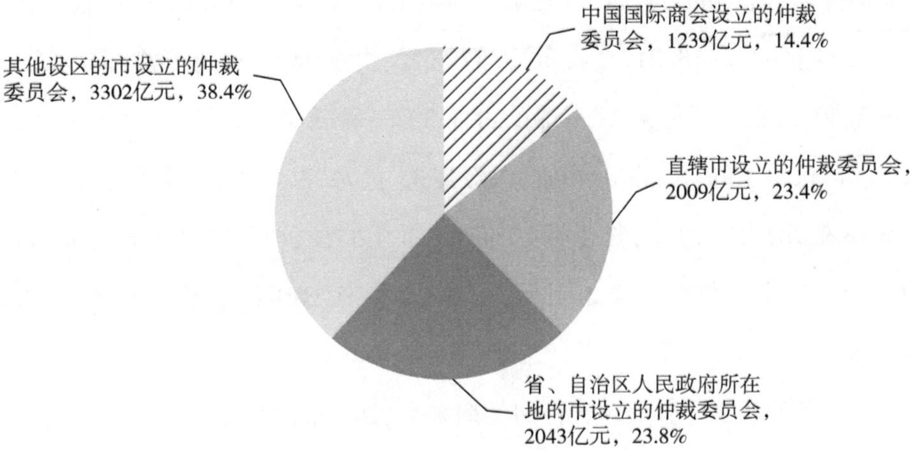

图 1－6　标的额占比

2. 受理主要案件类型情况

从 2021 年全国仲裁委员会处理各类案件的数量来看，依次为：金融类案件 208,711 件，占全国案件总数的 50.18%；房地产类案件 37,162 件，占 8.94%；买卖类案件 23,639 件，占 5.68%；物业类案件 18,279 件，占 4.4%；建设工程类案件 17,910 件，占 4.31%；租赁类案件 12,632 件，占 3.04%；保险类案件 15,473 件，占 3.72%；交通事故赔偿类案件 11,281 件，占 2.71%；电子商务类案件 7259 件，占 1.75%；知识产权类案件 2947 件，占 0.71%；股权转让类案件 2650 件，占 0.64%；土地交易类案件 499 件，占 0.12%；医疗纠纷赔偿类案件 345 件，占 0.08%；农业生产经营类案件 284 件，占 0.07%。

从各类案件标的额来看，依次为：金融类案件标的额 2405 亿元，占全国案件标的总额的27.99%；建设工程类1368亿元，占15.92%；股权转让类1144亿元，占13.31%；买卖类597亿元，占6.94%；房地产类464亿元，占5.40%；土地交易类291亿元，占3.39%；租赁类236亿元，占2.75%；知识产权类42亿元，占0.49%；保险类35亿元，占0.41%；农业生产经营类18亿元，占0.21%；物业类15亿元，占0.17%；电子商务类8亿元，占0.09%；交通事故赔偿类5亿元，占0.06%；医疗纠纷赔偿类1亿元，占0.08%；等等。

从各仲裁委员会处理案件的类型来看，261家仲裁委员会处理买卖类案件，占机构总数的97%；260家仲裁委员会处理建设工程类案件，占96%；246家仲裁委员会处理租赁类案件，占91%；232家仲裁委员会处理房地产类案件，占86%；217家仲裁委员会处理金融类案件，占80%；180家仲裁委员会处理物业类案件，占67%；167家仲裁委员会处理股权转让类案件，占62%；128家仲裁委员会处理保险类案件，占47%；95家仲裁委员会处理土地交易类案件，占35%；68家仲裁委员会处理知识产权类案件，占25%；34家仲裁委员会处理交通事故赔偿类案件，占13%；22家仲裁委员会处理电子商务类案件，占8%；14家仲裁委员会处理农业生产经营类案件，占5%；12家仲裁委员会处理医疗纠纷赔偿类案件，占4%。

3. 平均处理案件情况

2021年，全国270家仲裁委员会平均处理案件1540件，比2020年仅减少7件，降低0.5%；平均标的额32亿元，比2020年增加4亿元，上升

14.29%。

2021年，全国31个省、自治区、直辖市共处理案件411,666件，案件标的总额7354亿元，各省、自治区、直辖市平均案件数13,280件，比2020年上升474件，增加4%；平均标的额237亿元，比2020年上升42亿元，增加22%。

4. 调解和解及司法监督情况

2021年，以调解和解方式结案的案件数为93,162件，占传统商事案件受案总数的35%，较2020年增长1181件，上升1.3%。被人民法院裁定撤销仲裁裁决50件，占案件总数的0.01%，与2020年的103件0.03%的撤销率相比，下降0.02%；被裁定不予执行仲裁裁决83件，占案件总数的0.02%，与2020年的852件0.21%的不予执行率相比下降0.19个百分点。

5. 涉外、涉我国港澳台地区案件受理情况

2021年，共有66家仲裁委员会受理涉我国港澳台地区和涉外案件共计2695件，较2020年上升了509件。案件主要集中在北京、上海、江苏、浙江、福建、广东等东部省市。其中，涉我国香港特别行政区案件1107件，涉我国澳门特别行政区案件98件，涉我国台湾地区案件134件，其他涉外案件1352件。处理涉我国港澳台地区和涉外案件总数超过100件的有6家仲裁委员会，分别为：贸仲636件、广州仲裁委员会466件、深圳国际仲裁院（以下简称深国仲）345件、北京仲裁委员会（以下简称北仲）249件、杭州仲裁委员会177件、上海国际经济贸易仲裁委员会149件。

6. 2021 年被法院裁定撤销和不予执行仲裁裁决情况

2021 年,全国被人民法院裁定撤销仲裁裁决 50 件,占案件总数的比例为 0.01%;被裁定不予执行仲裁裁决 83 件,占案件总数的比例为 0.02%。其中,被法院裁定撤销和不予执行仲裁裁决共计 5 件以上(含 5 件)的仲裁委员会 6 家。

(二)中国国际商事仲裁实践

本部分拟将中国国际商事仲裁实践与世界上主要仲裁机构在 2021 年的实践进行分析,并归纳总结中国国际商事仲裁实践中的突出特点与发展趋势。考虑中国国际商事仲裁多采取机构仲裁模式,本章选取了以下主要仲裁机构作为比较对象:贸仲、国际商会国际仲裁院(International Chamber of Commerce International Court of Arbitration, ICC)、伦敦国际仲裁院(London Court of International Arbitration, LCIA)、斯德哥尔摩商会仲裁院(The Arbitration Institute of the Stockholm Chamber of Commerce, SCC)、新加坡国际仲裁中心(Singapore International Arbitration Centre, SIAC)、香港国际仲裁中心(Hong Kong International Arbitration Center, HKIAC)。本章将对上述国际商事仲裁机构通过官方渠道发布的年报进行比较分析,并重点归纳 2021 年中国国际商事仲裁实践的亮点及其发展趋势。①

① 截至 2022 年 7 月 5 日,ICC 年度报告在撰写本章节时还没有公布正式报告。

1. 受案量

2021 年，贸仲受理案件 4071 件，同比增长 12.61%，受案量实现近 3 年连续增长。审结案件 4306 件，同比增长 48.89%。

案件涉及 93 个国家和地区的涉外、涉我国港澳台地区案件共 636 件（包括双方均为境外当事人的国际案件 61 件），涉"一带一路"案件 136 件（涵盖 36 个"一带一路"国家和地区）。约定适用英文或中英文双语的案件 109 件。案件的国际化因素显著增强，涉外案件数量大幅增加，当事人选择适用国际公约和域外法律情况增多，包括《联合国国际货物销售合同公约》以及中国香港特别行政区、荷兰、希腊、菲律宾、英国等国家和地区法律（见图 1－7）。

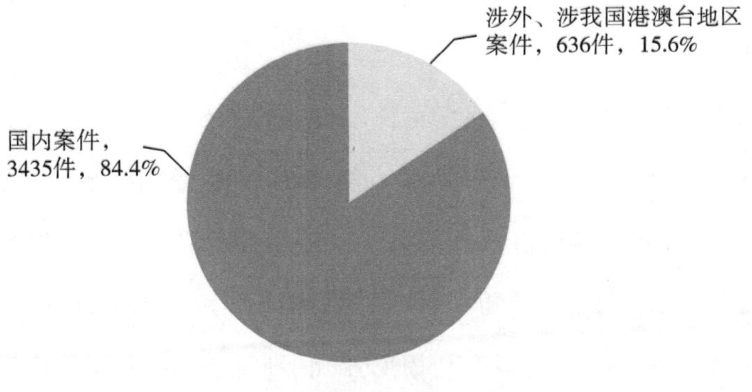

图 1－7　贸仲 2021 年案件数量对比

ICC 在 2021 年共受理 853 件案件，包括 840 件根据 ICC《仲裁规则》提交的案件和 13 件根据 ICC《指定机构规则》提交的案件。该数量低于

2020 年报告的创纪录的申请数量。①

SIAC 在 2021 年受理的案件数量大幅减少,共受理 469 个案例,同比减少 56.6%。在 469 个案例中,86% 的案件具有国际因素(405 个),14% 的案件为新加坡国内案件(64 个)。案件当事人来源共涉及 64 个法域,适用的准据法涉及 21 个法域,其中,援引次数较多的是新加坡法(52.0%)、英国法(19.6%)和印度法(6.2%)。

LCIA 在 2021 年共受理 387 件案件,其中,322 个案件根据 LCIA《仲裁规则》提起(占比为 83%),数据相较 2020 年均有所下降,总受理案件数比 2020 年下降 21%。

SCC 在 2021 年共受理 165 件案件,相比 2020 年减少 48 件,同比降低 22.5%。其中,78 件(47%)案件具有国际因素,87 件(53%)案件为瑞典国内案件。

HKIAC 在 2021 年共受理 514 件案件,其中,81.6% 的案件具有涉外因素,包括 38.3% 的案件双方当事人均来自香港特别行政区以外,以及 7.6% 的案件当事人均来自亚洲以外。在准据法选择上,香港特别行政区法律仍然处于第一顺位,紧随其后的是英国法律和中国内地法律。此外,美国纽约州、开曼群岛、美国加利福尼亚州、新加坡、瑞士等国家或地区的法律也得以适用(见图 1-8)。

---

① ICC Unveils Preliminary Dispute Resolution Figures for 2021, Accessed Jan. 26, 2022. https://iccwbo. org/media-wall/news-speeches/icc-unveils-preliminary-dispute-resolution-figures-for-2021/.

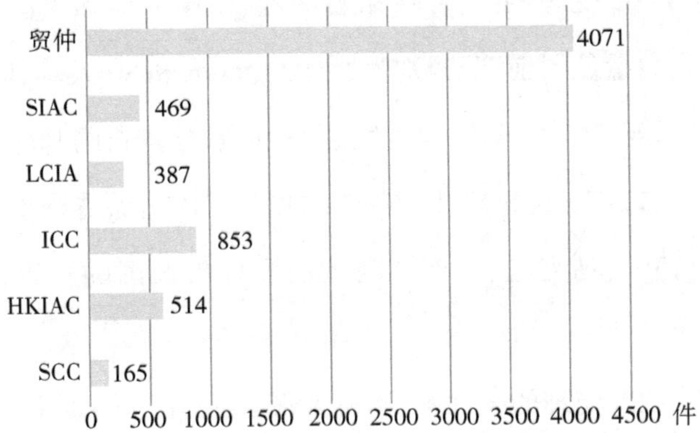

图 1-8　2021 年各大仲裁机构受案数量对比

2. 案件当事人

就国际商事仲裁而言，仲裁机构的国际化水平、国际知名度与认可度主要取决于案件当事人与争议的国际化程度。2021 年，各主要国际仲裁机构目前公布的有关案件当事人来自的国家或地区的情况如下：

2021 年贸仲受理案件的当事人涉及 93 个国家和地区，除中国内地（大陆）外，主要来自中国香港特别行政区、韩国、英国、英属维尔京群岛、美国、新加坡、德国、中国台湾地区、日本、开曼群岛、意大利、澳大利亚、瑞士、法国、加拿大、印度、俄罗斯、阿拉伯联合酋长国、印度尼西亚、越南、巴基斯坦等。

2021 年 ICC 根据 ICC《仲裁规则》受理的新案件涉及来自 143 个国家或地区的 2206 名当事人。来自美国、巴西、西班牙、阿拉伯联合酋长国和墨西哥的当事人分别排名第 1 位至第 5 位，来自法国、德国、中国内地和香港特别行政区、印度和意大利的当事人进入前 10 名。

2021年SIAC受理的案件中,来自印度、中国内地和中国香港特别行政区的当事人数量位居前三,分别为187人、94人和80人。其余当事人来自美国、马来西亚、越南、韩国、乌克兰、阿拉伯联合酋长国和印度尼西亚等国家和地区。与2020年相比,印度、中国和美国依然保持当事人数量前三的位置,来自韩国、乌克兰、越南和阿拉伯联合酋长国的当事人数量显著增加。

2021年LCIA受理的案件中,当事人来自90个不同国家或地区,非英国当事人案件占比85.2%。英国、美国和阿拉伯联合酋长国的当事人数量位居前三,分别占比14.8%、9.7%和9.5%。与2020年相比,英国、美国、阿拉伯联合酋长国的当事人数量显著增加,瑞士和俄罗斯当事人数量显著减少。

2021年SCC受理的165件案件中,87件案件仅涉及瑞典当事人,另有78件案件为国际性案件,涉及来自42个国家和地区的当事人。除瑞典(245名)外,来自塔吉克斯坦(14名)、俄罗斯(10名)、意大利和美国(均为9名)的当事人数量排名较靠前。

2021年HKIAC受理的案件中,当事人来自41个国家和地区。其中,当事人数量排名靠前的国家或地区为:中国香港特别行政区、中国内地、英属维尔京群岛、开曼群岛、美国、新加坡、韩国、英国、日本和塞舌尔。

3. 争议类型

2021年,贸仲受理的案件类型总量为21种,案件类型主要包括一般货物买卖纠纷、机电设备纠纷、服务合同纠纷、股权转让纠纷等。一般货物买卖纠纷案件数量位居首位，共549件；机电设备纠纷案件数量位列第2位，为465件；建筑工程纠纷（建筑、装修工程、承包工程、房地产开发建设纠纷）、股权投资和股权转让纠纷、金融纠纷案件保持较高数量（分别为459件、414件、414件），其中，金融创新类案件增幅达50%以上，建筑工程案件增幅达36%。此外，域名争议受理案件145件，其中“.cn”域名争议案件61件，通用顶级域名（gtld）争议案件84件；审结案件140件（见图1-9）。

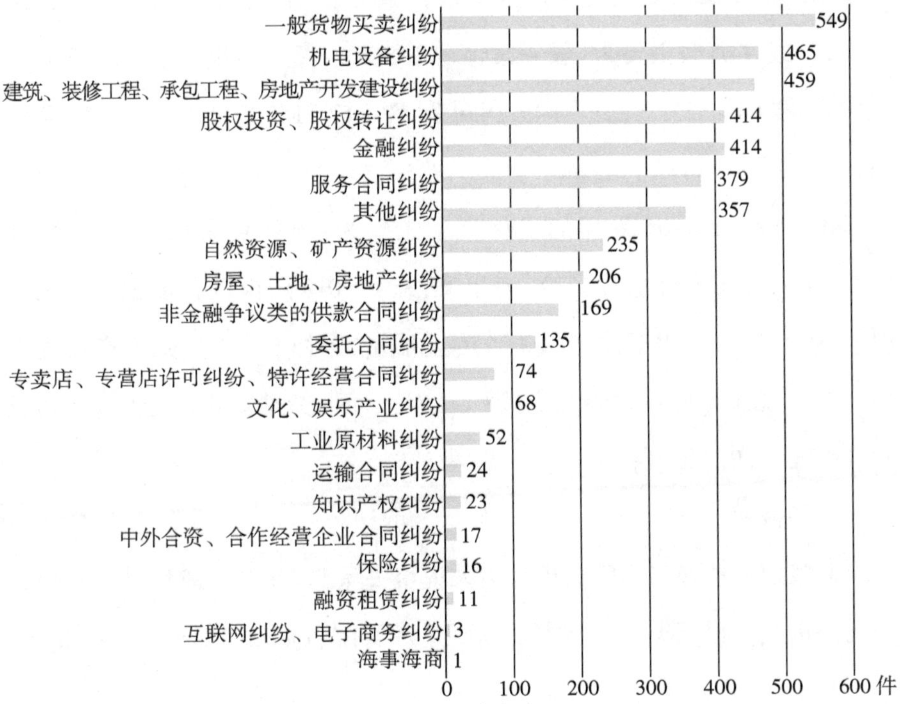

图1-9 2021年贸仲受案类型及案件数

2021年,ICC受理了80起新类型的案件——包括调解(44起)、专业知识(25起)、争议委员会(4起)和与贸易融资有关的案件(7起)。

2021年,SIAC受理的案件类型主要为:贸易案件(30%)、商事案件(24%)、企业案件(14%)、其他案件(12%)、海商海事案件(11%)和建筑工程案件(9%)等。

2021年,LCIA受理的案件类型主要为:银行和金融案件(26%)、能源与资源案件(25%)、交通贸易(14%)、建筑工程案件(7%)等。

2021年,SCC受理的争议主要来自服务合同、商业收购和交付合同活动,其案件类型主要为:服务案件(18.8%)、商业收购案件(15.2%)、交付案件(14.5%)、并购与公司案件(12.1%)和建筑工程案件(12.1%)等。

2021年,HKIAC受理的案件类型主要为:国际贸易/货物销售案件(24.2%)、公司案件(19.5%)、海事案件(17.0%)、银行和金融服务案件(16.2%)、建筑工程案件(9.4%)、专业服务案件(5.8%)、知识产权案件(4.0%)、能源案件(1.4%)、保险(1.1%)、雇佣劳动案件(1.1%)和物业及维修案件(0.3%)等。

4. 仲裁地

仲裁地的选择对国际商事仲裁来说至关重要,关乎仲裁裁决受何法域的司法审查。根据英国伦敦大学玛丽皇后学院(Queen Mary University of

London）发布的《2021 年国际仲裁调查》，[①]2021 年度最受当事人青睐的前 5 名仲裁地依次为：伦敦（54%）、新加坡（54%）、中国香港特别行政区（50%）、巴黎（35%）和日内瓦（13%），纽约（12%）和北京（12%）并列榜单第 6 位，上海位列第 8 位，与 2020 年相比，伦敦仍然是首选仲裁地，新加坡则首次成为和伦敦并列的最被青睐的仲裁地。当事人在仲裁地选择的首要考量因素为当地法院与司法政策对仲裁的支持程度（56%），当地司法系统的中立性（54%）、仲裁裁决的执行性（47%）以及紧急仲裁员或临时措施的可执行性（39%）等紧随其后。这表明了当事人在选择仲裁地时，更加注重仲裁裁决的结果与可执行程度。在上述 2021 年调查中，ICC 成为最受欢迎的仲裁机构（57%），其次是 SIAC（49%）、HKIAC（44%）、LCIA（39%）和贸仲（17%）。贸仲的当选，标志中国内地仲裁机构首次在全球权威仲裁机构调研报告中跻身前 5 名。中国香港特别行政区、巴黎和新加坡成为非洲、亚太地区、欧洲地区、中东地区、北美地区和拉美地区五大地区均排行前五的受青睐仲裁地。北京作为仲裁地对于亚太地区、欧洲地区与中东地区的当事人来说具有较高的吸引力，与伦敦、巴黎等久负盛名的国际仲裁地相比，北京具备支持仲裁的法律与政策、国际化的商业流动、以贸仲为代表的国际知名仲裁机构、高性价比的仲裁成本以及良好的配套设施与素质精良的仲裁员。值得注意的是，深圳成为亚太地区被青睐的前 10 名仲裁地之一（4%）。

---

① 2021 *International Arbitration Survey*: *Adapting Arbitration to a Changing World*, Accessed Apr. 9, 2022. https://arbitration.qmul.ac.uk/research/2021-international-arbitration-survey/.

5. 仲裁员

2021年，贸仲受理的案件中，外籍仲裁员共96人次、参与审理案件89件，约定适用英文或中英双语案件109件。

2021年，SIAC共任命179人次的仲裁员。2021年共提名外籍仲裁员192人，主要来自英国、美国、澳大利亚、马来西亚、印度、加拿大等国家。在SIAC发起的179人次的仲裁员任命中，64人次为女性仲裁员，占比35.8%。

2021年，LCIA共有298名仲裁员的449人次任命，其中，当事人指定的仲裁员占比44%，由仲裁院指定的仲裁员占比42%；三人仲裁庭占比52%，独任仲裁庭占比48%。此外，女性仲裁员的总体任命比例达到了47%，与2020年的45%相比略有增长。

2021年，SCC共任命275人次的仲裁员，其中，绝大多数仲裁员来自欧洲(262次)。此外，还有来自北美洲(10人次)、北亚(1人次)和非洲(1人次)的仲裁员。在所有任命中，女性仲裁员占比29%，男性仲裁员占比71%。

2021年，HKIAC共任命142人次的仲裁员。31人次为女性仲裁员，占比21.8%。仲裁员主要来自以下国家或地区：中国香港特别行政区(27.5%)、英国(19.7%)、澳大利亚(10.6%)、新加坡(5.6%)、中国内地(5.6%)、美国(3.5%)、加拿大(2.8%)、法国和奥地利(均为2.1%)。

6. 仲裁争议金额

2021年，贸仲受理仲裁案件涉案标的额达人民币1232.1亿元，连续4

年破千亿元大关,同比增长 9.88%。上亿元标的额争议案件共计 182 件,其中 10 亿元以上案件 16 件。涉外案件争议金额达人民币 573.5 亿元,同比增长 51.78%。双方均为境外当事人案件标的额 36.6 亿元。

2021 年 1～10 月,ICC 受理案件的平均争议金额急剧增加,争议金额为 1.84 亿美元,而 2020 年 1～12 月提交的新案件为 5410 万美元。同期数据显示,争议金额中位数与上一年相似(2021 年为 570 万美元,而 2020 年为 560 万美元)。单个新案件的争议金额从 9500 美元到 270 亿美元不等。

2021 年,SIAC 受理的案件争议总标的额为 65.4 亿美元,案件平均争议金额为 2181 万美元。其中,争议金额最高的案件标的额为 19.5 亿美元。

2021 年,SCC 受理的案件争议总标的额为 8.4 亿欧元,包括适用普通规则的案件、适用快速仲裁规则的案件和紧急仲裁案件。

2021 年,HKIAC 受理的案件争议总标的额为 546 亿港元(约 70 亿美元),个案平均标的额为 1.938 亿港元(约 2480 万美元)。

7. 小结

通过对上述主要国际商事仲裁机构的年报和案件数据的统计分析,可以得出以下基本结论:

第一,就受案量而言,在新冠肺炎疫情的持续影响下,2021 年贸仲和 HKIAC 的受案量均呈上升趋势,而 ICC、SIAC、LCIA、SCC 受理案件数量有所下降,其中,SIAC 的下降幅度最大。在中国的国际商事仲裁机构中,相对国内其他仲裁机构而言,贸仲受理的案件无论是总标的额、涉外案件数量、当事人国际化程度、法律适用的复杂程度等均十分突出,其仍然是中国最具影响力和代表性的国际商事仲裁机构。

第二,就争议类型而言,中国国际商事仲裁机构受理的案件类型依然复杂多样。一方面,货物买卖纠纷、机电设备纠纷、股权纠纷等传统的纠纷类型仍然是争议涉及的主要类型;另一方面,互联网、文娱产业、知识产权等领域的纠纷案件数量也在逐步增多。这一增长趋势对仲裁机构与仲裁员的业务水平提出了更高的要求和挑战。

第三,就争议金额而言,贸仲受理仲裁案件涉案标的额再破千亿元大关,其中,标的额过亿元的大标的额案件数量尤为突出。受案标的额的大幅增长亦从侧面反映,中国国际商事仲裁机构的服务质量与业务水平不断得到当事人的认可。

第四,就国际化程度而言,贸仲的国际案件数量显著增加,案件当事人涉及的国家与地区分布广泛,体现了我国国际商事仲裁机构逐渐扩大的国际影响力。在前述《2021 年国际仲裁调查》中,贸仲在最受当事人青睐的仲裁机构评选中位列第 5 名,仅次于 ICC、SIAC、HKIAC 与 LCIA。这意味着,贸仲作为中国国际商事仲裁的一面旗帜,已被越来越多的国际商事争议当事人所认可。中国国际商事仲裁机构与世界范围内的国际争议解决机构和组织建立了紧密的机制化联系,促进了我国仲裁机构与国际先进仲裁机构之间的交流与合作。

二、中国国际商事仲裁司法解释和政策

2021 年,最高人民法院通过出台与仲裁相关的司法解释及司法政策,

深化服务保障"一带一路"建设、自由贸易试验区以及粤港澳大湾区建设的司法职能作用，完善共商、共建、共享的多元化纠纷解决机制，中国证券监督管理委员会开展证券期货行业仲裁试点、文化和旅游部与司法部开展旅游投诉调解与仲裁衔接试点、司法部发布仲裁工作指导案例等，共同打造稳定、公平透明和可预期的良好法治环境。

（一）完善中国内地与香港特别行政区法院相互执行仲裁裁决的机制

2021 年，最高人民法院发布《关于内地与香港特别行政区相互执行仲裁裁决的补充安排》（以下简称《补充安排》），《补充安排》是对最高人民法院《关于内地与香港特别行政区相互执行仲裁裁决的安排》（以下简称《安排》）的完善。《补充安排》共有 5 条，规定了四方面的内容。其一，《补充安排》修改了《安排》的序言和第 1 条，具体修改为"根据《中华人民共和国香港特别行政区基本法》第九十五条的规定，经最高人民法院与香港特别行政区（以下简称香港特区）政府协商，现就仲裁裁决的相互执行问题作出如下安排：","一、内地人民法院执行按香港特区《仲裁条例》作出的仲裁裁决，香港特区法院执行按《中华人民共和国仲裁法》作出的仲裁裁决，适用本安排"。[①] 其二，明确了《安排》所指的执行中国内地或者香港特

① 《安排》"序言"和第 1 条的内容为，"根据《中华人民共和国香港特别行政区基本法》第九十五条的规定，经最高人民法院与香港特别行政区（以下简称香港特区）政府协商，香港特区法院同意执行内地仲裁机构（名单由国务院法制办公室经国务院港澳事务办公室提供）依据《中华人民共和国仲裁法》所作出的裁决，内地人民法院同意执行在香港特区按香港特区《仲裁条例》所作出的裁决。现就内地与香港特区相互执行仲裁裁决的有关事宜作出如下安排：","一、在内地或者香港特区作出的仲裁裁决，一方当事人不履行仲裁裁决的，另一方当事人可以向被申请人住所地或者财产所在地的有关法院申请执行"。

别行政区仲裁裁决的程序,应解释为包括认可和执行内地或者香港特别行政区仲裁裁决的程序。其三,将《安排》第2条第3款修改为:“被申请人在内地和香港特区均有住所地或者可供执行财产的,申请人可以分别向两地法院申请执行。应对方法院要求,两地法院应当相互提供本方执行仲裁裁决的情况。两地法院执行财产的总额,不得超过裁决确定的数额。”其四,《补充安排》在《安排》第6条中增加1款作为第2款,即“有关法院在受理执行仲裁裁决申请之前或者之后,可以依申请并按照执行地法律规定采取保全或者强制措施”。

(二)建立中国内地与澳门特别行政区仲裁程序相互协助保全机制

2022年2月15日,最高人民法院审判委员会通过了《关于内地与澳门特别行政区就仲裁程序相互协助保全的安排》(以下简称《仲裁保全安排》),并于2022年3月25日起施行。《仲裁保全安排》在保全方面将澳门特别行政区仲裁程序与内地仲裁程序类似对待,给予两地仲裁程序当事人相同的权能,涵盖两地全部的保全类型,通过对仲裁前、仲裁中当事人向对方法院申请保全作出具体规定,[①]为两地仲裁程序当事人和有管辖权的法院作出指引。《仲裁保全安排》体现了最高人民法院对澳门特别行政区仲裁业发展的重视和支持,通过司法机关及时对仲裁程序当事人提供必要的保全措施,保障仲裁裁决得以及时、有效履行,可以切实增强仲裁解决纠纷的实效性和针对性,对于促进仲裁在澳门特别行政区的广泛推广和应用,

① 内容包括仲裁程序、仲裁阶段、管辖法院、申请材料、申请书内容、尽速审查和救济程序等。

将产生积极推动作用。不仅如此,《仲裁保全安排》将澳门特别行政区依法设立的仲裁机构全部纳入,在任何一个澳门特别行政区仲裁机构已经或将要提起仲裁程序的当事人,都可以根据安排请求内地法院协助保全。这体现了中央对澳门特别行政区仲裁业以及澳门特别行政区法律服务业的大力支持,将会对澳门特别行政区仲裁业的发展产生积极的推动作用和影响。①

《仲裁保全安排》共有12条,适用于两地仲裁机构管理的仲裁程序,是在之前的最高人民法院《关于内地与澳门特别行政区相互认可和执行仲裁裁决的安排》基础上,在司法协助领域的又一项重要制度安排,实现了内地与澳门特别行政区仲裁领域相互协助的全过程覆盖。②

一是关于申请保全的类型。《仲裁保全安排》规定,当事人可以根据《仲裁法》的规定向内地人民法院申请保全,包括财产保全和证据保全。③当事人也可以根据澳门特别行政区仲裁法规向澳门法院申请保全,包括普通保全和特定保全。④ 由此,《仲裁保全安排》在最大限度上赋予了仲裁双方当事人相同的权利。

---

① 最高人民法院《关于〈关于内地与澳门特别行政区就仲裁程序相互协助保全的安排〉答记者问》。

② 参见司艳丽、张鑫萌、刘琨、吴延波:《〈关于内地与澳门特别行政区就仲裁程序相互协助保全的安排〉的理解与适用》,载《中国应用法学》2022年第1期。

③ 《仲裁法》第28条第1款、第46条。

④ 普通保全,是指任何人有理由恐防他人对其权利造成严重且难以弥补之侵害的,可以申请具体、适当的保存或者预行措施,以确保受威胁之权利得以实现。同时,法院有权命令采取非为所申请人具体申请采取之措施。特定保全包括占有之临时返还、法人决议之中止执行、临时扶养、裁定给予临时弥补、假扣押、新工程之禁制、制作清单7种。

二是关于仲裁适用的程序。《仲裁保全安排》适用的仲裁程序,限于内地以及澳门特别行政区仲裁机构管理的仲裁程序,不包括临时仲裁程序和其他国家或者地区仲裁机构管理的仲裁程序。澳门特别行政区仲裁法规定的可仲裁事项的范围十分广泛,任何当事人订立和解协议的争议均可仲裁,包括行政争议。相比之下,中国内地的《仲裁法》规定的仲裁适用纠纷类型限于合同纠纷或其他财产权益纠纷。因此,《仲裁保全安排》为保持与最高人民法院《关于内地与澳门特别行政区相互认可和执行仲裁裁决的安排》一致,将仲裁程序的适用限定在两地的民商事仲裁程序。考虑到目前《仲裁法》没有规定临时仲裁,《仲裁保全安排》为与上述规定保持一致,排除临时仲裁程序的适用。[①]《仲裁保全安排》为与此前的规定保持一致,亦排除了其他国家或地区仲裁机构管理的仲裁程序。

三是关于有权管辖保全申请的法院。《仲裁保全安排》第2条第1款规定,内地有权管辖澳门仲裁程序当事人保全申请的法院为被申请人住所地、财产所在地或者证据所在地的内地中级人民法院。受理仲裁保全申请的法院一般应与受理仲裁裁决申请认可和执行案件的法院相一致。[②] 同时,中国内地有关法律和司法解释对保全案件管辖法院有特殊规定的,从

---

① 值得注意的是,2016年12月30日发布的最高人民法院《关于为自由贸易试验区建设提供司法保障的意见》,已有限度地引入了临时仲裁制度。修改《仲裁法》已列入十三届全国人大常委会立法规划和国务院2021年度立法工作计划。从《仲裁法(修订)(征求意见稿)》来看,《仲裁法》拟增加临时仲裁制度。

② 参见姜启波、周加海、司艳丽、刘琨:《〈关于内地与香港特别行政区法院就仲裁程序相互协助保全的安排〉的理解与适用》,载《人民法院报》2019年9月26日,第3版。

其规定。[①] 根据《仲裁保全安排》第5条第1款的规定，澳门特别行政区有权管辖保全申请的法院为澳门特别行政区初级法院。

四是关于可申请保全的阶段。根据《仲裁保全安排》的规定，申请保全的阶段分为仲裁中和仲裁前的保全两种。首先，对于仲裁中的保全，《仲裁保全安排》第2条第1款规定，仲裁裁决作出前，澳门仲裁程序当事人可依照《民事诉讼法》《仲裁法》和相关司法解释的规定向内地人民法院申请保全。第5条第1款规定，仲裁裁决作出前内地仲裁程序当事人可根据澳门特别行政区法律规定，向澳门特别行政区法院申请保全。需要注意的是，为体现更紧密的司法合作以及保全的临时性、紧急性，《仲裁保全安排》未要求仲裁程序中的保全申请由澳门特别行政区仲裁机构转递，澳门仲裁程序的当事人可以直接向内地人民法院申请保全以提高保全效率。其次，对于仲裁前的保全，《仲裁保全安排》第2条第2款规定，在澳门仲裁机构受理仲裁案件前，当事人向内地人民法院提交保全申请的，如内地人民法院采取保全措施后30日内未收到澳门特别行政区仲裁机构已受理仲裁案件的证明函件的，内地人民法院应当解除保全。《仲裁保全安排》第5条第2款根据澳门特别行政区仲裁法第15条第2款、第3款，规定了内地仲裁机构受理仲裁案件前当事人向澳门特别行政区法院申请保全的，应当按照澳门特别行政区法律采取开展仲裁程序的必要措施，否则保全措施失效，并应当及时将已作出必要措施及作出日期的证明送交法院。值得关注

① 如最高人民法院《关于审查知识产权纠纷行为保全案件适用法律若干问题的规定》第3条。

的是,《仲裁保全安排》生效后,两地在仲裁领域实现了相互协助保全的全流程覆盖。因为《仲裁保全安排》进一步将两地相互协助保全向前延伸至仲裁前和仲裁中,从而实现了从仲裁程序开始前到仲裁程序进行中,从申请认可和执行仲裁裁决前到法院裁定作出前的全流程保全协助。①

五是保全申请的审查及救济。《仲裁保全安排》第7条规定,被请求方法院应当尽快审查当事人的保全申请,可以按照被请求方法律规定要求申请人提供担保。当事人的保全申请符合被请求方法律规定的,被请求方法院应当作出保全裁定。该条中的被请求方法律规定主要是基于两地不同法律规定。②《仲裁保全安排》第8条规定了救济途径。法律依据为被请求方的相关法律规定。在中国内地,寻求救济的法律规定为最高人民法院《关于适用〈中华人民共和国民事诉讼法〉的解释》第171条。在澳门特别行政区,当事人可按一般程序对法院采取措施的批示提起上诉;若认为法院采取的措施不当,可以提出申辩并由法官作出裁判,当事人也可以对该裁判提出上诉。

(三)完善仲裁司法审查案件报核制度

根据审判实践的需要,最高人民法院通过了《关于修改〈最高人民法院关于仲裁司法审查案件报核问题的有关规定〉的决定》,该决定于2022

① 最高人民法院《关于内地与澳门特别行政区相互认可和执行仲裁裁决的安排》仅涵盖法院受理认可和执行仲裁裁决申请之前或者之后的保全,不包括仲裁裁决作出前的保全。

② 《民事诉讼法》第104条及澳门特别行政区民事诉讼法典关于保全的相关规定,如第335条。

年1月1日开始实施。最高人民法院《关于仲裁司法审查案件报核问题的有关规定》(以下简称《仲裁审查报核规定》)在原规定的基础上修改了第3条,并增加了一条作为第4条。修改后的第3条规定:"本规定第二条第二款规定的非涉外涉港澳台仲裁司法审查案件,高级人民法院经审查,拟同意中级人民法院或专门人民法院以违背社会公共利益为由不执行或撤销我国内地仲裁机构的仲裁裁决的,应当向最高人民法院报核,待最高人民法院审核后,方可依最高人民法院的审核意见作出裁定。"与2017年的规定相比,[①]第3条删去了以仲裁司法审查案件当事人住所地跨省级行政区域为由不执行或撤销仲裁裁决的情形。新增第4条是对第3条修订内容中高级人民法院向最高人民法院报备的时间规定,即由高级人民法院审核的案件,高级人民法院应当在作出审核意见之日起15日内向最高人民法院报备。

(四)发布《全国法院涉外商事海事审判工作座谈会会议纪要》(以下简称《纪要》),有效增强实践指引

一是明确主从合同争议解决条款的效力认定。《纪要》第97条规定,"当事人在主合同和从合同中分别约定诉讼和仲裁两种不同的争议解决方式,应当分别按照主从合同的约定确定争议解决方式。当事人在主合同中约定争议解决方式为仲裁,从合同未约定争议解决方式的,主合同中的仲裁协议不能约束从合同的当事人,但主从合同当事人相同的除外"。对主

① 最高人民法院《仲裁审查报核规定》(法释〔2017〕21号)第3条。

合同中的仲裁条款效力能否及于从合同当事人这一问题，一种观点持“效力扩张说”，即从合同对争议解决方式没有约定或约定不明的，主合同仲裁条款效力及于从合同当事人，促进纠纷的一次性解决。另一种观点则认为，当事人意思自治是仲裁的基石，选择仲裁必须以当事人的明确意思表示为前提，不能简单用主合同中的仲裁条款约束从合同当事人，否定从合同当事人选择争议解决方式的权利。《纪要》采取第二种观点，主合同仲裁条款对从合同有效，限于从合同没有新的当事人且当事人没有选择新的争议解决方式的情形。

二是明确仲裁调解书受司法监督。《纪要》第 99 条规定，“仲裁调解书与仲裁裁决书具有同等法律效力。当事人申请撤销仲裁调解书的，人民法院应予受理……”，解决了长期以来仲裁调解书是否可申请撤销的问题。《仲裁法》第 51 条赋予仲裁调解书等同仲裁裁决的效力，在当事人拒不履行仲裁调解书时，另一方当事人可向人民法院申请强制执行。因此，应当赋予仲裁调解书的当事人以救济权利。《纪要》第 99 条还规定，对当事人提出的撤销非涉外仲裁调解书和涉外仲裁调解书申请，人民法院应当分别根据《仲裁法》第 58 条和第 70 条的规定予以审查。

三是明确外国仲裁机构在中国作出的裁决的籍属。《纪要》第 100 条规定：“境外仲裁机构以我国内地为仲裁地作出的仲裁裁决，应当视为我国内地的涉外仲裁裁决。当事人向仲裁地中级人民法院申请撤销仲裁裁决的，人民法院应当根据仲裁法第七十条的规定进行审查；当事人申请执行的，根据民事诉讼法第二百八十一条的规定进行审查。”广州市中级人民法院审理的"美国布兰特伍德公司申请承认 ICC 在广州作出的仲裁裁决案",层报至最高人民法院后,经审判委员会讨论认为,该外国仲裁机构在我国作出的仲裁裁决可以视为我国的涉外仲裁裁决。该条吸收了该案的裁判规则,确立了以仲裁地认定外国仲裁机构在中国作出的仲裁裁决之籍属,仲裁程序及裁决受仲裁地法院的司法监督,同时也避免了仲裁地和仲裁机构所在地分处不同国家时,因两国法律差异而产生消极冲突的情形,有利于保障仲裁公正及裁决的跨境执行。

四是明确了当事人约定仲裁规则时的仲裁条款效力的判定规则。《纪要》第 95 条规定:"当事人在仲裁协议中未约定明确的仲裁机构,但约定了适用某仲裁机构的仲裁规则,视为当事人约定该仲裁机构仲裁,但仲裁规则有相反规定的除外。"《纪要》第 96 条规定:"当事人在仲裁协议中约定内地仲裁机构适用《联合国国际贸易法委员会仲裁规则》仲裁的,一方当事人以该约定系关于临时仲裁的约定为由主张仲裁协议无效的,人民法院不予支持。"上述两条秉持尽可能促使仲裁协议有效的原则,指引司法实践对当事人的意思表示进行合理解释。根据我国《仲裁法》第 16 条和第 18 条的规定,"选定的仲裁委员会"即约定明确的仲裁机构是一项有效仲裁协议的必备要素。但在实践中经常出现仅约定适用某仲裁机构的仲裁规则或约定甲仲裁机构但适用乙仲裁规则的情形。《纪要》一是明确了当事人约定适用某仲裁机构的仲裁规则,即使该机构仲裁规则中并没有对如何确定仲裁机构作进一步规定,此时仍应视为当事人已同意由该仲裁机构进行仲裁,人民法院不能再以仲裁条款未约定明确的仲裁机构为由而否定仲裁条款的效力,除非该机构的仲裁规则有相反规定。二是明确当事人约定某仲裁机构适用其他仲裁规则的,并不影响仲裁条款的效力,对于约定仲裁机构适用 UNCITRAL 仲裁规则的,亦不能因 UNCITRAL 仲裁规则适用于临时仲裁,而认定仲裁条款为临时仲裁协议。上述规定尊重当事人意思自治,有利于仲裁协议的切实履行,以避免出现当事人利用仲裁协议措辞存在的瑕疵而规避约定的情形。

五是就《纽约公约》的理解和适用提供实践指引。《纪要》第 105 条规定:"申请人向人民法院申请承认和执行外国仲裁裁决,应当根据《纽约公约》第 4 条的规定提交相应的材料,提交的材料不符合《纽约公约》第 4 条规定的,人民法院应当认定其申请不符合受理条件,裁定不予受理。已经受理的,裁定驳回申请。"该条对当事人申请承认和执行裁决不符合《纽约公约》第 4 条规定的形式条件的,人民法院应当如何处理作出规定,即仅产生驳回申请的法律效果,而不产生实体上拒绝承认和执行裁决的法律效果。其后如果满足《纽约公约》第 4 条规定的形式要件,当事人仍可以再次申请。《纪要》第 106 条规定,"人民法院适用《纽约公约》审理申请承认和执行外国仲裁裁决案件时,应当根据《纽约公约》第五条的规定,对被申请人主张的不予承认和执行仲裁裁决事由进行审查。对被申请人未主张的事由或者其主张事由超出《纽约公约》第五条第一款规定的法定事由范围的,人民法院不予审查。人民法院应当根据《纽约公约》第五条第二款的规定,依职权审查仲裁裁决是否存在裁决事项依我国法律不可仲裁,以及承认和执行仲裁裁决是否违反我国公共政策",旨在规范对《纽约公约》第

5 条的理解，就该公约规定的 7 项拒绝承认和执行事由，区分人民法院依当事人申请审查和人民法院依职权主动审查的范围，即《纽约公约》第 5 条第 1 款的 5 项情形均应由被申请人提出抗辩并承担举证责任，法院无权主动审查；第 2 款的 2 项情形可以由法院依职权主动审查并予以适用。《纪要》第 107 条、第 108 条、第 109 条分别就司法实践中存在争议的未履行协商前置程序是否构成不予承认和执行的事由、人民法院生效裁定认定仲裁协议无效与裁决执行冲突是否构成违反公共政策、申请承认和执行外国仲裁裁决当事人是否可以申请保全等问题予以明确，体现了人民法院践行"有利于执行"公约精神的司法立场。

（五）开展证券期货行业仲裁试点

为完善证券期货纠纷多元化解机制，有效保护资本市场投资者的合法权益，维护证券期货行业的健康发展，中国证券监督管理委员会、司法部公布《关于依法开展证券期货行业仲裁试点的意见》（以下简称《试点意见》），并于 2021 年 10 月 15 日开始实施。《试点意见》要求，仲裁试点要遵循资本市场的基本规律和基本原则，遵守资本市场的法律、行政法规、规章、规范性文件、自律规则和行业惯例，建立专门的证券期货仲裁院（中心），制定符合证券期货行业特点的仲裁规则，提升仲裁从业人员的证券期货专业水平，保障纠纷解决的公平、公正，提高证券期货纠纷解决的高效便捷性。开展证券期货仲裁试点的仲裁委员会应当充分运用投资者权益保障机制，在仲裁规则中设立注重调解、先行赔付、纠纷速裁、互联网仲裁专门条款，依法保护投资者，尤其要维护中小投资者的合法权益。

《试点意见》在明确试点的重要意义基础上提出,支持在证券期货业务活跃的北京、上海、深圳三地开展试点(第3条),试点的主要工作包括在依法组建的仲裁委员会内部设立证券期货仲裁院(中心)并适用专门的仲裁规则,以专门处理我国资本市场产生的证券期货纠纷。

《试点意见》界定了证券期货仲裁院(中心)的仲裁范围(第4条)。仲裁范围包括证券期货合同纠纷和其他财产权益纠纷,符合《仲裁法》的规定。[①] 规定了4类纠纷,前3类涵盖主要的证券期货纠纷,最后规定兜底条款,以应对资本市场发展和创新的需要。与2004年的规定相比,《试点意见》明确将证券期货民事赔偿纠纷纳入仲裁范畴。

《试点意见》对证券期货民事赔偿纠纷[②]和资本市场自律组织会员[③]纠纷的仲裁作出专门规定(第5条、第6条)。首先,基于仲裁机构确认违法行为的权限不足,对证券期货民事赔偿纠纷的仲裁设定了行政前置和司法前置程序。其次,对仲裁协议和仲裁条款作了规定,其中规定,公司章程和会员章程中载明相关纠纷的仲裁条款的,当事人可以据此申请仲裁。再次,对于资本市场自律组织的会员之间发生的证券期货业务纠纷,如果当事人选择仲裁方式解决的,应当选择试点仲裁委员会作为仲裁机构。最后,《试点意见》对仲裁员的选聘机制(第7条),试点仲裁委员会与证券期

---

① 第4条中的证券期货市场主体,包括证券基金期货的经营机构、服务机构、私募投资基金管理人和托管机构、证券发行人、上市公司和非上市公众公司等。

② 第5条中的赔偿方,包括发行人、上市公司、非上市公众公司、证券期货经营机构、证券期货服务机构、资产管理机构等。

③ 资本市场自律组织的会员,包括证券期货交易场所、证券登记结算机构、证券期货行业协会等。

货管理机构、自律组织之间的合作(第8条),证券期货纠纷仲裁与调解、诉讼的有效衔接问题(第9条)以及对试点工作的指导和监督(第10条)等内容也都提出了一些具体的工作要求和指导。

(六)开展旅游投诉调解与仲裁衔接试点

为持续推进旅游投诉处理体系的现代化建设,提升旅游投诉处理效率,切实维护旅游者合法权益,推动旅游业高质量发展,文化和旅游部办公厅与司法部办公厅在2021年6月11日发布《关于开展旅游投诉调解与仲裁衔接试点工作的通知》,在全国开展旅游投诉调解与仲裁衔接的试点工作。试点工作要求将旅游投诉调解与仲裁相衔接,大幅提升旅游投诉调解工作的效率和权威,避免诉讼时间长和费用成本高的问题。试点工作对具体的旅游投诉调解与仲裁衔接机制的构建提出了4点要求:(1)搭建旅游投诉纠纷仲裁平台。该平台由设立地的文化和旅游行政部门和仲裁机构协商后联合搭建,仲裁机构下设"旅游投诉纠纷仲裁中心",专门负责处理旅游投诉纠纷仲裁案件,当地文化和旅游行政部门为"旅游投诉纠纷仲裁中心"提供办公场所以及必要的经费等支持。(2)明确旅游投诉纠纷仲裁平台工作职责。包括宣传鼓励当事人使用仲裁解决纠纷,制定配套的仲裁规则,代表仲裁机构受理旅游者与旅游经营者之间或者旅游经营者之间基于民商事投诉纠纷而提出的仲裁申请,以及出台《旅游纠纷快速调解仲裁规则》,引导旅行社规范旅游合同适用该规则。(3)建立相应的旅游仲裁员名册和旅游纠纷处理专家库。(4)明确旅游投诉纠纷仲裁平台运行机制。

（七）司法部发布仲裁工作指导案例

2021 年 12 月 21 日，司法部发布仲裁工作指导案例。此次发布的案例，主要集中在旅游合同纠纷、建设工程合同纠纷和投资合同纠纷 3 个领域。[①] 指导案例充分反映了仲裁的专业化优势和在化解矛盾纠纷、融入基层社会治理、保障经济社会发展中的重要作用，具有较强的典型性、示范性、借鉴性和指导性。

首先，旅游合同纠纷。2020 年以来，因新冠肺炎疫情导致旅游服务合同无法履行的纠纷逐步凸显，因疫情导致旅游服务合同无法履行，旅游者是否可以要求解除旅游服务合同并退还尚未实际发生的费用，成为实践中一个经常出现的问题。指导建议认为，旅游经营者、旅游辅助服务者在面对合同履行产生问题时应当积极与旅游者进行沟通，变更或解除合同。若因疫情问题导致合同不能够履行，则应在旅游者明确告知解除时及时退还尚未实际发生的费用。

其次，建设工程合同纠纷。通过仲裁裁决化解申请人和被申请人关于建设工程合同的矛盾纠纷，可以体现仲裁在审理建设工程合同纠纷中的专业性优势。在重庆仲裁委员会关于申请人对被申请人就建设工程合同纠纷仲裁案件中，主要涉及行为主体的认定问题。指导意见结合案情从 3 个角度作出了分析：(1)责任主体如何认定。涉案项目经理部是为涉案工程

---

① 此次发布的 3 个案例为：大连仲裁委员会关于“申请人对被申请人就旅游服务合同纠纷仲裁案”、重庆仲裁委员会关于“申请人对被申请人就建设工程合同纠纷仲裁案”、南京仲裁委员会关于“申请人对被申请人就投资合同纠纷仲裁案”。

设立的临时组织，项目经理部不对外独立承担责任，以项目经理部名义签署合同的相关责任应由设立人承担。(2)自然人作为实际施工人时的身份认定。在自然人作为实际施工人的项目中，无论转包、违法分包，还是借用资质，双方均明知该行为违法，特别是对违法发包人来说，可能面临建设业主追究违约责任以及行政处罚、资信影响等风险。所以承包双方在合同签订及履行过程中一般不会主动对外披露双方的合同关系。当自然人为实际施工人时，往往是双重身份，对内是实际施工人，对外一般是项目负责人。(3)发包方与承包方的关系认定。该关系可以根据双方约定的付款协议和工程进度款审批单予以确定。综上，当自然人在建设工程合同纠纷中对外代表发包方进行活动的，发包方认可该自然人代表其从事项目的实质管理，且发包方设立的项目部为案涉工程组建的临时组织，对外不独立承担责任，相关责任应由设立人也即发包方承担。

最后，投资合同纠纷。新发布的指导案例旨在厘清行政协议和民商事合同的界限，发挥仲裁在服务保障经济社会稳定发展中的重要作用。指导意见认为，招商引资协议属于一种特殊合同，合同中约定的民事权利义务与行政权力义务相互交错。但无论招商引资合同为民事合同或行政合同，当事人在诉讼请求、诉讼类型及诉讼标的等问题上，依法具有选择权。如果双方当事人已经约定争议通过仲裁解决，并明确约定了仲裁机构，则当事人有权选择就协议的部分内容或全部内容提起仲裁。如果相关职能部门未批准或未兑现诸如给予投资人税收、出让土地使用权等优惠政策，或者实施了收回土地使用权、撤销环评和项目立项等行政行为，投资人只能就此依法提起行政复议或提起行政诉讼,不能通过民事诉讼或商事仲裁的途径,要求政府通过行使行政职权办理其承诺的事项,或者撤销其行政决定、行政行为。如果双方当事人均认可的财政支付项目的支付或返还的请求可通过仲裁予以确定,则在不损害公共利益的前提下,仲裁庭亦可受理。因此,仲裁机构依法只能依法审理和裁决招商引资合同中涉民事权利义务的内容和事项。判断招商引资合同的约定是否为行政协议性质的标准,应参照最高人民法院《关于审理行政协议案件若干问题的规定》。[①] 此外,指导意见还指出,在审理招商引资合同纠纷案件时,应妥善认定政府与企业签订的合同效力,对有关政府违反承诺,特别是仅因政府换届、领导人员更替等原因违约、毁约的,应依法支持企业的合理诉求,依法平等保护企业和企业家。

三、国内外国际仲裁研究动态

基于2021年收录于各中英文数据库、国家图书馆及纸质期刊上的商事仲裁中英文类研究文献,梳理和归纳了2021年以来国内外国际仲裁研究的主要研究动态。

(一)国内研究动态

2021年国内学界关于国际仲裁的研究成果主要可分为两个方面,一

① 在结合协议主要内容的同时,要综合考虑以下4点要素:(1)一方当事人必须是行政主体;(2)该行政主体行使的是行政职权;(3)协议目的是为实现社会公共利益或者行政管理目标;(4)协议的主要内容约定的是行政法上的权利义务关系。不能仅依照协议名称,也不能仅依据协议中的少数或者个别条文来判定合同性质。

方面,系对《仲裁法(征求意见稿)》(以下简称《征求意见稿》)以及多元化纠纷解决机制的关注与研究,前者主要围绕涉外商事仲裁制度改革和完善问题,后者则涉及中国国际商事法庭的建设、国际商事混合争议解决机制构建,以及快速仲裁程序规则;另一方面,系对仲裁中其他问题进行研究,如国际商事仲裁中的禁诉令、仲裁司法审查,以及仲裁裁决既判力等问题。

1. 关于《征求意见稿》的研究

一是关于临时措施方面的研究。我国涉外仲裁保全仍存在效率较低的问题,影响当事人权利的行使;并且还存在法律逻辑上的不合理——仲裁庭本身可以作出具有终局效力的裁决,却无法作出中间性的保全措施决定。[①]《征求意见稿》考察了《联合国国际贸易法委员会国际商事仲裁示范法》(以下简称《示范法》)的部分内容,对于原有财产保全和证据保全的规定进行了扩充,涉及了临时措施的发布与执行以及紧急仲裁员制度等,第七章涉外仲裁没有特别规定的则适用该法的其他规定。《征求意见稿》首次提到仲裁庭发布临时措施的权力,并且采用了当事人自主选择模式,仲裁庭与法院在发布临时措施上具有同等地位。

首先,有学者认为,对于"临时措施"(interim measures)的名称是在协调英美法系"禁令"与大陆法系"保全"之下形成的。我国法律中绝大部分情况下也采用"保全措施"一称谓,而《征求意见稿》的表述为"临时措施",固然可以说是对接国际标准,但继续采用"保全措施"并不会减损具体内

---

① 徐伟功:《论我国商事仲裁临时措施制度之立法完善——以〈国际商事仲裁示范法〉为视角》,载《政法论丛》2021 年第 5 期。

容的实质效力,并且可以维护与《民事诉讼法》及其他法律的一致性。其次,关于临时措施的适用范围,《征求意见稿》第43条第2款规定:"临时措施包括财产保全、证据保全、行为保全和仲裁庭认为有必要的其他短期措施。"最后的兜底性条款的目的是在电子商务及国际商事蓬勃发展的情形下,规范日后可能出现的不属于上述3种情况的措施。然而,"其他短期措施"一词用语较模糊,可以采用"其他保全措施"等。再次,关于临时措施的发布条件,《征求意见稿》增加了"可能给其他当事人造成损害"的限制条件,与《示范法》接轨,但去掉了"可能胜诉"的标准则值得推敲,若仲裁胜诉可能性较小,则作出临时措施的必要性显著降低。因此,在后续修改中,立法机关可以考虑增加"胜诉可能性"标准。此外,仲裁庭应当同时具有修改、中止和解除保全措施的权力,并且有权要求当事人对保全措施提供担保并且对错误保全造成的损害作出赔偿。

二是关于仲裁机构法律地位的探究。《征求意见稿》第13条、第14条明确了仲裁机构的非营利法人属性,并再一次强调了仲裁机构相对行政机关的独立地位,与现行《仲裁法》相比有了明显改善。我国对于仲裁机构的法律地位长期以来"参照事业单位",在仲裁事业发展之初,为保证其健康发展,由政府提供资金和其他帮助无可非议,但随着时间的推移,这也成为制约仲裁机构发展、导致内部腐败滋生及地方保护主义盛行的幕后推手。因此,这种不合理的法律地位亟须改变。有学者认为,北仲与深国仲分别代表了两种改革路径,即事业单位企业化模式和法定机构模式。在比较法层面,大陆法系国家通常将仲裁机构定位为社团法人,英美法系国家则将其定位为公司，尽管形式不同，但实质上都体现了公益性或非营利性。由于我国《民法典》已经对营利法人与特别法人进行了列举性规定，仲裁机构的归属只能是非营利法人，并且也只能定位于“其他公益性非营利法人”。遗憾的是，《民法典》并未对非营利法人作出详细的一般性规定，其总则第三章第一节的规定参考《公司法》，对非营利法人的借鉴意义不大。将仲裁机构定性为社会服务机构具有合理性，其承担公益性服务职能，并且也符合社会服务机构“他律性”的特征，如此定位也更能保持我国现行法律的一致性。[①]

三是关于第三方资助仲裁的研究。目前，我国《仲裁法》以及《征求意见稿》都尚未涉及第三方资助制度。该制度起源于“助诉”行为，现在则是案件当事人涉及标的额较大案件时，为分担风险而请求案外第三人予以资助并分担收益和损失的约定。有学者认为，在我国大力推广国际商事仲裁服务的过程中，第三方资助是当事人是否选择中国仲裁机构以及中国作为仲裁地的一个衡量因素。目前我国并无此项制度，这可能导致一些“客户”流失。然而，在我国发展第三方资助制度仍有一些理论和实践障碍。具体而言，首先，资助方的利益追求与仲裁程序公正存在冲突，资助方有可能利用自己的优势地位干预被资助方对仲裁员的选择，更有甚者会出现资助方与仲裁员之间的关联关系，这会极大影响仲裁的公信力；其次，仲裁保密性可能遭到打击，第三方作为公司的情形下，仲裁案件信息需要向股东

① 谭启平：《论我国仲裁机构的法律地位及其改革之路》，载《东方法学》2021 年第 5 期。

披露,这是股东知情权的必然要求,但也会对仲裁的保密性造成威胁;最后,未被资助的一方可能承担难以追回损失的风险,尤其是受资助方申请被驳回却又无力支付费用时,这一现象尤为明显。针对这些障碍,有学者认为,首先,需要借助修法契机明确第三方仲裁的合法性;其次,应当建立资助方信息向仲裁庭披露制度,并且限制资助方向外披露信息的范围;最后,健全费用担保制度,对申请方可能没有偿付能力的,可以考虑要求提供担保。①

有学者专门就信息披露进行了研究。就披露主体而言,受资助者和仲裁员都应当作为信息披露主体,后者的信息披露可以充分增加当事人对仲裁的信任。就披露内容而言,应当包括第三方资助的存在、身份、资助协议的部分内容以及第三方资助者和仲裁员之间的关系。就披露方式而言,可以分为强制性披露以及个案披露两种方式。我国在面对第三方资助这一较陌生制度的情况下,首先应当通过立法确认其合法性,并且指明第三方资助对仲裁公正可能造成的不利影响。②

2. 多元化纠纷解决机制研究

一是关于中国国际商事法庭的建设。自最高人民法院成立国际商事法庭以来,对于如何建设好具有中国特色的"一站式"纠纷解决机构、吸引全世界的争议解决案件,打造中国涉外司法"名牌"就一直备受关注。世界上其他主要及新兴经济体都在打造具有本国特色的国际商事法庭,其

---

① 侯霞、郭成:《国际商事仲裁第三方资助制度的发展及应对策略》,载《商事调解与仲裁》2021 年第 5 期。

② 张晓萍:《论国际商事仲裁第三方资助信息披露机制》,载《国际经济法学刊》2021 年第 2 期。

中,英国发展得最好,受理国际案件占总受理量七成;新加坡作为亚洲争议解决中心之一也打造了国际商事法庭;其他欧洲国家、中东海湾国家也各有行动。各国国际商事法庭的建立都有国家驱动作为主要因素,修改宪法和相关法律,加强对内改革;并且以国家资源为支持,同时坚持国际合作以保障国际商事法庭的发展。

对中国国际商事法庭的构建路径,有学者认为,首先,CICC 应当把握国家发展两个大局。一方面,国内经济形势向好,自贸区吸引大量外资;另一方面,"一带一路"倡议影响持续扩大,虽然违约情况占比不大,但这些案件若能由中国国际商事法庭管辖,则有利于中国国际商事法庭大展拳脚。其次,就中国国际商事法庭自身建设而言,应当对外接轨国际,对内提升司法能力。现阶段,中国国际商事法庭应当着重构建方便、高效的诉讼规则,提升法官的专业和语言能力,加强与经贸、法律专家的互动,深入推进"一站式"争议解决,研究商事仲裁、调解与判决的相互转换机制,还要积极参与同世界其他国家、国际仲裁机构的合作。总之,中国国际商事法庭的发展路径绝不能简单移植、另起炉灶,而是应当根据现有法律体系适当调整、循序渐进,同时鼓励适用中国法律、选择由中国国际商事法庭管辖或将中国作为仲裁地。①

另有学者指出,国际争议解决机构之间的合作、当事人之间的意思自治等客观上都能催生出混合争议解决机制,在某些国家的窗口城市形成新

① 张新庆:《中国国际商事法庭建设发展路径探析》,载《法律适用》2021 年第 3 期。

的法律中心。这种中心通常代表位于现代国际金融中心，为跨境民商事争议提供“一站式”法律服务的机构，如我国的中国国际商事法庭、迪拜的国际金融法庭(Dubai Inrernational Financial Centre，DIFC)等。与传统纽约、伦敦等争议解决中心相比，这些新法律中心的开辟形成了某种竞争关系。通常这些新法律中心有国家政策加持，是一国自愿让渡主权的体现，目的是以点带面打开国际法律服务市场。尽管我国下决心构建高水平国际争议解决机构，但需要意识到，我国仍然基于大陆法国家传统，需要与国际主流的普通法争议解决模式相抗衡，并且也面临与其他国家的激烈竞争。中国法律中心的建设需要更注重质量的提升，将自身制度和文化优势(如“无讼”“尚和气”)与程序正义等有机结合，以提升自身竞争力。[①]

二是关于混合性国际商事争议解决机制研究。作为不同类型争议解决方式的有机结合，混合性国际商事争议解决机制能够有效促进国际商事争端的高效解决。从争议解决机制与司法因素联系程度来区分，国际民商事诉讼为“纯司法性”，国际商事仲裁为“准司法性”，替代性争议解决方式(Alternative Dispute Resolution，ADR)为“非司法性”。随着国际商事争端的日渐复杂化，诉讼、仲裁、ADR之间出现了更深入的联动，也就形成了所谓的混合性国际商事争议解决机制，包括“调和式仲裁”(Med-Arb)、“仲裁—调解—仲裁”(AMA)，但这些争议解决方式并不是简单的排列组合，而是相互嵌套的。但是，混合性争议解决方式很少存在国际法或国内法的

---

① 黄健昀:《国际商事混合争议解决机制论》，载《国际经济法学刊》2022年第1期。

直接规定。我国《仲裁法》鼓励在仲裁中调解，其他仲裁机构的仲裁规则也有类似规定，但在我国，仲裁中的调解毕竟处于辅助地位。而且调解中的信息披露、裁判者中立性也引发了一些当事人的担忧，他们担心自己先前主张的内容被对方当事人知晓后用来攻击自己。综上，混合性争议解决机制确有其优势，但也有一些薄弱环节需要解决。①

三是关于快速仲裁程序。仲裁的效率性使其赢得了当事人的青睐。然而，在一些需要特别快速处理纠纷的情形下，普通的仲裁程序不能满足当事人的需求，快速仲裁程序应运而生。目前，世界上主流的快速仲裁适用模式包括限额自动适用、双方合意适用以及单方申请适用，并配备了程序转换条款，然而这 3 种方式都各有利弊，在正当程序、当事人意思自治以及效率的平衡上暂未做到有机统一。有学者认为，应当设计一套“限额自动适用 + 适当退出规则”的快速程序，从仲裁庭组成来说，以独任制为原则，合议制为例外，并配备机构制定的快速仲裁协议示范条款，推荐当事人通过合意放弃一定的程序权利。对我国来说，法院在审查快速仲裁撤裁案件中，应当注重对仲裁规则的审查，不需要严守程序正义，赋予一定的仲裁灵活性，以体现司法支持仲裁的基本原则。对仲裁机构来说，其作为案件裁判者应当充分利用快速程序规则赋予的自由裁量权，作为服务提供者应当充分保证当事人的权利并提升效率。在规则设计上，尤其是关系“一带一路”沿线国家或地区，对国际商事仲裁快速程序规则必须谨慎制定，如将

① 黄健昀：《国际商事混合争议解决机制论》，载《国际经济法学刊》2022 年第 1 期。

涉"一带一路"商事纠纷的标的额平均值作为快速程序标的额的上限,还可以对审理与答辩期间作出特殊规定。[①]

3. 国际商事仲裁中的禁诉令

在国际商事仲裁领域,禁诉令可分为仲裁庭签发的禁诉令以及法院签发的仲裁禁令(或称禁止仲裁令、仲裁禁诉令)。前者是仲裁庭根据有效仲裁协议对当事人作出的不得另行起诉的命令,后者则是法院否定了仲裁协议效力之后禁止当事人另行申请仲裁的司法命令。对于前者,尽管仍然有观点认为,这种命令会破坏国际礼让,但实际上,仲裁庭应当有权发布此种命令。一是因为可以更好地巩固仲裁庭自裁管辖权;二是仲裁庭本身就有发布临时性救济措施的权力,这种命令本质上也属于这种措施;三是通常的禁诉令是司法与司法之间的"对抗",但对于仲裁,国际社会普遍采取支持态度,因此很难说这种命令会破坏国际礼让。对于这种命令的发布条件,有学者认为,应当根据仲裁程序准据法予以解决。[②] 但实际上,无论是实体法还是程序法,很少会有法律规定仲裁庭签发禁诉令,因此仲裁庭享有较大的自由裁量权。而关于仲裁禁令,有学者认为,其很容易架空仲裁庭的自裁管辖权,对仲裁会造成打击,因此即便有此种制度,通常也有比较严格的限制条件,如仲裁协议自始无效、违反公共政策等。如果出现位于外国的平行诉讼,英国法院会签发禁诉令以保证仲裁程序的顺利进行。在

① 梁庭瑜:《国际商事仲裁快速程序之比较研究》,载《商事仲裁与调解》2021 年第 4 期。

② 张建:《国际商事仲裁中禁诉令的适用问题研究——兼论我国仲裁禁诉令制度的立法构建》,载《国际法学刊》2021 年第 8 期。

我国以往的实践中，法院审查常常深入实体问题，虽然凝聚各国最大共识的《示范法》并未确立“表面证据”规则，但对实体问题的审查，对支持仲裁、提升效率并无太大作用。因此有学者建议，只要仲裁协议中存在提交仲裁的准确表述即可将案件移交仲裁庭处理，并且应当正视外国禁诉令，不把其视为干扰我国司法主权的“不速之客”，而视其为共同支持国际商事仲裁的“合作者”。当然，为保护我国司法主权，外国禁诉令在我国不应具有直接的法律效力，但可作为表面证据证明仲裁协议存在。[①]

有学者指出，禁诉令一方面能解决涉外平行诉讼，另一方面能支持与协助仲裁。在构建禁诉令规则过程中，首先要明确权利人行使权利应当遵循诚信原则和禁止权利滥用原则（如责令当事人提供担保）；法院行使司法职权要遵循利益平衡原则（如平衡当事人利益、谨慎行使权力等）。关于禁诉令的法律性质，有学者认为，其应当属于管辖权异议纠纷，因为从制度起源来说，禁诉令的核心目标是解决管辖权冲突，仲裁协议是法院发布此类禁诉令的基础，并且管辖权异议程序体现出了法院的自由裁量权，提供了救济渠道。在审查过程中，应当注意案件与我国的联系、平行诉讼的认定并且充分考虑平行诉讼的“恶意性”。禁诉令的目的并非干涉外国司法主权，而是对企图干扰仲裁程序的当事人进行司法限制，从而达到支持与保障仲裁的目的。

4. 仲裁司法审查问题研究

当前，涉外民商事争议中更多的当事人愿意将案件提交境外仲裁机

---

① 傅攀峰：《国际商事仲裁中的禁诉令：特殊性及其应对》，载《河北法学》2021 年第 39 期。

构。基于我国现实,对日后“落户”我国的境外仲裁机构(含分支机构)及其作出的仲裁裁决也适宜认定为境外机构作出的外国仲裁裁决。在司法实践中,对仲裁协议效力认定的问题仍无统一做法,因而境外仲裁机构对我国仲裁环境仍保持观望。有学者认为,目前司法审查中存在过于遵循司法“惯例”、倾向适用法院地法(中国法)的情形。“涉外审判无小事”,法官在涉外商事审判中应当进一步开放思维,体现司法支持仲裁的态度。在规则建构上,可以考虑先行先试,在部分经济发达、涉外案件多的法院开展司法风险压力测试;制定“涉外因素”负面清单,将纯国内案件排除在外,规范法官自由裁量权;坚持国内、涉外仲裁双轨审查制;强制司法审查案件的类案检索,保证裁判尺度统一。①

在涉外仲裁撤裁中,我国法院主要的依据是《民事诉讼法》第274条,但在具体适用时出现了直接或间接竞合的谬误。有学者认为,该法第274条中所规定的5种情形之间应当是相互排斥的。具体而言,直接竞合包括内部竞合和外部竞合。内部竞合发生在无仲裁协议与无效仲裁协议之间,前者是事实问题,用证据解决;后者是法律问题,应当通过法律适用从而判断其效力,尤其是在涉外仲裁中,准据法的不同会引发对仲裁协议效力的不同认定。外部竞合,是指该法第274条规定的无(效)仲裁协议与超裁的情形,处理方法是严格依据“两步法”——一是判断是否存在有效仲裁协议;二是判断是否超出仲裁协议包括范围。换言之,除非仲裁裁决的所有

① 秦男:《论选择境外仲裁机构仲裁协议效力的司法审查路径》,载《法律适用》2021年第10期。

事项都没有对应的有效的仲裁协议，否则不发生援引无(效)仲裁协议作为撤裁依据的效果。间接竞合则是法院将无(效)仲裁协议与仲裁程序违反情形相连，有学者提出，这种情形主要集中于一方当事人不应作为仲裁协议当事人并向仲裁庭提出异议，仲裁庭强行推进程序，构成程序违反。法院在审查时应当注意区分这两种情况。①

针对实体问题，有学者认为，首先，就仲裁协议法律适用，有关任何选择机构或临时仲裁规则并可以据此确定仲裁机构或仲裁地的仲裁协议应当认定为有效；其次，就协议扩大司法审查范围，我国应当明确司法审查事项的法定性并且局限于程序事项；最后，对公共政策的审查严把“标准关”，尽量减少适用。针对程序问题，一方面，在撤裁程序中，辩论、开庭审理等程序依然可行；另一方面，在不予执行中，应当有明确的申请期限以及法院内部审查的部门(执行庭或审判庭)。综上，司法要充分尊重当事人意思自治，也要防止权利滥用，确保一裁终局，支持与监督并举。②

5. 仲裁裁决既判力问题

国际商事仲裁裁决既判力的性质和范围在世界各国都还未能达成统一，就仲裁裁决或法院判决将如何影响后续仲裁程序，有学者考察了不同国家对于法院判决和仲裁裁决的既判力制度，并分析了我国当前制度。具体而言，英国、美国两个普通法系国家在法律重述和判例中确立既判力原

① 张春良：《论涉外仲裁撤裁依据的竞合适用及其厘正——以仲裁协议为中心的实证考察》，载《政法论丛》2021年第3期。

② 李红建：《仲裁司法审查的困境及其应对》，载《法律适用》2021年第8期。

则,包括滥用程序原则、禁反言原则等;德国、日本等大陆法系国家以法律为导向,提出三要素理论,并且局限既判力范围为判决主文。仲裁裁决在上述国家普遍都被认为同样具有既判力,但是不同国家对既判力的范围规定不同。同时,国际立法及公约并未深入触及这一方面的问题,目前主要还依靠各仲裁机构出台各自的仲裁规则对此予以细化。

我国关于判决既判力的规定与国际社会接轨,但扩大既判力的范围,一般认为既判力的范围不仅包括判决主文,还包括判决理由,并规定了法院裁判确定事实的预决效力。有学者认为,我国仲裁裁决既判力也可以参照民事诉讼判决,既判力范围包含仲裁请求、仲裁事由以及对结果起关键作用的裁决理由。对后续仲裁,首先要确定适用的准据法,在明确既判力属于程序问题的前提下,采用"意思自治优先,仲裁地法跟随"模式;先决判决或裁决在后续仲裁程序中很有可能不会被全盘接受。有观点认为,可以参考瑞士法院的"部分接管原则",基于平等原则认可外国判决同本国判决的既判力相同,但是范围不得超过瑞士本国法院判决既判力的范围。在国际商事仲裁实务中,通过确定的冲突法规范来确定裁决的既判力范围比强行制定统一规范更有利于解决问题。[①]

(二)国外研究动态

2021年国外学界关于国际仲裁的研究成果主要可分为两个方面:一方面,系围绕当前时代背景下所产生的新问题而进行的研究,如新冠肺炎

① 张镭:《国际商事仲裁裁决既判力制度》,载《仲裁研究》2021年第1期。

疫情对国际仲裁发展的影响及后者的应对、国际仲裁引进人工智能后所产生的问题等。另一方面,系针对传统议题进行的深入研究,如透明度问题、国际知识产权的可仲裁性问题等。此外,值得一提的是,有一部分国外学者对我国"一带一路"商事争议解决机制进行了深入研究。

1. 国际仲裁在新冠肺炎疫情中的发展与应对

近年来,新冠肺炎疫情已经且正在改变着世界,仲裁同样受其影响。从仲裁庭所在地到在线网络平台,从现场听证到线上听证,传统仲裁正在向电子仲裁(e-arbitration)转变。而国际仲裁作为仲裁理论中的一个概念,其受疫情影响所产生的问题自然引发国外法学学者的关注,其研究也随着国际仲裁在疫情中的相应调整而更加深入。

有学者指出,与新冠肺炎疫情暴发伊始不同,目前大多数仲裁机构都已提供在疫情期间进行仲裁的指导方针,例如,ICC 发布《关于减轻新冠肺炎疫情影响的可能措施的指导性说明》(Guidance Note on Possible Measures Aimed at Mitigating the Effects of the COVID－19 Pandemic),特许仲裁员协会(the Chartered Institute of Arbitrators)和维也纳国际仲裁中心(the Vienna International Arbitral Centre)也发布了类似的指导意见。而就原有规则而言,一些著名仲裁机构的规则表明,向仲裁庭授予广泛的自由裁量权是常态,仲裁员有广泛的权力进行仲裁程序,只要他们尊重当事人的决定,保证正当程序并遵守公共政策,这可以被解释为允许仲裁员授权进行线上听证。在当事人意思自治方面,双方选择特定的仲裁规则时通常可以自由地根据自己的具体需要调整这些规则,就尚未规定的程序方面签订合同以填补任何现有的空白,如有必要将包括调整所选规则以适应线上听证会的设置。如双方当事人未事先就此事达成一致,或在仲裁过程中无法达成协议,只要符合双方当事人合意选择的仲裁规则且不违反仲裁地法,仲裁庭则完全可以授权在线上进行听证。此外,目前的分析表明,《纽约公约》和基于《示范法》制定的法律都不禁止线上听证。而根据《纽约公约》在线上听证会后作出的裁决应具有可执行性。[①] 另外,亦有学者强调,组织管理上所面临的挑战(logistical challenges)可能会阻碍线上听证,例如,缺乏安全性以及期间的技术故障等。此外,迫切需要确保当事人的平等待遇权利在电子听证期间不受损害,否则仲裁裁决将无法执行。[②]

在后新冠肺炎疫情时期,仲裁必须更加灵活和现代化,诸多学者对电子仲裁表达了信心。有学者强调,该问题的理论研究并非主张应以线上听证会取代现场听证会,而是必须使线上听证会和电子仲裁得以进行,线下和线上仲裁的混合形式似乎是现阶段最合理的途径。[③] 亦有学者指出,疫情期间商业仲裁的经验表明,线上听证所带来的成本和效益都是巨大的,虽然其强调远程听证既不会也不应该具有普遍性,但很可能会成为仲裁中

① Domenico Piers De Martino & Katharina Plavec, *Has COVID – 19 Unlocked Digital Justice? Answers from the World of International Arbitration*, 6 Cambridge L. Rev. 45 (2021).

② Mohamad Fateh Labanieh, Mohammad Azam Hussain & Nazli Mahdzir, *Does E-arbitration Provide a Suitable Response for The "new Normal" Phenomenon During The Era of Covid – 19 Pandemic?*, 6 IJLGC 215 (2021).

③ Deskoski Toni, Dokovski Vangel & Kocev Ljuben, *(De) Localization of Arbitration Online v. Offline Arbitration -E-Arbitration in Time of Covid* 19, 12 Iustinianus Primus L. Rev. 1 (2021).

的默认选项,尤其是在国际仲裁领域。[①]

2. 国际仲裁中的人工智能

技术正在迅速改变法律的实施方式,其中,人工智能(AI)显然是一个热门话题。而此次新冠肺炎疫情使法律行业,尤其是仲裁领域,更加明显感受到法律科技(LegalTech)进步的影响。显而易见的是,法律技术中的人工智能可以提高仲裁的效率并降低成本。因此,虽然由于法律领域对技术的保守态度致使数字化在法律领域受到限制,但市场因素、技术进步和竞争将很快迫使法律行业更广泛地利用技术。然而,一个关键问题随之被提出,即关于国际仲裁与技术交叉的当代辩论中所涉及的科技改革的范围和程度。在这一个问题的研究中,国外学界目前主要聚焦使用人工智能的底线问题,即人工智能是否会篡夺人类的裁判者角色。对此,多数学者均指出,希望法律界能够更加谨慎地对待该问题。

有学者侧重从人工智能与人类仲裁员的差异出发,强调人类虽然在智力和工作能力方面较之人工智能有限,但后者却无法同人类一般,充分理解争端解决的无形资产,基于公平和正义作出决策,因为它们不能在编程之外运行。换言之,人工智能永远不可能拥有和体验真正的人类智慧,也不可能知道完整的生活是什么样的,无法替代拥有情景化生活经历的仲裁员。因此,有学者主张,法律界应与人工智能合作,但绝不能让其篡夺裁判

① Joshua Karton, *The (Astonishingly) Rapid Turn to Remote Hearings in Commercial Arbitration*, 46 Queen's L. J. 399 (2021).

者的角色,即仲裁员和法官必须是真人。① 有学者则侧重国际仲裁本身,质疑使用人工智能难以保证当事人受到平等对待并有充分的机会陈述自己的案件,因此尽管机器人能提供各种帮助,但事实与客观规律之间的转换最终是人类的一项活动。此外,还提出人工智能在管辖权问题及法律选择问题上的帮助有限,因为这个过程有太多非理性的因素,而且决策往往取决于太多需要处理的具体事实。另外,人工智能并不能为法律的发展提供机制,因为其只能基于既有的算法而作出裁决。② 此外,还有学者提到人工智能技术本身的问题,即仲裁裁决的可用数据有限、人工智能的技术限制以及人工智能无法体现情感等,都是阻碍人工智能仲裁员广泛使用的障碍。③

3. 国际仲裁的透明度问题

仲裁的私人性质造成了一种误解,即保密是仲裁过程中固有的、不可改变的方面。然而,管辖国际商事或投资仲裁的主要国际公约中并不存在保密义务。相反,最近国际投资仲裁的趋势表明,人们越来越希望在仲裁程序中增加透明度。因此,国际仲裁的透明度问题自然引发了国外学界的诸多关注。有学者指出,建立一个默认的透明度推定将提高投资仲裁作为

① Derick H. Lindquist & Ylli Dautaj, *AI in International Arbitration: Need for the Human Touch*, 2021 J. Disp. Resol. 39 (2021).

② Henk J. Snijders, *Arbitration and AI, from Arbitration to "robotration" and from Human Arbitrator to Robot*, 87 Arbitration: The International Journal of Arbitration, Mediation and Dispute Management 223 (2021).

③ Gizem Halis Kasap, *Can Artificial Intelligence ("AI") Replace Human Arbitrators? Technological Concerns and Legal Implications*, 2021 J. Disp. Resol. 209 (2021).

解决投资者与国家之间争端的合法、有效机制的可信度。① 透明度问题在国际商事仲裁领域中同样受到学者的关注，有学者指出，虽然在私人当事方之间的国际商事仲裁中程序的透明度看似无关紧要，但不能否认，国际商事仲裁中的裁决可能会对国际公共政策产生影响。因此，其透明度问题同样值得重视。②

无论国际商事仲裁还是投资仲裁，保密性都带来了缺乏先例的弊端。虽然在仲裁中缺乏具有约束力的先例在某些方面是方便的，但也因此让仲裁员在裁决案件时拥有巨大的自由裁量权而产生问题。由于许多裁决未公布是为了保密，而公布的裁决有时缺乏支持裁决的理由，因此有学者认为，仲裁程序实际上不存在透明度。对此其进一步指出，国际仲裁界认识到仲裁程序透明度日益提高的必要性，因此，在国际仲裁的潜在改革中有几个选择要考虑。虽然建立具有约束力的先例可能有助于更快地提高透明度，但还有其他几种创新方法可以提高国际仲裁的透明度，包括公布裁决、确立判例不变、允许第三方干预以及设置上诉程序。随着世界领导人对长期存在的投资条约进行重新思考、重新制定和谈判，透明度原则和激励透明度的多种方式需要摆在人们的面前。③

---

① Ritika Bansal, *Need for Implied Transparency in Investment Arbitration*, 54 N. Y. U. J. Int'l L. & Pol. 221 (2021).

② Emily F. Ariz, *Does the Lack of Binding Precedent in International Arbitration Affect Transparency in Arbitral Proceedings?*, 29 U. Miami Int'l & Comp. L. Rev. 356 (2021).

③ Emily F. Ariz, *Does the Lack of Binding Precedent in International Arbitration Affect Transparency in Arbitral Proceedings?*, 29 U. Miami Int'l & Comp. L. Rev. 356 (2021).

4. 国际知识产权可仲裁性

国际仲裁作为一种纠纷解决机制,与其他形式相比显然具有其独特的优越性,而在国际知识产权法领域中,其具体表现为既可不受地理位置的限制,也不受成为国际合同实质的潜在知识产权类型的限制。关于知识产权的可仲裁性问题,有学者指出,一些法律体系认为知识产权侵权行为是不可仲裁的。例如,工业产权可能因为其登记对抗第三方的效力且系根据行政行为授予的,而被视为一个公共政策问题,因此不可仲裁。在这种观点下,知识产权纠纷的解决取决于法院的专属管辖权。尽管如此,仲裁仍是一种非常有效的知识产权纠纷替代解决机制,它为有效解决知识产权纠纷提供了有吸引力的选择。① 因此,有学者指出,基于可仲裁性的知识产权仲裁局限性正在慢慢消失,许多仲裁机构与世界知识产权组织均鼓励国际知识产权仲裁。②

关于国际知识产权纠纷适用仲裁解决的利弊分析,有学者指出,存在3 种重要的方式可以使仲裁条款特别适合知识产权使用者的需要。首先,当事人可以提高与仲裁程序相关的保密级别,为其无形资产提供额外的保密性和安全性,这在涉及商业秘密、专有技术和专有信息的情况下尤其有用。其次,各方有能力选择在知识产权领域具有相关科学或专业知识的决策者,以充分解决预期争议的特殊性。最后,当事人可以获得合并仲裁的

---

① Ay Yunus Emre, *Intellectual Property Disputes and International Arbitration*, 58 ZB. Radova 929 (2021).

② Julien Chaisse & A. Marisport, *Arbitration Clauses in Intellectual Property Contracts: Past, Precedence, and Future*, 54 Int'l Law 397 (2021).

机会，这对于预期可能与多个当事方就同一问题提起仲裁，或与同一方就多个相关问题提起仲裁，或与母公司及其多个子公司打交道的当事人尤其有用。另外，学者亦指出，使用国际仲裁也存在重大不利因素，除仲裁员缺乏权威，仲裁不具备如国内法院尤其是对第三方的强制力外，还有执行临时措施可能需要在多个国内司法管辖区进行附带诉讼而降低仲裁的成本效益，以及仲裁的保密性可能致使相似案件产生不一致的法律结果等。①

5. "一带一路"商事争议解决

我国通过增加国内争议解决机制，为"一带一路"的交易方提供广泛的法律资源。而我国最高人民法院发布的一系列意见亦概述了为国际当事人提供公平、可预测和基于法律的商业环境的承诺。此外，我国还建立了国际商事法庭；制定关键的法律文书，如发布"一带一路"特别指导案例（BRI-specific guiding cases），以支持提供公正和一致的法院判决的承诺；并承诺在执行外国判决时扩大互惠原则的应用。上述一系列举动无疑引发了国外学界的关注。

对此，有国外学者指出，扩大争端解决机制和法院改革，以保障"一带一路"的国际企业的安全，是中国对外开放和合作的伟大体现。中国承认外国法律和国际法律需求有利于中国在国际秩序中的声誉，也有利于寻求进入新市场的国际企业。根据《纽约公约》和《新加坡调解公约》，中国通

① David Lewis, *The Adoption of International Arbitration as the Preferred ADR Process in the Resolution of International Intellectual Property Disputes*, 26 Bialostockie Studia Prawnicze 41 (2021).

过仲裁和调解提供了公平和可预见的法律保护。另外,该学者亦指出,需要意识到尽管中国努力为“一带一路”各方提供广泛的法律资源,但如果没有保障措施以确保“一带一路”参与者在所有争议解决机制中能够得到一致的法律适用并获得公平的法律保护,中国可能很难鼓励更倾向诉讼的各方参与“一带一路”商业交易。①

① Sara Zokaei, *Dispute Resolution Commercial Transactions along the Belt and Road: Creating Fair and Consistent Judgments*, 73 Hastings L. J. 559 (2022).

第二章　仲裁庭组成方式的比较及实证研究

在商事仲裁中，仲裁庭是涉案争议的裁判者，直接决定当事人的切身利益。因此，以何种方式确定仲裁庭组成人员可以说是仲裁程序中至为关键的部分，也是仲裁与诉讼的本质区别之一。[①] 倘若仲裁员的产生不够合理，则必然影响当事人对仲裁庭及其裁决的认同，并影响当事人对仲裁的信心。为使中国仲裁事业获得充分的制度保障，有必要对现有的组庭方式予以实证检讨，比较其中差异，解析差异背后的因由，寻找可能的最佳实践。需要说明的是，本章不代表任何组织的立场，仅为各界关心仲裁发展的人士和机构筛选信息，为深入探讨相关内容、完善仲裁庭组成方式提供便利。

第一节　仲裁庭组成方式的一般实践

一个完整的组庭规则，主要包括仲裁员人数、仲裁员指定方式以及组

① 参见宋连斌主编：《仲裁法》，武汉大学出版社 2010 年版，第 136～150 页。

庭方式的自律和监督 3 项内容。结合国际上主流的商事仲裁立法和商事仲裁规则,可以对上述内容进行梳理。

一、仲裁庭人数

确定仲裁庭人数是组庭过程中需要解决的第一个问题,可对仲裁程序的性质、持续时间和仲裁费用产生直接影响。根据人数的不同,仲裁庭常常被分为由 1 名仲裁员组成的独任仲裁庭、由 3 名仲裁员组成的三人仲裁庭以及由其他数量仲裁员组成的仲裁庭。在仲裁实践中,最常见的是独任仲裁庭和三人仲裁庭。

(一)独任仲裁庭

所谓独任仲裁庭,是指由 1 名仲裁员对当事人提交仲裁的争议进行审理、评议和裁决的组织形式。[①] 在这种情况下,独任仲裁员可以由当事人在仲裁协议中直接约定或在仲裁过程中共同选定,也可以由指定机构代为指定。综观世界各国的商事仲裁立法,独任仲裁庭形式得到了普遍采用。例如,2017 年《仲裁法》第 30 条规定:"仲裁庭可以由三名仲裁员或者一名仲裁员组成……"2011 年法国《民事诉讼法典》第 1451 条第 1 款规定:"仲裁庭应当由一名或数目为奇数的多名仲裁员组成。"

值得注意的是,在个别普通法系国家,当事人没有就仲裁员的人数作

---

① 参见谢石松主编:《商事仲裁法学》(第 2 版),高等教育出版社 2022 年版,第 220~247 页。

出约定的，法律甚至将独任仲裁员作为默认组庭人数。例如，英国《1996年仲裁法》第15条第3款规定："如果当事人没有对仲裁员人数达成约定，仲裁庭由独任仲裁员组成。"这种做法固然有助于提高仲裁效率，但是否属于最佳实践，将在下文进行探讨。

（二）三人仲裁庭

所谓三人仲裁庭，是指由3名仲裁员对当事人提交仲裁的争议进行审理、评议和裁决的组织形式。[①] 在这种情况下，一般是由当事双方各选定一名联席仲裁员，首席仲裁员由当事人共同选定或指定机构代为指定。三人仲裁庭的优势在于允许每一方选择一名仲裁员，提高了当事人对仲裁的参与度，能够提高当事人对仲裁结果的接受度。在国际案件中，三人仲裁庭可能拥有不同国籍、法律知识、语言技能和文化背景的仲裁员，有助于营造中立的争议解决环境，满足当事人对于仲裁公正性的需求。

三人仲裁庭是当今商事仲裁实务中最普遍采用的组庭方式，也常常作为默认的组庭方式使用。《示范法》第10条第2款规定："如果当事各方未自由确定仲裁员的人数，则仲裁员的人数应为三名。"包括德国、西班牙、奥地利、俄罗斯、保加利亚、斯里兰卡在内的许多国家，也采用了类似立法。[②]

---

① See Geoffroy de Clippel et al., *On the Selection of Arbitrators*, 104 American Economic Review 3434(2014).

② See Bantekas, *Article* 10: *Number of Arbitrators*, in I. Bantekas et al., eds., UNCITRAL Model Law on International Commercial Arbitration: A Commentary, Cambridge University Press, 2020, p. 179.

（三）二人仲裁庭及其他特殊情形

除独任仲裁庭和三人仲裁庭外，在少数国家还存在由2名仲裁员组成的仲裁庭。在这种情况下，一般是由当事人各自选定1名仲裁员组成仲裁庭。例如，英国《1996年仲裁法》第22条第1款规定："当事人约定仲裁员应有两名或两名以上且不设首席仲裁员的，当事人可以自由约定仲裁庭如何作出决定、命令和裁决。"如果2名仲裁员可以就案涉争议达成一致意见，应按照一致意见作出决定、命令和裁决。如果2名仲裁员无法就案涉争议达成一致意见，则必须将争议提交给他们共同指定的公断人。在公断人制度下，2名仲裁员可以在仲裁的最后阶段充当当事人的准辩护人，公断人则如同独任仲裁员一样进行裁决。

然而，即使是在英国，二人仲裁庭的仲裁实践也越来越少，许多仲裁从业者都认为它已经过时且不切实际。事实上，在起草《1996年仲裁法》时，立法机关曾考虑过一项取消二人仲裁庭制度的提议，理由是在公断人制度下当事人选定的仲裁员可以为当事人辩护，无法保持公正性。但考虑到适用二人仲裁庭时仲裁员负有尽可能达成一致的使命，且公断人制度至少在某些贸易或商业协会组织的仲裁中运作良好，《1996年仲裁法》最终还是保留了二人仲裁庭制度。[①]

此外，当事人偶尔会同意适用五人仲裁庭、七人仲裁庭乃至九人仲裁

---

① See U. K. Departmental Advisory Committee on Arbitration Law, *Official Report of the Committee on the Arbitration Bill*, Accessed May 6, 2022. https://api.parliament.uk/historic-hansard/grand-committee-report/1996/feb/28/official-report-of-the-committee-on-the.

庭。例如,在伊朗—美国求偿仲裁庭中,仲裁庭成员便高达9名。这种模仿国际法院组织仲裁庭的方式,并不是一种明智做法。随着仲裁庭规模的扩大,包括开庭时间的确定都会因为不同仲裁员日程安排的冲突而变得异常烦琐。如果仲裁庭成员出现意见分歧,仲裁庭的合议过程也将变得异常复杂。而就仲裁庭组成的中立性而言,与三人仲裁庭相比,由5名或更多仲裁员组成的仲裁庭并不具备显著优势。因此,在讲究效率的商事仲裁中,仲裁庭成员超过3名的组庭方式甚是罕见。①

二、仲裁员的确定方式

商事仲裁中不存在常设仲裁庭或预先存在的仲裁庭,必须为每次仲裁选择和组成一个新的仲裁庭。当然,为单次仲裁程序量身定制仲裁庭的自由也是仲裁的特色之一,明智地行使这种自由是顺利推进仲裁程序的关键。一般来说,仲裁员的确定方式主要有以下几种。

(一)当事人直接选定

当事人直接选定仲裁员,可以说是最简单、最直接、最理想的确定方式。原因在于,当事人通常比指定机构更了解适于个案的(首席/独任)仲裁员所需具备的能力,也更有动力去调查和确定最合适的裁判者。② 此

---

① See Gary B. Born, *International Commercial Arbitration* (Third Edition), The Netherlands, Kluwer Law International, 2021, p. 1761 – 2104.

② See Angoura and Stavroula, *Interface between Arbitrators' Disclosure and Parties' Investigation Duties*, 36 ASA Bulletin 913(2018).

外,当事人直接参与首席仲裁员的选任过程,有利于建立和维持仲裁用户对仲裁庭的信任,方便其在后续过程中配合仲裁庭的工作。鉴于此,国际文件和国家立法常常将这种方式作为最佳方案推荐给当事人。[①] 例如,《示范法》第11条第2款规定:"当事各方可以自由地就选定一名或数名仲裁员的程序达成协议。"英国《1996年仲裁法》第16条第1款规定:"当事人得自由约定选定仲裁员包括首席仲裁员和公断人的程序。"我国《仲裁法》第31条规定:"当事人约定由三名仲裁员组成仲裁庭的,应当各自选定或者各自委托仲裁委员会主任指定一名仲裁员,第三名仲裁员由当事人共同选定或者共同委托仲裁委员会主任指定……当事人约定由一名仲裁员成立仲裁庭的,应当由当事人共同选定或者共同委托仲裁委员会主任指定仲裁员。"也就是说,确定仲裁员时,当事人的意愿应放在第一位。[②]

当事人直接选定仲裁员,需要满足两项要求:第一,当事人同意选定;第二,候选仲裁员愿意接受选定。当事人可以预先在仲裁协议中确定仲裁员的人选,但这种方式未必能保证被选定人愿意在仲裁程序开始后接手案件,特别是在被选定人工作繁忙或者健康不佳的情况下。被选定人即使愿意作为仲裁员审理案件,也不一定具备审理案件所需的专业水平和语言能力。因此,为了提高当事人直接选定仲裁员的成功率,较普遍的做法是当

---

① See Brower & Rosenberg, *The Death of the Two-Headed Nightingale: Why the Paulsson-van den Berg Presumption that Party-Appointed Arbitrators are Untrustworthy is Wrongheaded*, 29 Arbitration International 7(2013).

② 参见刘俊、吕群蓉:《论仲裁庭组成与仲裁之价值》,载广州仲裁委员会主编:《仲裁研究》2006年第10辑,法律出版社2007年版,第15~24页。

事双方在争议发生后拟定数名他们认为合适的候选仲裁员名单，有时还可附上相应介绍，经过交换讨论后加以确定。也可以由指定机构向双方当事人发出包含数名仲裁员的相同名单，当事人可以在名单所列的仲裁员中按照优次顺序进行选择，然后由仲裁机构进行排列组合，从而确定仲裁员人选。

（二）已选出的仲裁员确定

如果仲裁庭由 3 名仲裁员组成，首席仲裁员可以由当事人各自选定的 2 名联席仲裁员共同指定。需要注意的是，选定首席仲裁员本是当事人的权利。如果由联席仲裁员指定首席仲裁员，实则是当事人将选定首席仲裁员的权利委托给被选定的联席仲裁员行使。从国际上来看，这是一种比较主流的做法。[①] 例如，《示范法》第 11 条第 3 款第 A 项规定："在仲裁员为三名的仲裁中，当事每一方均应选定一名仲裁员，被选定的两名仲裁员应指定第三名仲裁员。"2019 年德国《民事诉讼法典》第 1035 条第 3 款规定："当事人就仲裁员的选定未订立协议……仲裁程序由三名仲裁员时，每方当事人各选定一名仲裁员；这两名仲裁员指定的第三名仲裁员担任首席仲裁员。"

在没有相反协议的情况下，当事人与其选定的联席仲裁员可以就首席仲裁员的选任问题进行协商。理由在于，在仲裁开始时，联席仲裁员对当事人的争议或程序期望知之甚少，他们也不了解当事人和首席仲裁员人选

① 参见［英］希拉里·海尔布伦：《实务视角：国际仲裁程序中的互动因素》，林晨曦、刘念琼译，载《北京仲裁》2017 年第 3 期。

可能存在的利益冲突或立场分歧。此时,允许当事人与其选定的联席仲裁员进行协商,能够保证联席仲裁员获得必要信息,使首席仲裁员的指定过程具有建设性。考虑到这些便利,1987 年《国际律师协会国际仲裁员道德规范》(IBA Rules of Ethics for International Arbitrators,以下简称《道德规范》)和 2014 年《国际律师协会国际仲裁利益冲突指引》(IBA Guidelines on Conflicts of Interest in International Arbitration,以下简称《利冲指引》)对这种做法均持认可态度。《道德规范》第 5 条第 2 款规定:"联席仲裁员在参与指定首席仲裁员的过程中,可以考虑选定该联席仲裁员的当事一方的意见。"《利冲指引》绿色清单部分第 4 条第 4 款第 1 项规定:"当事人或代理人与其选定的联席仲裁员进行了初步接触,如果这种接触仅限于首席仲裁员人选的姓名,并不涉及争议的实质或程序方面,便不构成利益冲突。"当然,必须在范围和内容上严格限制当事人与其选定的联席仲裁员之间的沟通,使其无损于联席仲裁员的独立性。

(三)仲裁机构指定

仲裁机构指定仲裁员,既可用于联席仲裁员之指定,也可用于独任仲裁员或首席仲裁员之指定。例如,《示范法》第 11 条第 3 款规定:"在仲裁员为三名的仲裁中……如果当事方……未就第三名仲裁员达成协议,则经当事一方请求,应由第六条规定的法院或其他机构指定;在独任仲裁员的仲裁中,如果当事各方不能就仲裁员达成协议,则应由第六条规定的法院或其他机构指定。"2021 年 ICC《仲裁规则》第 12 条也规定:"如果当事人约定由三人仲裁庭解决争议……当事人未提名联席仲裁员的,由仲裁院任命。如果争议由三人仲裁庭审理,担任首席仲裁员的第三名仲裁员由仲裁院任命,除非当事人约定另一种任命程序。"

值得注意的是,根据仲裁的自治性和契约性,当事人直接选定仲裁员是最基本的方法,只有在当事人未就仲裁员的人选达成合意时,才需要委托或默认由仲裁机构指定仲裁员。因此,仲裁机构指定仲裁员往往作为一种辅助方法出现。一般来说,就联席仲裁员的指定而言,只有在当事人拒绝或放弃选定时,才能由机构指定;就首席仲裁员和独任仲裁员的指定而言,也是在双方当事人无法共同选任仲裁员时,方能由机构指定。[①]

(四)法院指定

若当事人未就仲裁员的选定达成一致,也没有委托指定机构作出指定,可以考虑由具有管辖权的特定法院依职权指定仲裁员。在一些商事仲裁立法比较完善的地区,一般是由仲裁地法院行使此职权。[②] 例如,英国《1996 年仲裁法》第 18 条规定:"当事人可自由约定如仲裁庭之选任程序未进行时如何行事……在且仅在无此类约定的范围内,仲裁协议的任一方当事人(经通知另一方当事人后)申请法院根据本条行使权力。"根据英国《1996 年仲裁法》第 2 条的规定,当法院认为仲裁地或者待选仲裁地可能位于英国之外之事实使法院行使前述权力不适当时,法院可以拒绝指定仲

① 参见宋连斌主编:《仲裁法》,武汉大学出版社 2010 年版,第 136 ~ 150 页。

② See Ali & Repousis, *Article* 11: *Appointment of Arbitrators*, in I. Bantekas et al., eds., UNCITRAL Model Law on International Commercial Arbitration: A Commentary, Cambridge University Press, 2020, p. 187 – 205.

裁员。2011 年法国《民事诉讼法典》第 1452 条规定:“若当事人未就仲裁员的人选达成协议……或者不存在仲裁管理人之时,由助仲法官指定。”根据 2011 年法国《民事诉讼法典》第 1459 条的规定,如果当事人未对行使地域管辖权的助仲法官进行约定,则由仲裁地的法官行使地域管辖权。[①]

中国是没有授予法院指定仲裁员权力的国家之一,《仲裁法》和 2021 年《民事诉讼法》对此问题均未规定。在我国即将承认临时仲裁的大背景下,为了支持仲裁、帮助当事人通过仲裁顺利解决纠纷,立法机关有必要赋予特定法院或特定机构协助组成仲裁庭的权力。[②]

三、组庭方式的自律与监督

在确定仲裁庭人数和仲裁员人选时,当事人意思自治具有毫无疑问的优先权,但其并非完美无瑕,仍须受到一些必要限制。例如,选择仲裁员的程序不可明显地对一方不公,禁止选定公正性或独立性欠缺的仲裁员,仲裁员须满足法律和仲裁规则中关于法律行为能力和执业资格等方面的最低要求。这些限制可以通过仲裁员自律和外部监督加以实现。[③]

(一)仲裁员自律

仲裁员严于律己,是确保组庭方式体现仲裁正义的重要手段。《示范

① 参见傅攀峰:《法国国际商事仲裁制度研究:以 2011 年〈法国仲裁法〉为中心》,中国社会科学出版社 2019 年版,第 95～111 页。

② 参见宋连斌主编:《仲裁法》,武汉大学出版社 2010 年版,第 136～150 页。

③ See Lukáš Ryšavý, *The Autonomy of the Parties' Free Will and its Limits when Selecting an Arbitrator*, 17 International and Comparative Law Review 111(2019).

法》和许多国家的法律，都要求仲裁员承担独立公正之义务，及时披露可能危及仲裁公正性或独立性的可疑情况。例如，《示范法》第12条第1款规定："某人被询有关他可能被指定为仲裁员的事情时，他应该可能会对他的公正性或独立性引起正当的怀疑的任何情况说清楚。仲裁员从被指定之时起以至在整个仲裁程序进行期间，应不迟延地向当事各方说清楚任何这类情况，除非他已将这类情况告知当事各方。"

需要注意的是，虽然不少法律要求仲裁员自律，但仲裁员自律更多地属于道德要求。鉴于此，仲裁员负有披露义务的范围往往大于可以申请仲裁员回避事由的范围。因此，仲裁员作出披露并不代表存在利益冲突。主动披露的仲裁员认为：尽管存在所披露的情形，其自身仍是公正、独立的，否则，该仲裁员应该已经拒绝接受指定或辞任。故披露的目的在于给当事人一个机会判断他们是否同意仲裁员（关于其仍是公正、独立的）的评估。

除仲裁员披露外，仲裁员自行回避也是仲裁员自律的一个重要方面。当然，仲裁员自行回避也属于道德范畴，并非意味着出现了法律上的回避事由。仲裁员在接受指定时如自认为存在理应回避的情形，就不会接受指定，当然也就不会走到由仲裁机构决定其回避那一步。此外，仲裁员在被当事人申请回避后，即使明知其申请理由不成立，为避免无谓纷扰或妨碍仲裁程序的推进，通常也会自愿退出，较少选择由仲裁机构决定，或者裁决作出后由法院认定，从而导致裁决受到挑战。①

① 参见中国国际经济贸易仲裁委员会主编：《中国国际商事仲裁年度报告（2020～2021）》，法律出版社2021年版，第180～202页。

(二)组庭方式的监督

除仲裁员自律外,还要通过外部监督以确保组庭方式的正当性。一般来说,当事人、仲裁机构、仲裁协会和法院都可以对组庭方式进行监督,但介入时间有所不同。

在仲裁庭组成之前,仲裁机构可以通过仲裁员名册,对合格的候选仲裁员进行预先确认。如果没有仲裁员名册,当事人很难就独任仲裁员或首席仲裁员的人选达成一致,也不可能在有限的期间内对仲裁员的专长与素质进行充分了解。而仲裁机构在设置名册时,一般会对候选仲裁员的专业与道德素质进行严格考察,这种保障措施能够使当事人相信名单上人选的公正性,缩小仲裁员的选任范围,提高当事人达成一致的概率。同时,仲裁员名册的设置也会兼顾候选仲裁员在地域、法律、专业、文化、语言等方面的背景,保障当事人的挑选余地。在一些主要仲裁地,为了防止仲裁员名册对当事人意思自治形成阻碍,许多仲裁机构允许当事人在仲裁员名册以外选定仲裁员,以照顾个案的特殊需要。

在仲裁庭的组成过程中,仲裁机构可以通过仲裁员确认制度,对当事人选定的仲裁员进行审查。这种做法的目的是确保仲裁程序不被不适格仲裁员破坏,维护仲裁机构的声誉。但是,仲裁员的选任权归根结底掌握在当事人手中,如果滥用仲裁员确认制度,就会导致当事人的意思自治被架空。因此,需要在当事人意思自治和外部监督之间进行平衡,对仲裁员确认制度的审查范围进行限制。[①] 一般而言，仲裁员确认制度的适用范围可以体现在如下两个方面：其一，法定的资格要求。在主要仲裁地，仲裁员只需是具备完全民事行为能力、具有人身自由的自然人，且不能接受过刑事处分或被开除公职。[②] 例如，2011 年法国《民事诉讼法典》第 1450 条规定："只有具有完全民事行为能力的自然人才享有担任仲裁员的权利。如果商事仲裁协议选定一个法人，则该法人只具有组织管理商事仲裁程序的权力。"而中国法律对仲裁员资格提出了更高要求，在中国执业的仲裁员须具备一定的专业素质。依照《仲裁法》第 13 条第 2 款的规定，仲裁员应当符合下列条件之一：(1)通过国家统一法律职业资格考试取得法律职业资格，从事仲裁工作满 8 年的；(2)从事律师工作满 8 年的；(3)曾任法官满 8 年的；(4)从事法律研究、教学工作并具有高级职称的；(5)具有法律知识、从事经济贸易等专业工作并具有高级职称或者具有同等专业水平的。其二，约定的资格要求。不少机构仲裁规则都要求仲裁员应当具备独立性和公正性。而在航运领域，一些国际格式合同要求只有"从事贸易"的人才能成为仲裁员候选人，还有一些则把仲裁员的选择范围限定为"商业人士"。在这一方面没有统一标准，当事人和仲裁机构可以根据个案需要进行设计。

在仲裁庭组成后，仲裁机构、仲裁协会和法院都有可能对组庭方式进

① 参见马占军：《首席(独任)仲裁员产生规则论》，载《河北法学》2010 年第 5 期。

② See Alaeldin Ababneh, *The Objective Factors Affecting the Selection of the Arbitrator's*, 67 Journal of Law, Policy and Globalization 8(2017).

行监督。就仲裁机构而言,如果其发现能够对仲裁员独立性公正性产生合理怀疑之事由的,应当要求仲裁员回避。① 如果查实仲裁员确实存在枉法裁判、收受贿赂、接受吃请以及缺乏办案能力等情况的,还可以将其除名。② 就仲裁协会而言,如果其发现仲裁员的专业或道德素养存在不足的,可以对仲裁员提出警告,也可以在一定期限内禁止其担任仲裁员。就法院而言,如果其发现组庭方式不当的,可以撤销或不予执行仲裁裁决。例如,1958 年《承认及执行外国仲裁裁决公约》(以下简称《纽约公约》)第 5 条第 1 款第 4 项规定:"仲裁机关之组成或仲裁程序与各造间之协议不符,或无协议而与仲裁地所在国法律不符者……始得……拒予承认及执行。"根据我国《仲裁法》第 58 条的规定,仲裁庭的组成或者仲裁的程序违反法定程序的,可以向仲裁委员会所在地的中级人民法院申请撤销裁决。

第二节　组庭方式的规则考察

无论是在临时仲裁还是机构仲裁中,仲裁规则均可作为确定组庭方式的重要依据。对国际上主要仲裁规则及其运用情况进行实证研究,比较其中的不同之处,有助于组庭方式的制度性完善。

---

① See Nikos Lavranos, *The ICS and MIC Projects: A Critical Review of the Issues of Arbitrator Selection, Control Mechanisms, and Recognition and Enforcement*, 34 Handbook of International Investment Law and Policy 841(2021).

② See Chiara Giorgetti, *Selecting and Removing Arbitrators in International Investment Arbitration*, 2 Brill Research Perspectives in International Investment Law and Arbitration 1(2018).

一、组庭方式的规则考察

国际仲裁和国内仲裁具有一定的差异,在进行实证研究时,分类抽样比简单随机抽样更科学。因此,可以在国际仲裁规则和国内仲裁规则中分别抽取典型样本,进行考察。

(一)国际仲裁规则

国际仲裁规则的样本选择,可以参照英国伦敦玛丽女王大学发布的《2021 年国际仲裁调查报告》(2021 International Arbitration Survey,以下简称《报告》)。① 《报告》显示,在临时仲裁中,《联合国国际贸易法委员会仲裁规则》(以下简称《UNCITRAL 仲裁规则》)是最受欢迎的仲裁规则,为 76% 的受访者所选择。而在机构仲裁中,ICC、SIAC、HKIAC 和 LCIA 是全球最受欢迎的四大仲裁机构,分别为 57%、49%、44% 和 39% 的受访者所选择。由此可见,通过介绍《UNCITRAL 仲裁规则》、ICC《仲裁规则》、SIAC《仲裁规则》、HKIAC《机构仲裁规则》和 LCIA《仲裁规则》,有助于展示国际商事仲裁界对于组庭方式的主流认知。

1.《UNCITRAL 仲裁规则》

《UNCITRAL 仲裁规则》于 1976 年 4 月 28 日由联合国国际贸易法委员会(United Nations Commission on International Trade Law,UNCITRAL)

---

① See Queen Mary University of London, 2021 *International Arbitration Survey: Adapting Arbitration to a Changing World*, Accessed April 11, 2022. https://arbitration.qmul.ac.uk/media/arbitration/docs/LON0320037 – QMUL-International-Arbitration-Survey – 2021_19_WEB.pdf.

通过,同年12月15日在第31届联合国大会通过,对临时仲裁产生了深远影响。2006年和2013年,为了适应仲裁实践所发生的变化,《UNCITRAL仲裁规则》进行了两次修订。目前,《UNCITRAL仲裁规则》对于组庭方式的规定具体如下:

就仲裁员人数的确定而言,首先,应遵守当事人的约定,即使约定的组庭人数不是1名或3名。其次,当事人没有约定的,如果一方当事人提出适用独任仲裁庭的提议而其他各方当事人未在30日内对此作出答复,有关的一方或多方当事人也未选定第二名仲裁员的,指定机构可根据案情适用独任仲裁庭。最后,在当事人未约定组庭人数的其他情况下,应适用三人仲裁庭。

当适用独任仲裁庭时,仲裁员的确定方式可遵循下列步骤:第一,优先尊重当事人的共同选定。第二,当事人无法进行共同选定的,经一方当事人请求,由指定机构指定独任仲裁员。第三,在指定机构指定仲裁员时,如果当事人明确排除名单法或者指定机构认为不宜使用名单法的,指定机构可行使其裁量权直接指定独任仲裁员。第四,在其他情况下,指定机构应采用名单法指定独任仲裁员。名单法的操作过程具体如下:(1)指定机构应将至少列有3个人名的相同名单分送给每一方当事人;(2)收到名单后15日内,每一方当事人可删除其反对的1个或数个人名并将名单上剩余的人名按其选择顺序排列之后,将名单送还指定机构;(3)上述期限届满后,指定机构应从送还名单上经认可的人名中,按各方当事人所标明的选择顺序指定1人为独任仲裁员;(4)由于任何原因,无法按这一程序进行指定的，指定机构可行使其裁量权指定独任仲裁员。

当适用三人仲裁庭时，仲裁员的确定方式可遵循下列步骤：第一，联席仲裁员优先由当事人选定，一方当事人在收到相关通知后未在30日内选定联席仲裁员的，由指定机构代替该方指定联席仲裁员。第二，首席仲裁员优先由2名联席仲裁员指定，2名联席仲裁员在30日内未就首席仲裁员人选达成一致的，首席仲裁员由指定机构按照名单法指定。当事人明确排除名单法适用，或者采用名单法无法指定首席仲裁员，抑或是指定机构认为不宜使用名单法的，由指定机构指定首席仲裁员。

此外，《UNCITRAL 仲裁规则》对组庭方式的自律和监督也作了规定。就组庭方式的自律而言，仲裁员候选人应该披露可能对其公正性和独立性产生正当怀疑的任何情况，也可以自行回避，但这些自律行为本身并不意味仲裁员欠缺独立性和公正性。就组庭方式的监督而言，当事一方要求仲裁员回避，如果其他当事人也同意的，仲裁员应当回避；如果并非所有当事人均同意仲裁员回避的，指定机构有权对回避申请作出决定。

2. ICC《仲裁规则》

ICC《仲裁规则》是国际上最具有代表性的商事仲裁规则之一，其最新修订版本于2021年1月1日生效，此次修订的主要目的包括改进复杂的商事仲裁程序和提高商事仲裁效率。结合《2020年ICC争议解决统计报告》（ICC Dispute Resolution 2020 Statistics），[①]能够较全面地展示ICC《仲

① See ICC, *ICC Dispute Resolution* 2020 *Statistics*, Accessed April 11, 2022. https://icc-switzerland.ch/images/2020statistics_icc_disputeresolution_895.pdf.

裁规则》的组庭方式和实践情况(截至2022年5月,ICC尚未公布2021年争议解决统计报告——笔者注)。

就仲裁员人数的确定而言,优先遵守当事人的约定。当事人没有约定仲裁员人数的,仲裁院应任命1名独任仲裁员,除非仲裁院认为案件争议需要指定3名仲裁员。在2020年的仲裁实践中,ICC的仲裁用户在87%的案件中就仲裁员人数达成一致,在13%的案件中未能就仲裁员人数达成一致。在当事人确定仲裁员人数的情况中,当事人在62%的案件中选择了三人仲裁庭,在38%的案件中选择了独任仲裁庭。在仲裁机构确定仲裁员人数的情况中,仲裁院将22%的案件提交给三人仲裁庭,将78%的案件中提交给独任仲裁庭。从总体上看,全年有56%的案件适用三人仲裁庭,44%的案件适用独任仲裁庭。

当适用独任仲裁庭时,仲裁员的确定方式可遵循下列步骤:第一,优先尊重当事人的共同选定。第二,当事人未在规定时间内进行共同选定的,由仲裁机构指定独任仲裁员。在2020年的仲裁实践中,适用独任仲裁庭的案件共有298件,其中,当事人共同选定84人次,占比为28%;仲裁机构指定214人次,占比为72%。

当适用三人仲裁庭时,仲裁员的确定方式可遵循下列步骤:第一,联席仲裁员优先由当事人选定,一方当事人在收到相关通知后未在15日内选定联席仲裁员的,由仲裁机构指定。第二,首席仲裁员优先按照当事人约定的程序选定,当事人对此没有达成约定或未在约定时间内选定首席仲裁员的,由仲裁机构指定。在2020年的仲裁实践中,指定联席仲裁员共有

820 人次,其中,当事人选定 782 人次,占比为 95%;仲裁机构指定 38 人次,占比为 5%。2020 年指定的首席仲裁员共有 402 人次,其中,当事人直接选定首席仲裁员 40 人次,占比为 10%;联席仲裁员指定首席仲裁员 227 人次,占比为 56%;仲裁机构指定首席仲裁员 135 人次,占比为 34%。

在 ICC《仲裁规则》中,组庭方式的自律包括仲裁员披露和仲裁员自行回避,全年大约有 30% 的仲裁员候选人在被确认或指定之前进行了主动披露,仲裁员主动回避的情况有 38 人次。组庭方式的监督包括仲裁员确认和仲裁员异议,ICC 对所有仲裁员均进行了确认;当事人一共对 92 人次的仲裁员提出了异议,仅被仲裁机构支持 5 次。

3. SIAC《仲裁规则》

SIAC《仲裁规则》是亚太地区最具代表性的商事仲裁规则之一,其最新修订版本于 2016 年 8 月 1 日生效。此次修订的目标,是通过强化仲裁机构的管理权提升仲裁效率。结合《2021 年 SIAC 年度报告》①(SIAC Year in Review 2021),有助于展示 SIAC《仲裁规则》的组庭方式和实践情况。

在确定仲裁员人数时,应该优先尊重当事人的约定,但在快速程序中,仲裁机构的决定权更优先。当事人没有约定的,案件均应适用独任仲裁庭,但仲裁机构可根据争议事项的复杂性、涉案金额或其他相关情况决定

① See SIAC, *SIAC Year in Review* 2021, Accessed April 11, 2022. https://siac.org.sg/2013-09-18-01-57-20/2013-09-22-00-27-02/annual-reports.

适用3人仲裁庭。

当适用独任仲裁庭时,可遵循下列步骤:第一,优先尊重当事人的选择,任何一方当事人可以向另一方当事人提议1名或者数名独任仲裁员人选,以提高双方当事人共同选任仲裁员的成功率;第二,当事人不能在规定时间内选任独任仲裁员的,由仲裁机构指定。在2021年,SIAC向144个独任仲裁庭作出了179次仲裁员任命,但没有具体披露当事人指定独任仲裁员的情况。当适用3人仲裁庭时,可遵循下列步骤:第一,联席仲裁员优先由当事人选定,当事人没有在规定时间内选定的,由仲裁机构代为指定;第二,首席仲裁员的指定程序优先尊重当事人的约定,当事人没有约定的,由机构代为指定。在2021年,SIAC共向3人仲裁庭作出了35次仲裁员任命,联席仲裁员完成了53次首席仲裁员任命,但当事人选定联席仲裁员或首席仲裁员的情况没有具体披露。从总体上看,2021年仲裁员指定总数共计371人次,仲裁机构完成了指定次数的48%,联席仲裁员完成了指定次数的13%;当事人完成了指定次数的39%。

就组庭方式的自律而言,SIAC《仲裁规则》对仲裁员披露和仲裁员自行回避进行了规定,但未公布相关数据。就组庭方式的监督而言,SIAC对当事人和联席仲裁员指定的仲裁员均进行了确认,全年仅有仲裁员1人次被当事人提出了异议,且该项异议没有获得支持。

4. HKIAC《机构仲裁规则》

HKIAC《机构仲裁规则》也是亚太地区最具代表性的商事仲裁规则之一,其最新修订版本于2018年11月1日生效。HKIAC《机构仲裁规则》的特色之一是“轻微管理”，即在尊重当事人意思自治的基础上实行机构放权，希望各方专注解决实体争议，而非纠结于烦琐的程序细节。结合HKIAC《2021年统计报告》，[①]能够较全面地展示HKIAC《机构仲裁规则》的组庭方式和应用情况。

就仲裁员人数的确定而言，应该优先遵守当事人的约定，在简易程序中也不例外。当事人未约定仲裁员人数的，仲裁机构应结合案件的具体情况，决定将案件提交独任仲裁庭或3人仲裁庭。

当适用独任仲裁庭时，独任仲裁员应该由当事人共同选定或者按照当事人约定的程序选定，当事人不能在规定时间内选定仲裁员的，由仲裁机构代为指定。当适用3人仲裁庭时，应遵循下列步骤：第一，联席仲裁员优先按照当事人约定的方式选定，当事人未选定的，由仲裁机构指定；第二，首席仲裁员优先由联席仲裁员指定，联席仲裁员未成功指定的，由仲裁机构指定，但当事人另有约定的除外。在2021年，HKIAC在3人仲裁庭和独任仲裁庭中共指定仲裁员138人次，其中，独任仲裁员95人次，占比69%；联席仲裁员24人次，占比17%；首席仲裁员19人次，占比14%。当事人在所有案件中共完成了118项指定，联席仲裁员共完成了46项指定，其他具体数据并未公布。

HKIAC《机构仲裁规则》对仲裁员自律也进行了规定，要求仲裁员主动进行披露和回避。作为一项一般原则，HKIAC不允许独任或首席仲裁

---

① See HKIAC, 2021 *Statistics*, Accessed April 11, 2022. https://www.hkiac.org/about-us/statistics.

员持有与任何一方当事人相同之国籍,除非当事人另有约定。此外,HKIAC对当事人和联席仲裁员提名的每名仲裁员均进行确认,还会对仲裁员异议作出决定。在2021年,当事人一共提起了4项异议,其中,当事人主动撤回一项,HKIAC驳回两项,还有一项处于待决状态。

5. LCIA《仲裁规则》

LCIA是世界领先的国际商事仲裁机构之一,历史悠久,享有良好国际声誉,仲裁规则建设颇具特色,其新版仲裁规则于2020年10月1日起生效。结合《2021年LCIA年度案件报告》①(LCIA 2021 Annual Casework Report),有助于展示LCIA的组庭方式和实践情况。

就仲裁庭人数的确定而言,除非当事人另有书面约定,或者仲裁机构认为3人仲裁庭或其他组庭人数更合适,否则均应适用独任仲裁庭。在2021年受理的所有案件中,适用三人仲裁庭的比例为52%,适用独任仲裁庭的比例为48%。

就仲裁员的指定而言,当事人只能提名联席仲裁员、独任仲裁员和首席仲裁员,最终任命仲裁员的权利掌握在仲裁机构手中。在2021年作出的所有指定中,LCIA根据当事方的提名指定仲裁员的次数占比为44%,根据联席仲裁员的提名指定仲裁员的次数占比为14%,LCIA自行指定仲裁员的次数占比42%。

就组庭方式的自律而言,LCIA要求仲裁员候选人签署一份书面声明,

① See LCIA, *LCIA Annual Casework Report* 2021, Accessed June 20, 2022. https://www.lcia.org/Search/Default.aspx? q = Casework + Report.

主动披露在任何一方当事人看来可能对其独立性或公正性产生合理怀疑的任何事项。就组庭方式的监督而言，LCIA 对当事人或联席仲裁员提名的仲裁员均进行确认，也会对仲裁员异议作出决定。在 2021 年，当事人对仲裁员一共提出了 7 项异议，其中，6 项被驳回，还有 1 项处于待决状态。

（二）国内仲裁规则

2021 年中国国内仲裁机构争议金额前 3 名分别是贸仲、北仲和深国仲，其他比较有特色的区域性仲裁机构是厦门仲裁委员会（以下简称厦仲）。[①] 这 4 家仲裁机构在国内具有代表性，其仲裁规则能够体现中国仲裁界关于组庭方式的主流认知。

1. 贸仲《仲裁规则》

贸仲是新中国设立的第一家商事仲裁机构，也是全球最受欢迎的五大仲裁机构之一。现行贸仲《仲裁规则》于 2015 年 1 月 1 日起施行，国际化特征明显。目前，贸仲《仲裁规则》对组庭方式的规定如下：

仲裁庭可以由 1 名或 3 名仲裁员组成。除非当事人另有约定或仲裁规则另有规定，商事仲裁庭由 3 名仲裁员组成。适用简易程序的案件，由独任仲裁庭审理，但当事人约定适用 3 人仲裁庭的除外。

当适用独任仲裁庭时，独任仲裁员优先由当事人共同选定或共同委托仲裁机构指定，当事人无法在规定期限内完成选定的，由仲裁机构指定。

① 张维：《贸仲去年受案争议金额逾 1232 亿元》，载《法治日报》2022 年 2 月 11 日，第 7 版。

双方当事人可以在规定期限内各自推荐1~5名候选人作为首席仲裁员人选,双方的推荐名单中有一名人选相同的,该人选为双方共同选定的首席仲裁员;有1名以上人选相同的,由仲裁机构根据案情在相同人选中进行确定;推荐名单中没有相同人选时,由仲裁机构指定。当适用三人仲裁庭时,可以遵从下列步骤:第一,联席仲裁员优先由当事人选定,当事人在规定期限内没有选定或没有委托仲裁机构指定的,由仲裁机构指定;第二,首席仲裁员的指定方式,与独任仲裁员的指定方式相同。就组庭方式的自律而言,贸仲《仲裁规则》要求仲裁员主动承担披露义务,不将仲裁员自行回避视为欠缺独立性、公正性之表现,鼓励仲裁员对自身采取更高的公正性标准。就组庭方式的监督而言,贸仲要求当事人从仲裁员名册中选择仲裁员,当事人从仲裁员名册之外提名的仲裁员候选人,需要经过仲裁机构的确认。对于当事人提出的仲裁员异议,贸仲有权作出回避决定。2021年贸仲通过修订如下两个文件,①进一步细化了关于组庭方式的自律及监督规范。《仲裁员守则》明确要求,仲裁员不能事先与任何一方当事人及其代理人讨论案件或者提出咨询意见,不得以任何直接或间接方式接受当事人的馈赠或宴请等不当利益;除另有规定外,仲裁员不得与任何一方当事人单独会见、讨论案件情况或接受案件材料。《仲裁员行为考察规定(修订)》规定了仲裁员不得接受指定的法律或事实上的情形,如存在应予回

① 《仲裁员守则》,载中国国际经济贸易委员会官网,http://www.cietac.org.cn/index.php?m=Page&a=index&id=28;《仲裁员行为考察规定(修订)》,载中国国际经济贸易仲裁委员会官网,http://www.cietac.org.cn/index.php?m=Page&a=index&id=59,最后访问日期:2022年7月15日。

避情形、健康原因、不能付出合理办案时间、专业上不够胜任等；本会主任、副主任及机构工作人员，也不接受当事人选定出任仲裁员；仲裁员接受选定或指定时，应当如实填写声明书，披露可能导致当事人对仲裁员的独立性、公正性产生合理怀疑的情形。

2. 北仲《仲裁规则》

北仲是国内新组建仲裁机构中仲裁体制改革的创新者和领导者，其仲裁规则兼顾国际化、本土化与民间化。最新修订的北仲《仲裁规则》于 2022 年 2 月 1 日起正式施行，其中，关于组庭方式的规定具体如下：

就仲裁庭人数的确定而言，除非当事人另有约定或该规则另有规定，仲裁庭由 3 名仲裁员组成。在争议金额不超过 500 万元的案件中，除非当事人另有约定，适用独任仲裁庭。

当适用独任仲裁庭时，独任仲裁员优先由双方当事人共同选定或者共同委托仲裁机构指定，当事人无法在规定时间内完成选定的，由仲裁机构指定。双方当事人也可以各自推荐 1 ~ 3 名仲裁员作为首席仲裁员人选；经双方当事人申请或者同意，北仲也可以提供 5 ~ 7 名首席仲裁员候选名单，由双方当事人在规定期限内从中选择 3 ~ 4 名仲裁员作为首席仲裁员人选。推荐名单或者选择名单中有一名相同的，为双方当事人共同选定的首席仲裁员；有 1 名以上相同的，由仲裁机构根据案件具体情况在相同人选中确定，确定的仲裁员仍为双方当事人共同选定的首席仲裁员；推荐名单或者选择名单中没有相同的人选，由仲裁机构在推荐名单或者选择名单之外指定首席仲裁员。当适用 3 人仲裁庭时，应遵循下列步骤：联席仲裁员优先由当事人选定,当事人没有按时选定的,由仲裁机构指定;首席仲裁员的指定方式与独任仲裁员的指定方式相同。根据北仲《2021 年度工作报告》,[①]全年当事人双方共同选任仲裁员 28 人次,其中,首席仲裁员 15 人次,独任仲裁员 13 人次;当事人单方选定仲裁员 1528 人次,其中,申请人方 974 人次,被申请人方 554 人次;北仲指定仲裁员 7581 人次,其中,指定首席仲裁员 1300 人次,指定独任仲裁员 5285 人次,指定联席仲裁员 996 人次。

就组庭方式的自律而言,北仲要求仲裁员任职后签署保证独立、公正仲裁的声明书,并持续披露可能导致当事人对其独立性、公正性产生合理怀疑的相关情形。如果仲裁员认为自身不适宜审理案件,可以主动退出审理,但这种行为不意味着仲裁员不公正。对于组庭方式的监督来说,北仲通过仲裁员名册对仲裁员候选人的资格进行了预先确认,当事人应从北仲提供的仲裁员名册中选择仲裁员。当北仲认为仲裁员在法律上或者事实上不能履行职责或者没有按照仲裁规则的要求履行职责时,可以主动更换。

3. 深国仲《仲裁规则》

深国仲是中国改革开放之后各省市设立的第一家仲裁机构,也是粤港澳地区的第一家仲裁机构,为推动中国国际仲裁在特区的创新发展贡献良多。最新修正的深国仲《仲裁规则》于 2022 年 2 月 21 日起施行,其中关于

① 参见《2021 年度工作报告》,载北京仲裁委员会官网,http://www.bjac.org.cn/news/view? id=4105,最后访问日期:2022 年 6 月 21 日。

组庭方式的规定具体如下：

就仲裁庭人数的确定而言，除非当事人另有约定或该规则另有规定，仲裁庭由3名仲裁员组成。在争议金额不超过300万元或当事人书面同意适用快速程序或简易程序的案件中，仲裁庭由1名仲裁员组成。

当适用独任仲裁庭时，独任仲裁员优先由当事人共同选定或共同委托仲裁院院长指定，当事人未能完成选定的，由仲裁院院长指定。经双方当事人申请或同意，仲裁院院长可以推荐3名以上仲裁员候选名单，按照下列名单法方法进行指定：第一，双方当事人可以在收到候选名单之日起5日内按照各自意愿作先后排序，双方当事人叠加排序名列最前的，为双方当事人共同选定的首席仲裁员；叠加排序有2名或2名以上并列最前的，由仲裁院院长在并列人选中确定1名为双方当事人共同选定的首席仲裁员。第二，双方当事人在收到候选名单之日起5日内选择仲裁员，双方当事人的选择有1名相同的，为双方当事人共同选定的首席仲裁员；有2名以上相同的，由仲裁院院长在相同人选中确定1名为双方当事人共同选定的首席仲裁员；没有相同人选的，由仲裁院院长在候选名单之外为双方当事人指定首席仲裁员。第三，双方当事人在收到候选名单之日起5日内排除1名或若干名候选人，首席仲裁员由仲裁院院长在剩余候选名单中指定；候选人均被排除的，由仲裁院院长在候选名单之外指定。

当适用三人仲裁庭时，应遵循下列步骤：第一，联席仲裁员优先由当事人选定，当事人未能完成选定的，由仲裁院院长指定。第二，首席仲裁员的指定方式与独任仲裁员基本相同，但增加了一种指定方式。具体而言，当事人或仲裁院院长还可以决定由联席仲裁员选择首席仲裁员,此种方案不能完成指定的,首席仲裁员由仲裁院院长指定。

就组庭方式的自律而言,仲裁员应签署保证独立公正仲裁的声明书,并持续履行披露义务。仲裁员也可以对自身施加更高要求,在特定情况下主动退出案件审理。就组庭方式的监督而言,深国仲《仲裁员名册》经过仲裁机构的预先审查,当事人应从中选定仲裁员。但适用《UNCITRAL 仲裁规则》或深国仲《海事物流仲裁规则》的案件,当事人可以在深国仲《仲裁员名册》之外提出仲裁员人选,此类仲裁员候选人须经仲裁院确认后方可参与案件的审理。

4. 厦仲《仲裁规则》

厦仲成立于 1996 年 1 月 8 日,经过多年发展,目前已成为中国颇具影响力的品牌仲裁机构,连续多年受案标的排名全国前十。现行厦仲《仲裁规则》于 2020 年 7 月 1 日起施行,其中关于组庭方式的规定具体如下:

就仲裁员人数确定而言,除非当事人另有约定或者该规则另有规定,仲裁庭由 3 名仲裁员组成。在案件争议金额不超过 200 万元或当事人约定适用简易程序时,仲裁庭由 1 名仲裁员组成。

当适用独任仲裁庭时,除非当事人另有约定或者仲裁机构另有确定,当事人应当在规定时间内共同选定或者共同委托仲裁机构指定独任仲裁员。当事人未能按照上述规定共同选定或者委托仲裁机构指定的,由仲裁机构指定。独任仲裁员的指定,可以参照首席仲裁员的指定方式。

当适用三人仲裁庭时,可遵循下列步骤:第一,联席仲裁员优先由当事人选定或者委托仲裁机构指定，当事人未能按时选定的，由仲裁机构指定。第二，首席仲裁员优先由当事人共同选定或者共同委托仲裁机构指定，不能按时选定的，由仲裁机构直接指定。双方当事人可以申请由联席仲裁员共同指定首席仲裁员，联席仲裁员无法达成一致的，首席仲裁员由仲裁机构指定。双方当事人可以共同申请按照名单法确定首席仲裁员：由仲裁机构推荐 7 名首席仲裁员的候选名单，双方当事人规定时间内按照各自意愿对 7 名候选人进行先后排序；在排序后，从申请人的名单开始依次轮流排除各自排序名单中最后位次的候选人，每轮排除的人选均不相同，直至仅剩 1 名候选人，该候选人即为首席仲裁员；一方当事人未提交排序名单的，仲裁委主任将指定另一方当事人提交的排序名单中的第一位候选人为首席仲裁员。

就组庭方式的自律而言，厦仲要求仲裁员及时披露可能导致当事人对其独立性、公正性产生合理怀疑的情形。就组庭方式的监督而言，厦仲对仲裁员名册中的候选人进行了预先确认，当事人提名仲裁员名册外的人士担任仲裁员的，应该得到仲裁机构的确认；仲裁机构不同意该项提名的，当事人应该在仲裁员名册内选定或者委托仲裁委主任指定仲裁员。此外，厦仲依照《仲裁法》第 34 条对仲裁员必须回避的情形予以重申。

二、组庭方式的制度比较

样本中的仲裁规则，对仲裁员人数、仲裁员指定方式以及组庭方式的自律和监督 3 项内容的规定各有不同。结合仲裁实践，可以对其中的差异进行比较。

（一）组庭人数之比较

就组庭人数的确定而言，样本中仲裁规则的偏好呈现了较大差异。ICC《仲裁规则》、LCIA《仲裁规则》和SIAC《仲裁规则》将1名仲裁员作为默认组庭人数；《UNCITRAL仲裁规则》将3名仲裁员作为默认组庭人数；HKIAC《机构仲裁规则》没有表现出明显偏向；贸仲《仲裁规则》、北仲《仲裁规则》、深国仲《仲裁规则》和厦仲《仲裁规则》在案情简单的小标的案件中默认适用独任仲裁庭，在大标的案件中默认适用3人仲裁庭。对比独任仲裁庭和3人仲裁庭的优点和不足，有助于理解这种差异。

由独任仲裁庭审理案件，具备效率和经济两大优点。就效率而言，采用独任仲裁庭可以在以下三个方面节省时间：第一，组庭时间，独任仲裁庭只需指定一名仲裁员，程序简单，相较指定多名仲裁员的复杂程序显然能够减少延误；第二，协调仲裁员日程安排所需的时间，3人仲裁庭常常会因为各仲裁员的日程冲突导致开庭时间延误，而独任仲裁庭则可避免这种情况的发生；第三，减少仲裁庭成员的意见分歧所耗费的时间，3人仲裁庭常常因程序或实体问题的意见不同而导致开庭或合议时间增加，而独任仲裁庭无须与其他仲裁员磋商评议，可独自迅速作出裁决。就经济性而言，采独任仲裁庭时，当事人只需承担1名仲裁员的报酬和花销，还会因为开庭时间的缩短而节省下相应的律师费用。当然，独任仲裁庭也存在一些缺点。例如，如果双方当事人不能共同选任仲裁员，独任仲裁员常常交由指定机构指定，结果很有可能是双方都不满意。此外，人难免存在认知偏差，如果这种认知偏差恰好与案涉实体争议相关，且不能得到来自其他仲裁员的弥合，便可能影响案件的正确裁决。因此，在仲裁实践中，对于标的额较大或者案情较复杂的案件，当事人都不愿意交由独任仲裁庭审理。①

相对独任仲裁庭，3 人仲裁庭的组成过程虽然较烦琐，但在保证正确裁判方面，具有不可替代的优点。首先，根据各国仲裁立法与实践，仲裁裁决的作出应遵从少数服从多数的原则，仅在不能形成多数意见的情况下，才按照首席仲裁员的意见进行裁决。这意味着，3 名仲裁员可以相互制约，使仲裁庭明显犯错或者偏袒一方当事人的风险相对较小。其次，3 人仲裁庭有利于消解文化冲突。每一方当事人均可以从本国或者熟悉某一特定案件的专家中选定 1 名他们所信赖的仲裁员，保证在仲裁庭成员中有 1 名仲裁员了解该方当事人的语言，并对该方文化背景下的行为作出正确解释，进而使每一方当事人的立场和意见都能够在仲裁合议时得到比较充分的考虑。最后，在仲裁程序进行中如果发生某些突发事件，如其中 1 名仲裁员死亡、生病或者出现其他妨碍其履行仲裁员职务的问题时，即使重新指定 1 名仲裁员，也不必使已经进行的仲裁程序从头再来，节约仲裁时间。

鉴于独任仲裁庭和 3 人仲裁庭各有优劣，将二者进行折中是一种可行的方案。在案情简单、争议金额较少的案件中，组庭方式的选择不会对裁判结果的公正性造成明显影响，此时可以从经济和效率的角度出发，适用

① 参见谢石松主编：《商事仲裁法学》（第 2 版），高等教育出版社 2022 年版，第 220 ~ 247 页。

独任仲裁庭。在案情复杂、争议金额较大的案件中,组庭方式的选择会影响当事人对裁判结果的可接受性,而适用3人仲裁庭能够提高当事人对组庭过程的参与程度,培育对仲裁庭公正性的认同感。由此可见,中国仲裁机构对独任仲裁庭和3人仲裁庭的区分对待,是一种恰当的平衡。

(二)仲裁员指定方式之比较

样本中的仲裁规则对联席仲裁员指定方式的规定基本一致,都是当事人的选定优先,当事人不能按时选定,则由仲裁机构指定。但对于首席仲裁员或独任仲裁员的指定方式,则存在当事人选定、联席仲裁员指定和仲裁机构指定3种模式,其中的差异值得比较。

如上所述,当事人共同选定首席仲裁员或独任仲裁员,在理论上是最佳的选任方式。为了提高共同选任的成功率,当事人可以采用名单法。所谓名单法,即由指定机构向各方当事人发出包含有数名仲裁员的相同名单,当事人仅能在该名单所列的仲裁员中按照优次顺序进行选择,然后由仲裁机构进行排列组合,从而确定首席仲裁员人选。虽然上述方法似乎有助于提高当事人选定仲裁员的可能性,但在实践操作过程中,由于当事人并不完全配合等因素影响,当事人共同选定仲裁员的比例并不高。[①] 例如,2020年贸仲完成3265件案件组庭工作,指定/选定仲裁员5213人次;2021年贸仲完成3898件案件组庭工作,指定/选定仲裁员6298人次。共有908名超过半数名册内仲裁员参与案件审理,其中,外籍仲裁员96人次

① 参见马占军:《首席(独任)仲裁员产生规则论》,载《河北法学》2010年第5期。

参与审理案件89件，此外，还存在当事人在名册外选定仲裁员的情况。2020年在ICC受理的案件中，独任仲裁员被指定298人次，其中，当事人共同选定84人次，占比为28%；首席仲裁员被指定402人次，其中，当事人共同选定40人次，占比10%。北仲2021年共受理案件7737件，双方共同选定仲裁员（含首席及独任）28人次，占受案量的比例不超过1%。[①]

当事人不能共同选定的，首席仲裁员还可以由当事人选定的2名联席仲裁员共同指定。[②] 有学者指出，联席仲裁员选任首席仲裁员的方法最令人满意。原因在于，联席仲裁员指定首席仲裁员更专业，他们常常也会将委任情况及时反馈给选定他们的当事人，以此确保首席仲裁员被各方接受。[③] 的确，当事人对自己选任的仲裁员非常信任，易于接受自己选定的仲裁员所指定的首席仲裁员。另外，联席仲裁员对仲裁界比较熟悉，谁适合做首席仲裁员，往往心中有数，对自己选任出来的首席也比较信任，对仲裁程序持一种配合态度，利于高效解决纠纷。而且当事人选定的联席仲裁员较之当事人更理性，大多都是兼职，其有快速解决仲裁纠纷的动力，因而在首席仲裁员的选任方面不会拖沓，有利于仲裁庭的快速组建，节约时间，提高仲裁效率。[④] 根据样本中的数据，这种方法的实践效果令人满意。例

① 参见《2021年度工作报告》，载北京仲裁委员会官网，http://www.bjac.org.cn/news/view? id=4105，最后访问日期：2022年7月15日。

② 参见[英]希拉里·海尔布伦：《实务视角：国际仲裁程序中的互动因素》，林晨曦、刘念琼译，载《北京仲裁》2017年第3期。

③ See Gary B. Born, *International Commercial Arbitration* (3rd edition), The Netherlands, Kluwer Law International, 2021, p.1761-2104.

④ 参见李登华：《论仲裁庭首席仲裁员的确定》，载《商事仲裁》2011年第8辑。

如,在2020年ICC受理的案件中,共指定首席仲裁员402人次,其中,联席仲裁员指定首席仲裁员227人次,占比为56%。

此外,还可以考虑由指定机构指定首席或独任仲裁员。例如,2013年美国仲裁协会(American Arbitration Association,AAA)《商事仲裁规则》第R-14条第b款规定:"当事人没有及时选定首席仲裁员的,由机构指定。"而在一些机构规则中,指定首席仲裁员的权利甚至完全收归机构所有。例如,2017年SCC《仲裁规则》第17条第4款规定:"如果仲裁庭由一名以上仲裁员组成,每一方当事人应选定同等人数的仲裁员,并由理事会指定首席仲裁员。"考虑到仲裁不公开,与当事人相比,仲裁机构对特定仲裁员的人品和学识专长反而比较了解,由机构指定仲裁员能够兼顾效率和公平。当然,这一切都要建立在仲裁服务充分市场化的基础上。唯有如此,激烈的市场竞争才会将服务优良、为公众认同的仲裁机构筛选出来,将专业性差的仲裁机构淘汰下去,否则便会出现"劣币驱逐良币"之现象。[①] 例如,在一些情况下,机构指定首席仲裁员往往不是基于仲裁员的专业才能和处理纠纷的能力,而是基于有利于仲裁机构控制仲裁庭之现实考量,包括仲裁员的行政职务背景、驻会仲裁员等因素。

(三)组庭方式的自律和监督

样本中的仲裁规则对组庭方式的自律作出了基本相同的规定,要求仲裁员主动披露可能影响独立性和公正性之事项。但是,就组庭方式的

① See Barbara Alicja Warwas, *The Liability of Arbitral Institutions: Legitimacy Challenges and Functional Responses*, The Hague, t. m. c. Asser Press, 2017, p. 1－395.

监督而言,国际仲裁机构和国内仲裁机构对仲裁员确认的理解不完全一致。

由于《仲裁法》第25条要求,仲裁机构向仲裁当事人送达仲裁员名册,长期以来,国内仲裁机构多采用仲裁员名册预先确认仲裁员的资格。强制仲裁员名册能够保证仲裁员候选人均符合《仲裁法》第13条的要求。但由于仲裁员名册毕竟有所局限,不可能把优秀的经贸法律专家全部纳入其中,因此,强制仲裁员名册近年来也受到学者的批评。

国际仲裁机构多采用仲裁员确认制度对仲裁员资格进行事中审核。包括ICC、HKIAC在内的知名仲裁机构,虽然也提供仲裁员名册,但这些名册只具有推荐性质。实际上,ICC和HKIAC的仲裁规则中,甚至根本没有要求当事人选定仲裁员时可以参考仲裁员名册的表述。这种做法的好处是在保证仲裁员水准的基础上,充分尊重当事人意思自治。

第三节　组庭方式的常见问题

尽管各仲裁规则对于仲裁员人数、仲裁员的指定方式以及组庭方式的自律和监督之规定十分健全,但这些制度在实践中也可能运转不畅。对常见的组庭问题进行梳理,有利于仲裁机构进一步完善组庭方式。

一、仲裁庭人数的冲突问题

优先按照当事人的意愿确定仲裁庭人数已达成一项共识。但在实践中,人数冲突却时有所见。一般而言,当事人的仲裁意愿分为缔约意愿和嗣后意愿两种类型,仲裁庭人数的冲突问题,既可能是缔约意愿之间的冲突,也可能是缔约意愿和嗣后意愿之间的冲突。

所谓缔约意愿,主要是指当事人在缔约过程中所达成的合意。确定缔约意愿,常常需要借助承载缔约意愿的语言或行为,缔约意愿的常见载体既可以是仲裁协议,也可以是当事人选定的仲裁规则。但在特定情况下,仲裁协议和当事人选定的仲裁规则对组庭方式的规定可能出现冲突。例如,在轰动一时的"来宝资源国际私人有限公司(以下简称来宝公司)与上海信泰国际贸易有限公司(以下简称信泰公司)申请承认和执行外国仲裁裁决案"[①]中,仲裁协议约定"争议提交 SIAC 仲裁,其仲裁规则被并入仲裁协议,仲裁庭由 3 名成员组成"。2013 年 SIAC《仲裁规则》第 5 条规定:"当满足快速程序的适用条件[②]时,如果院长没有另行作出决定,案件由独任仲裁员审理。"如果采用 3 人仲裁庭,仲裁双方各需交纳首期费用 73,865.02 新币。如果采用独任仲裁庭,仲裁总费用则大大降低,仲裁双方各需交纳首期费用 27,020.06 新币。在预付了 27,020.06 新币之后,来宝公司在往来邮件中提议,只要信泰公司愿意预付 3 人仲裁庭的高额费用,本方也愿意补足首期费用以启动仲裁程序,否则该案应采用独任仲裁

---

① 上海市第一中级人民法院民事裁定书,(2016)沪 01 协外认 1 号。

② 2013 年 SIAC《仲裁规则》第 5 条第 1 款规定:"在仲裁庭完成组庭之前,存在下列情形之一时,一方当事人可以向主簿提出书面申请,请求依照本条所称'快速程序'进行仲裁。1. 由仲裁请求、反请求以及任何答辩主张的抵销所构成的争议数量,合计金额相当于五百万元(新加坡币)以下;2. 当事人约定适用快速程序进行仲裁;3. 遇异常紧急情况。"

庭。虽然信泰公司声称应采用3人仲裁庭，却拒绝支付相关费用。SIAC认为，根据邮件往来，双方就适用3人仲裁庭未达成合意，该案将适用独任仲裁庭。对此，上海市第一中级人民法院（以下简称上海一中院）认为，仲裁庭组成违反了仲裁协议，与“各造间之协议不符”。① 当然，这一认定引起了较大争议。

所谓嗣后意愿，是当事人在缔约之后所达成的合意，既包括以明示方式表现出来的意愿，也包括通过放弃异议条款以默示方式表现出来的意愿。一般而言，在签订仲裁协议或者选定仲裁规则后，当事人可以通过语言或行为表达嗣后意愿，此时的嗣后意愿便可能和缔约意愿发生冲突。例如，国际金融公司（International Finance Corporation）与四川久大制盐有限责任公司产生争议，双方在仲裁协议中约定，因案涉合同引起的争议，应提交HKIAC仲裁，“仲裁庭组成应为三名仲裁员”。但在仲裁程序启动后，双方一致同意由独任仲裁庭进行仲裁。仲裁裁决作出后，久大公司以仲裁庭之组成违反仲裁协议为由，请求不予认可和执行仲裁裁决。但法院认为，“当事人之间的协议”，既包括纠纷发生前当事人之间签订的仲裁协议，也包括当事人嗣后的仲裁合意。需要注意的是，根据“后法优于前法”之解释规则，嗣后合意可以对原仲裁协议进行变更。具体到该案，仲裁庭组成方式之变更是当事人一致同意的结果，其本身合法有效。②

无论是仲裁规则和仲裁协议所承载的缔约意愿之间的冲突，还是缔约

① 参见上海市第一中级人民法院民事裁定书，（2016）沪01协外认1号。

② 参见四川省自贡市中级人民法院民事裁定书，（2020）川03认港1号。

意愿和嗣后意愿之间的冲突,本质上都属于合同内部的冲突问题,应该通过合同解释予以化解。为了提高规则运行的透明度,防止任意解释的发生,可以将解释方法明确规定在仲裁规则中。对于缔约意愿之间的冲突,应该优先按照当事人的共同意思进行解释,无法确定当事人共同意思的情况下,按照知情理性第三人在相同境遇下对合同条款的理解进行解释。对于缔约意愿和嗣后意愿之间的冲突,应该按照合同变更原理,优先尊重嗣后意愿。

二、仲裁员与当事人的联系问题

在国际商事仲裁中,为深入了解仲裁员候选人的基本情况,判断其能否成为适格的个案裁判者,当事人往往会对联席仲裁员进行面试。例如,2018 年 HKIAC《机构仲裁规则》第 11 条第 5 款规定:"任何一方当事人或其代理人均不得就仲裁事宜与任何仲裁员或将被当事人提名的仲裁员人选单方面联系,除非联系内容是:告知仲裁员人选争议的一般性质;讨论仲裁员人选的资格、是否有时间处理案件和其公正性或独立性。"在一些国际同行看来,面试仲裁员候选人本就是仲裁员选择过程的一部分,甚至是当事人的一项程序性权利。①

此外,选定首席仲裁员本是当事人的权利。如果由联席仲裁员指定首

① See Mark W. Friedman, *Regulating Judgment: A Comment on the Chartered Institute of Arbitrators' Guidelines on the Interviewing of Prospective Arbitrators*, 2 Dispute Resolution International 291 (2008).

席仲裁员,实则是当事人将选定首席仲裁员的权利委托给己方选任的联席仲裁员行使。此时出现的问题是,当事人是否可以和联席仲裁员进行联络,特别是就首席仲裁员的指定问题进行沟通。对于这一问题,不少机构规则都作出了肯定性回答。例如,2016 年 SIAC《仲裁规则》第 13 条第 6 款规定:“任何当事人或者任何代表当事人利益的人,不得单方面与任何仲裁员或者由当事人提名的仲裁员候选人就案件相关事项交换意见,但下列行为除外……在当事人或者当事人提名的仲裁员要参与选择首席仲裁员时,与仲裁员候选人讨论其是否适合作为首席仲裁员的人选。”2013 年 AAA《商事仲裁规则》第 R-19 条第 a 款规定:“任何一方和代表任何一方行事的任何人均不得与仲裁员或仲裁员候选人就仲裁事宜进行单方面沟通,除非是……在当事方或当事方选定的联席仲裁员参与选任首席仲裁员时,讨论首席仲裁员的候选人是否合适。”2014 年《利冲指引》绿色清单部分第 4.4.1 条规定,如果“仲裁员与一方当事人或该当事人的关联公司(或代理人)有单方面接触,该接触仅限于是否有空担任和因其专业资格担任仲裁员或可能被选为首席仲裁员的人,且除了向仲裁员提供案件的基本信息外不得谈及争议的实质性或程序性问题”。

也就是说,国际商事仲裁中普遍接受的观点是,在没有相反协议的情况下,当事人可以对联席仲裁员候选人进行面试,联席仲裁员也可以就选择首席仲裁员事宜与各自的当事人进行协商。但为了防止当事人和仲裁员之间暗行输送利益,需要对沟通的程序、范围和内容进行严格限制,当事人不能要求候选仲裁员对实体问题必须持有某种特定看法。此外,这种沟通只是一种临时性安排,在仲裁员选定之后,如果仲裁员与当事人之间继续进行单方接触,则有损仲裁员的公正性。

三、仲裁员的确认问题

在当事人选定联席仲裁员的情况下,如果一方选定的仲裁员缺乏办案能力,或者健康欠佳,显然会降低仲裁效率。而在联席仲裁员指定首席仲裁员的情况中,2 名联席仲裁员均富有经验且对其他适合担任首席的仲裁员都比较熟悉时,可以实现首席仲裁员指定的公正性。但是,如果两名联席仲裁员活动能力或话语权不对等,联席仲裁员指定首席仲裁员的机制便会出现一些问题。例如,如果其中一名联席仲裁员经验欠缺,就会听从于另一名有经验的联席仲裁员的选择。这意味着一方当事人对于仲裁庭最关键的组成人员丧失了直接的话语权,并可能影响仲裁庭在实质意义上的公正性。①

在上述情况下,为了保证仲裁公正性,防止当事人滥用组庭程序降低仲裁效率,有必要对仲裁员候选人进行审核。在国际层面,不少仲裁规则都对首席仲裁员的确认问题进行了规定。例如,2021 年 ICC《仲裁规则》第 12 条第 5 款规定:"通过当事人约定程序选定的第三名仲裁员应按照第 13 条由仲裁院确认。"2020 年 LCIA《仲裁规则》第 5 条第 7 款规定:"仅 LCIA 仲裁院有权任命仲裁员(尽管考虑到任何书面协议或双方的联合提

---

① 参见[英]希拉里·海尔布伦:《实务视角:国际仲裁程序中的互动因素》,林晨曦、刘念琼译,载《北京仲裁》2017 年第 3 期。

名或其他候选人或仲裁员的提名)。”2016 年 SIAC《仲裁规则》第 9 条第 3 款规定:“在所有仲裁案中,当事人或者第三方(包括已被指定的仲裁员)对仲裁员的提名,均需要以院长的指定为前提。”

四、组庭僵局问题

仲裁的主要优势在于程序快捷,但这种优势的保持依赖当事人或仲裁员之间的合作。如果一方在选定仲裁员时恶意拖延,便会使商事仲裁陷入组庭困境。同样,联席仲裁员指定首席仲裁员之机制也有可能造成程序延宕。例如,在事实清楚、当事双方争议不大的案件中,如果一方当事人资金周转困难且有意拖延程序,为了赢得该方当事人的青睐,联席仲裁员可能会阻挠首席仲裁员选任程序的进行。这种人为造成的组庭僵局,显然不利于仲裁快捷性优势的充分发挥。

对于这一问题,国际仲裁界一般会对当事人选定仲裁员和联席仲裁员指定首席仲裁员的程序施加时间限制。若其无法就首席仲裁员的人选达成一致的,则仍需要指定机构指定首席仲裁员。例如,《示范法》第 11 条第 3 款 A 项规定:“如果当事一方未在收到当事他方提出这样做的要求三十天内未选定仲裁员或两名仲裁员在被指定后三十天内未就第三名仲裁员达成协议,则经当事一方请求,应由第六条规定的法院或其他机构指定。”

第四节　寻求最佳组庭方式之思考

鉴于每种组庭方式都有各自的优点和不足,寻求单一的最佳组庭方式可能是难以实现的目标。当然,这不妨碍仲裁机构对不同的组庭方式进行灵活组合,针对组庭过程中出现的问题不断完善仲裁规则,坚持仲裁保密性的同时适当注意透明度,在公平和效率之间找出一个符合自身定位的平衡点。

一、尊重当事人对仲裁员人数的约定

当事人对仲裁员人数的约定,既可能会出现缔约意愿之间的冲突,也可能会出现缔约意愿和嗣后意愿之间的冲突,这些冲突应该通过合同解释方法予以化解。首先,无论是当事人起草的仲裁协议,还是当事人选定的仲裁规则,本质上都是当事人的缔约意愿,在适用的先后顺序上本没有绝对的先后之分。但当事人可以根据自身需要,在仲裁协议中约定两者的适用顺序或选择对此进行规定的仲裁规则,发现一套有效的“冲突指引”。在中国的仲裁规则中,一般都在相关条款中明确仲裁协议优先于仲裁规则。其次,当事人的缔约意愿都是根据当时的交易状况达成的,如果情况发生了改变,当事人自然会通过明示的嗣后意愿变更原合同安排。从这个角度上看,明示的嗣后意愿更符合当下之现实状况,其效力优先于缔约意愿。最后,嗣后意愿也可以通过默示方式表现出来,其中的典型便是放弃异议条款的适用。在明知实际仲裁庭组成人数与缔约意愿不符时,当事人放弃异议而参加仲裁程序,并在相关程序的文件上签字或通过其他行为表明其认可该仲裁程序,应认为双方当事人之间已经就人数达成了新的合意。此时,应根据合同变更原理,认定嗣后意愿优先于缔约意愿。[①]

二、规范当事人与仲裁员之间的联系

规范当事人与联席仲裁员之联络,既要规范联络的程序,又要对联络的内容进行限制。就联络的程序而言,为避免"瓜田李下"之嫌,建议当事人与联席仲裁员候选人商讨选任事宜时,后者尤其需要保持高度自律,必要时也可予以披露。在仲裁员确定之后,应坚决避免当事人与仲裁员单方联络。就联络的内容而言,不能商讨与案件实体问题有关的事项,只能商讨下列问题:(1)仲裁员候选人的仲裁经验;(2)仲裁员候选人的文化背景;(3)仲裁员候选人的母语或语言能力;(4)仲裁员候选人的从业资格;(5)仲裁员候选人是否具有法律背景;(6)仲裁员候选人同时具有代理人和仲裁员身份所引发的身份冲突;(7)仲裁员候选人作为仲裁员时是否会改变此前对某些问题的看法;(8)仲裁员候选人的性格;(9)仲裁员候选人的庭审节奏;(10)首席仲裁员与联席仲裁员之间的合作问题。[②]

三、构建完善的仲裁员确认制度

仲裁员确认制度包括两项内容:一是仲裁机构通过仲裁员名册预先确认仲裁员资格;二是仲裁机构对当事人提名的仲裁员候选人进行确认。中

① 参见王琼妮、宋连斌:《从案例看我国仲裁法上放弃仲裁管辖权异议的效力》,载《北京仲裁》2006年第3辑。

② 参见[英]希拉里·海尔布伦:《实务视角:国际仲裁程序中的互动因素》,林晨曦、刘念琼译,载《北京仲裁》2017年第3期。

国大部分仲裁机构目前仅设置了仲裁员预先确认制度,要求当事人只能在强制仲裁员名册的范围内挑选仲裁员。这种做法的好处是能够提高当事人共同选任首席仲裁员或独任仲裁员的概率,帮助当事人节省挑选时间。但是,强制仲裁员名册也限制了当事人的可挑选范围,无法保证特定案件的当事人挑选到最心仪的仲裁员,在一定程度上挫伤了当事人的意思自治。更好的方法是将两种仲裁员确认方式结合起来。首先,对仲裁员的选择范围持开放态度,当事人既可以在仲裁机构预先确认的仲裁员名册中挑选仲裁员,也可以在名册之外挑选仲裁员,但在名册之外提名的仲裁员候选人须经仲裁机构确认。其次,为了防止当事人滥用仲裁员选定程序阻碍仲裁程序的顺利进行,对于名册之外提名的明显不具备法定或约定执业资格的仲裁员候选人,仲裁机构有权不予确认,当事人随后只能在仲裁员名册的范围内重新挑选仲裁员。最后,当事人不能在仲裁员名册范围重新选定仲裁员的,由仲裁机构指定。

四、多种组庭方式相结合化解组庭僵局

当事人直接选定仲裁员无疑是最符合仲裁精神之组庭方式,但如果当事人在组庭过程中拒不配合,可能造成组庭僵局。在此情况下,不如对不同的仲裁员指定方式进行组合,灵活化解组庭僵局。在机构仲裁中,为防止当事人把联席仲裁员共同选定首席仲裁员作为拖延仲裁程序的手段,必须为该程序设置一个合理期限,且给出相应的补救办法。当事人不能限期选定联席仲裁员或共同选定独任仲裁员的,应由仲裁机构指定。当事人不

能限期选定首席仲裁员，鉴于联席仲裁员指定首席仲裁员更能体现当事人的意思自治，可以考虑先由联席仲裁员共同指定，联席仲裁员无法在期限内选任的，由仲裁机构指定。在临时仲裁中，也可以采取类似方法，仲裁机构的组庭职能可由指定机构予以行使。但当事人没有约定指定机构的，可引进类似助仲法官的制度，通过权威第三方及时指定仲裁员以化解组庭僵局。

第三章　私募基金争议解决视角下:“卖者尽责、买者自负”的重述与新说

第一节　裁决责任划分与“卖者尽责、买者自负”的背离

一、争议裁决的责任划分现状及考量标准

在仲裁庭上,无论争议各方就事实认定和法律适用如何针锋相对、剑拔弩张,争议裁决最终都会落实到责任划分上来,对责任划分的梳理,既可以体现仲裁庭对争议问题的认定倾向,也可能影响各类争议参与方在今后业务中的行为导向。

我们对贸仲在2021年(或者更早年度)审理的关于私募基金纠纷的近40个典型裁决进行了梳理,针对管理人、投资人、托管人及其他私募基金参与人的责任划分问题进行统计和分析,以期整体了解此类争议裁决的责任划分现状及考量标准。在我们目前梳理范围内的裁决中,申请人均为投资人(或称“买方”“买者”),在投资基金后遭受了本金或收益的损失,进而要求管理人、托管人承担赔偿责任。

从主张赔偿的类别来看:(1)大多数买方要求管理人承担赔偿本金及收益损失(按合同约定的收益率或银行同期贷款利率计算)的责任,也有少数买方仅要求管理人赔偿本金,不要求对预期收益的赔偿——"本金及收益"。(2)在几例案件中,买方还要求赔偿因被申请人恶意提起仲裁效力诉讼案件导致买方资金被占用的损失——"资金占用损失"。(3)一些买方要求管理人赔偿因仲裁产生的费用,如仲裁费、差旅费、律师费、保全费、保险费等,买方要求管理人承担这些费用的主张是否能得到支持,在一定程度上也是依据前述责任的划分,故在此不单独详列——"维权费用"。

从主张赔偿的对象来看:(1)一部分买方不仅向管理人追责,还将托管人列为第二被申请人,要求托管人承担连带赔偿责任。(2)仅有一例案件中,买方仅向托管人追责,要求托管人承担未履行审查监督职责的责任,并拒绝追加管理人参与仲裁。

根据买方的仲裁请求,可以发现其请求管理人、托管人承担责任,主要事由集中在以下几类:

(一)请求管理人承担责任的主要事由

1. 管理人内控不严,员工进行合同诈骗,员工销售基金属表见代理行为;

2. 管理人不当销售基金产品,在产品推介上存在问题;

3. 管理人未尽到风险提示义务;

4. 管理人未尽到勤勉尽责义务;

5. 管理人违反信息披露义务,未披露或披露存在错误;

6. 管理人违约超范围投资;

7. 管理人违约延期;

8. 管理人资产混同,非法挪用基金资产;

9. 管理人延迟兑付;

10. 基金存在关联交易情况。

(二)请求托管人承担责任的主要事由

1. 托管人未按照法律规定召集基金份额持有人大会;

2. 托管人违反监督义务;

3. 托管人违规开立管理人专户;

4. 因管理人过错,依据法律规定和合同约定托管人承担连带责任。

梳理仲裁庭针对被申请人承担责任判定的现状,以是否承担责任、承担何种责任、承担责任的比例为切入点,可以发现仲裁庭的裁决结果一般是围绕买方的实际损失和管理人、托管人行为之间的因果关系进行的。在这些案例中,尽管不同的裁决体现出的倾向性有一定的差异,但在买方的相关主张具有一定事实、合同及法律依据的前提下,在大多数情况下仲裁庭一般会支持买方要求管理人承担赔偿责任的请求,仅在是否计算预期收益损失、预期收益损失以何种收益率计算、责任比例划分上存在差异。

另一个影响责任承担判定的因素是具体的举证情况。关于举证,员工合同诈骗、违规作出保本保息承诺、违反信息披露义务、超范围超期限投资、违约延期、延迟兑付、存在不正当关联交易等情形,在事实认定上比较容易,在责任上也相对明确。如员工合同诈骗,可以依据人民法院的刑事判决予以认定;违规作出保本保息承诺,可以根据监管规定、证监会的处罚决定或合同就具体事项的约定予以确定;超范围投资,因合同有明确约定,且投资路径和去向均可查,判定也较容易;超期限投资、违约延期、延迟兑付等,通过查明各主要时间点即可得出是否超过一定期限的结论。而在基金具体运作中,买方不是基金产品的管理人,不承担信息披露、按照合同约定进行基金运营的义务,不会也不可能对上述事项产生影响。因此,在梳理裁决结果中,涉及责任分配时,基本上由管理人承担全部的举证责任。

(三)仲裁庭裁决基金参与人承责的现状

关于管理人的责任承担,其中典型情形有:

1. 内控不严,对员工监管不力,管理人员工骗取买方投资款;

2. 违规作出保本保息承诺;

3. 违反适当性义务,如代申请人完成风险承受能力测评,或申请人风险承受能力和基金风险不匹配;

4. 管理人未尽到勤勉尽责义务;

5. 管理人违反信息披露义务,未披露或披露存在错误;

6. 管理人违约超范围投资;

7. 管理人违约延期;

8. 管理人延迟兑付;

9. 基金存在不正当关联交易情况。

仲裁庭裁决管理人承担100%或较高比例责任的情况,主要包括员工合同诈骗、违反信息披露义务、超范围或超期限投资、违约延期、延迟兑付、存在不正当关联交易等“实锤”问题。而在适当性义务方面,关于管理人的承责比例,不同仲裁庭显示出并非完全一致的倾向。

关于托管人的责任承担。在大部分案例中,托管人都无须承担责任。在少数案例中,托管人因未尽托管人职责和义务,违反《证券投资基金法》的规定和合同的约定应承担约 10% 的单独责任。综合各案例裁判来看,仲裁庭普遍认为,托管人的监督职责直接取决于管理人对投资人履行义务的情况,其本身不具有广泛的监控和管制权力。如果没有其他协议或安排单独约定托管人的责任,托管人的责任应该是有限的。对于买方提及的“安全义务”,从仲裁庭的裁决情况看,似乎可以得出结论,即不能为了保护买方而单方面扩大托管人的义务,托管人的义务本质上源于法定或者具体约定,而“安全保管”仅从文义来理解则范围过大,实际上并不是任何与“安全保管”有关的事项都必然落入这一范畴。

关于买方的责任承担。仲裁庭裁判买方承责的情况并不常见,即使买方被裁决承担一定的责任,相较管理人,买方的承责比例也较低,主要集中在 10% ~30% 。探求其承责缘由,主要包括以下几类情形:(1)买方未尽到合理的审慎注意义务。例如,在相关文件的主体及内容存在诸多不合常理之处时,仍坚持进行汇款。(2)买方未履行源于合同约定或风险提示函注明的信息查询义务。(3)买方是合格投资者,理应对基金投资风险有一定的了解。(4)因无法预见和克服的政策变更,在客观上导致合同约定条款无法实现,买方承担公平责任。

二、基金参与人法律义务的厘清

基金参与人责任源于合同约定或法律规定的义务的违反。合同的约定可根据各方意思自治协商确定,我们不作过多阐释,我们仅就法律、部门规章、规范性文件,甚至行业自律规则进行梳理、确定各基金参与人的义务,以进一步分析目前的司法裁判现状是否与制度本身的设计相背离。

在理论上,规制私募投资法律关系,前端应以合格投资者制度和投资者适当性规则解决募集阶段的问题,在投资、投后管理及退出阶段主要以赋予管理人和托管人的信义义务(授信义务、勤勉义务)的方式,针对管理人和托管人的角色和职责之不同,要求管理人承担以忠实义务为核心的信义义务,而托管人承担以注意义务为核心的信义义务,并在此基础上确立投资者风险自担原则,而裁决机构应当尽量不介入当事人之间的商业判断。

(一)基金管理人的义务

基金管理人是基金产品的募集者和管理者,其最主要职责就是按照基金合同的约定,负责基金资产的投资运作,在有效控制风险的基础上为基金投资者争取最大的投资收益。基金管理人应当恪尽职守、谨慎勤勉,除须履行基金合同约定的义务外,还需要履行法律、行政法规、部门规章规定的义务,这些义务的核心是信义义务,即忠实义务和勤勉义务,其中,勤勉义务又包括亲自管理义务、合规经营义务、妥善保管记录义务、清算义务等。《证券投资基金法》第9条明确规定:“基金管理人、基金托管人管理、运用基金财产,基金服务机构从事基金服务活动,应当恪尽职守,履行诚实信用、谨慎勤勉的义务。基金管理人运用基金财产进行证券投资,应当遵守审慎经营规则,制定科学合理的投资策略和风险管理制度,有效防范和控制风险。基金从业人员应当具备基金从业资格,遵守法律、行政法规,恪守职业道德和行为规范。"此外,基金管理人还具有适当性义务、尽职调查义务、信息披露义务等法定义务。结合相关的法律、部门规章、规范性文件及行业自律规则,基金管理人的义务主要包括以下几个方面。

1. 忠实义务

《证券投资基金法》第20条列举了公募基金管理人的7项消极忠实义务,即禁止行为,第8项为兜底性规定;《私募投资基金监督管理暂行办法》第23条参照上述规定,列举了8项禁止行为,第9项为兜底性规定。两者规定的行为类型基本一致,不同之处在于后者增加了第6项"从事损害基金财产和投资者利益的投资活动"和第8项"从事内幕交易、操纵交易价格及其他不正当交易活动"。此外,《私募投资基金管理人内部控制指引》第7条、第8条、第9条、第10条、第18条、第19条,《证券期货经营机构私募资产管理业务管理办法》第4条、第17条、第25条,《私募投资基金备案须知(2019版)》第13条等具体规定了管理人的忠实义务,要求管理人应诚信管理,不得从事与投资人利益相冲突的自我交易、关联交易、侵吞基金财产等行为,不得向合格投资者之外的单位或个人募集资金,不得向投资者承诺投资资金不受损失或承诺最低收益等。

如在"中天钢铁集团有限公司诉三度星和(北京)投资有限公司证券

投资基金交易纠纷案”[(2021)京民终59号]中,基金委托人与基金管理人签订了《泽芯8号合同》及《补充协议》,约定:“乙方作为基金管理人,确保甲方投资本金及年化收益8.5%收益的安全,如果出现损失,由乙方予以无条件补足。”关于该协议,一审法院和二审法院均认为其属于无效合同,主要原因在于,根据中国证监会公布并施行的《私募投资基金监督管理暂行办法》第15条的规定,“私募基金管理人、私募基金销售机构不得向投资者承诺投资本金不受损失或者承诺最低收益”。由于该规范性文件的内容涉及金融安全、市场秩序、国家宏观政策等公序良俗,故违反该规范性文件的,应当认定合同无效。

2. 勤勉义务

(1)亲自管理义务

基金管理人应当切实履行主动管理职责,不得为其他机构、个人或者资产管理产品提供规避投资范围、杠杆约束等监管要求的通道服务;不得在资产管理合同中约定由委托人或其指定第三方自行负责尽职调查或者投资运作;不得在资产管理合同中约定由委托人或其指定第三方下达投资指令或者提供投资建议;不得在资产管理合同中约定管理人根据委托人或其指定第三方的意见行使资产管理计划所持证券的权利;不得有法律、行政法规和中国证监会禁止的其他行为。

(2)合规经营义务

基金管理人应当牢固树立合法合规经营的理念和风险控制优先的意识,培养从业人员的合规与风险意识,营造合规经营的制度文化环境,保证管理人及其从业人员诚实信用、勤勉尽责、恪尽职守;要建立科学的风险评估体系,对内、外部风险进行识别、评估和分析,及时防范和化解风险;建立科学的业务操作流程,利用部门分设、岗位分设、外包、托管等方式实现业务流程的控制;设置有效机制保障资金安全,切实保障募集结算资金的安全;建立合格投资者适当性制度;建立健全投资业务控制,保证投资决策严格按照法律法规的规定,符合基金合同所规定的投资目标、投资范围、投资策略、投资组合和投资限制等要求。此外,基金管理人的自营账户、资产管理计划账户、作为投资顾问管理的产品账户之间,以及不同资产管理计划账户之间,不得发生交易(有充分证据证明进行有效隔离并且价格公允的除外)。

(3)妥善保管记录义务

根据《私募投资基金监督管理暂行办法》第 26 条、《私募投资基金管理人内部控制指引》第 26 条的规定,私募基金管理人应当妥善保存私募基金投资决策、交易和投资者适当性管理等方面的记录及其他相关资料,以及私募基金内部控制活动等方面的信息及相关资料不少于 10 年。

此外,《证券期货经营机构私募资产管理业务管理办法》第 57 条、《证券期货投资者适当性管理办法》第 32 条等也规定了,基金管理人应当保存资产管理计划的会计账册,妥善保存有关的合同、协议、交易记录等文件、资料和数据,以及其履行适当性义务的相关信息资料,包括匹配方案、告知警示资料、录音录像资料、自查报告等资料不少于 20 年。

(4)清算义务

当基金进入清算流程后,要根据基金合同的约定选举清算人,私基金财产清算小组成员一般由基金管理人和基金托管人组成,并可以聘用必要的工作人员;清算小组负责基金财产的保管、清理、估价、变现和分配,并可以依法进行必要的民事活动。基金清算作为基金终止的一个必经环节,关涉基金各方参与人的权利义务,特别是投资者的权利保护,管理人需要高度重视基金的清算,切实合法合规履行清算义务。

(5)基金备案义务(报告义务)

基金管理人具有基金备案义务,应当按照《证券投资基金法》《证券投资基金管理公司管理办法》《私募投资基金管理人登记和基金备案办法(试行)》《证券期货经营机构私募资产管理业务管理办法》等规定向中国证监会和所在地中国证监会派出机构、中国基金业协会等报告。

在"乐某某诉太平洋证券股份有限公司、南京中乾融投股权投资基金管理有限公司合同纠纷案"[(2018)苏0105民初3797号]中,因基金管理人在私募基金募集完毕后,未按规定办理相关备案手续,致使其管理人资格于基金合同履行期间被注销登记,从而导致合同终止事由发生。而在合同终止后,基金管理人未及时告知投资人更换管理人,也未对基金进行清算,致使投资人的投资处于不合规管理状态。一审法院认为,基金管理人存在违约,且致使投资人购买基金的合同目的无法实现,投资人有权解除合同,基金管理人需要承担赔偿责任。

3. 适当性义务

适当性义务要求基金管理人应当在销售产品的过程中,全面了解投资者的情况,深入调查分析产品信息,科学有效评估,充分揭示风险,基于投资者不同的风险承受能力以及产品的不同风险等级等因素,提出明确的适当性匹配意见,将适当的产品销售给适合的投资者,基金管理人违反了适当性义务,需要对违法违规行为承担法律责任。《私募投资基金合同指引1号(契约型私募基金合同内容与格式指引)》第50条、《私募投资基金备案须知(2019版)》第9条第1款均规定,私募基金管理人应当编制《风险揭示书》,对投资者和私募投资基金进行实质审查,履行适当性义务,在合同中向投资者说明相关法律规定,揭示私募基金在管理、运营中可能面临的风险等。《证券期货经营机构私募资产管理业务管理办法》第27条、第58条也规定了基金管理人的适当性义务。

在司法实践中,基金管理人违反了适当性义务是投资者经常主张的一个主要事由,也是裁决机构认定基金管理人承担责任的一个重要事实依据。例如,在"谢某诉广州市犇鑫投资管理有限公司委托理财合同纠纷案"[(2019)粤01民终21112号]中,法院认为,基金管理人在自行销售资金时,未按照合同约定以及《私募投资基金监督管理暂行办法》第16条对投资者的风险识别能力和风险承担能力进行评估,违反了法定的适当性义务,应对基金委托人的基金份额损失承担20%的赔偿责任。在"杨某某诉北京泓实资产管理有限公司、上海进懋资产管理有限公司、深圳盈信基金销售有限公司、中信建投证券股份有限公司证券投资基金交易纠纷案"[(2021)京0101民初10231]中,法院认为,案涉基金属于R3级基金产品,基金未设预警止损线,在极端情况下,投资者的本金有可能全部损失,属于高风险金融产品;基金管理人作为专业金融机构,在销售上述金融产品时,未了解投资人的风险承受能力、未向投资人充分揭示投资风险,其作为金融产品发行人未尽适当性义务,导致投资人在购买金融产品过程中遭受损失,应予赔偿。

4. 尽职调查义务(合理审查)

管理人应当对投资人、投资对象、交易对手、投资价值或风险等内容进行尽责、诚实、客观、公正地尽职调查。管理人应当在获得充分的尽调证据材料并对各种证据材料进行综合分析的基础上进行独立判断;对专业意见有合理质疑的,管理人应当要求中介机构作出解释或者出具依据;发现专业意见与尽调过程中获得的信息存在重大差异的,管理人应当对有关事项进行调查、复核,并可聘请其他中介机构提供专业服务。在"程某诉钜洲资产管理(上海)有限公司、上海钜派投资集团有限公司委托理财合同纠纷案"[(2021)沪74民终1626号]中,法院认为,管理人在基金投资阶段,未对产品进行充分了解,未尽到审慎管理义务,应当对投资人的损失承担法律责任。

5. 信息披露义务

基金管理人应当遵守法律、行政法规、证监会的规定和基金合同的约定,及时向投资者充分披露信息。根据《私募投资基金备案须知(2019版)》第24条的规定,管理人应当在私募投资基金的募集和投资运作中明确信息披露义务人向投资者进行信息披露的内容、披露频度、披露方式、披露责任以及信息披露渠道等事项,向投资者依法依规持续披露基金募集信息、投资架构、特殊目的载体(如有)的具体信息、杠杆水平、收益分配、托管安排(如有)、资金账户信息、主要投资风险以及影响投资者合法权益的其他重大信息等。且为了维护信息沟通渠道的畅通,保证向投资者、监管机构及中国基金业协会所披露信息的真实性、准确性、完整性和及时性,基金管理人还应当建立健全信息披露控制,防止存在虚假记载、误导性陈述或重大遗漏。在"施某某诉深圳前海亚太富邦基金有限公司、恒丰银行股份有限公司金融委托理财合同纠纷案"[(2019)鲁 71 民初 121 号]中,法院判决管理人按照《私募投资基金合同》约定的方式,向投资人披露私募投资基金的资金划款指令以及执行划款指令情况等信息资料,主要理由在于基金份额持有人有权要求基金管理人向其履行相应的基金信息披露义务。

(二)基金托管人的义务

基金托管人应严格履行《证券投资基金法》第三章规定的法定职责,不得通过合同约定免除其法定职责。基金合同或托管协议应当按照《证券投资基金法》《私募投资基金监督管理暂行办法》等法律法规和自律规则明确约定托管人的权利义务、职责。在管理人发生异常且无法履行管理职责时,托管人应当按照法律法规及合同约定履行托管职责,维护投资者的合法权益;托管人在监督管理人的投资运作过程中发现管理人的投资或清算指令违反法律法规和自律规则以及合同约定等的,应当拒绝执行,并向中国证监会和基金业协会报告。具体而言,在托管人的法定义务和合同义务中,保管义务和监督义务是托管人义务的核心。

1. 保管义务

在私募基金领域,基金财产应当由基金托管人托管,托管人作为受托人,管理基金财产,必须恪尽职守,履行诚实、信用、谨慎、有效管理的义务。具体而言,托管人的保管义务主要体现在保管基金财产以及衍生的开设账户、分别设置账户、保存资料、清算交割等职责上。根据《证券投资基金托管业务管理办法》第17条的规定,托管人履行保管义务应遵守“不混同原则”,即为所托管的不同基金财产分别设置资金账户、证券账户等投资交易必需的相关账户,确保基金财产的独立与完整,不与托管人、管理人的固有财产相混同,也不与其他基金的托管财产相混同;还应当建立与基金管理人的对账机制,定期核对资金头寸、证券账目、净值信息等数据,及时核查认购与申购资金的到账、赎回资金的支付以及投资资金的支付与到账情况,并对基金的会计凭证、交易记录、合同协议等重要文件档案保存20年以上。

2. 监督义务

托管人的监督义务主要包括对管理人投资行为的监督、对管理人违规违约行为的监督、对管理人信息披露的监督等。其中,对管理投资行为的监督体现在对涉及投资范围与投资限制、基金费用、收益分配、会计估值、信息披露等方面的条款进行评估监督,确保相关约定合规清晰、风险揭示充分、会计估值科学公允;对管理人违规违约行为的监督体现在,根据基金合同或托管协议的约定,制定基金投资监督标准与监督流程,对基金合同生效之后所托管基金的投资范围、投资比例、投资风格、投资限制、关联方交易等进行严格监督,及时提示基金管理人违规风险;对管理人信息披露的监督体现在,对于基金管理人未按规定召集或者不能召开基金份额持有人大会审议的事项,基金托管人应当按照规定召集基金份额持有人大会,并依法履行对外披露与报告义务。

当托管人发现管理人的违规、违约行为时,除拒绝执行、通知管理人外,还应向监管机构报告。对于托管人的监督义务,宜以合同约定作为主要衡量标准;若不违反《证券投资基金法》和《证券投资基金托管业务管理办法》的规定,当事人可以通过合同约定托管人的具体监督内容。

(三)投资者的义务

根据相关法律规定并结合司法实践,我们总结出基金投资者的一些应当注意的义务:

1. 确保投资资金来源合法

投资者应当确保投资资金来源合法,不得非法汇集他人资金投资私募基金。募集机构应当核实投资者对基金的出资金额与其出资能力相匹配,且为投资者自己购买私募投资基金,不存在代持。投资者购买基金产品,应当承诺委托资金的来源符合法律、行政法规的规定。

2. 坚守诚实信用原则

投资者的此种诚信义务主要体现在两个具体方面:首先,投资者具有提供真实、准确、全面、完整投资信息和证明文件的义务;其次,投资者具有主动纠正"非合格投资者"身份,以及严格遵守合格投资者规定等义务。

3. 认真阅读、填写相关文件

投资者应当认真阅读、填写基金合同以及有关法律文件、信息披露文件等,力求充分了解卖方的财务状况、经营状况、产业性质和特征、企业管理水平、营利能力及发展前景等。

4. 审慎、独立判断自身风险承受能力

在卖方充分履行适当性义务之后,投资者有义务根据自己的专业知识和投资经验进行预期收益和风险评估,并根据自身的对风险的承受能力作出是否投资的独立判断。

5. 积极关注基金的投资动向和基金延期等信息披露事项

在投资存续期间,合格投资者有义务通过信息披露等多种途径,关注发行人的经营和财务状况的变化情况,并通过管理人及其他方式积极行使权利,实现自己的投资利益。

三、裁决现状与制度设计背离的反思

私募基金一般具有高风险、高收益的显著特征,故国外均严格设计私募基金制度。从我国当前私募基金的制度设计来看,当前制度已具有“卖者尽责、买者自负”的基础规则,包括相关法律法规及规章制度均要求基金管理人严格履行适当性义务,尤其是在募集环节应尽职尽责,防止基金管理人利用其强势地位诱使投资者进行投资,损害投资者利益。对于基金托管人,当前制度亦对其监督义务进行了规定,作为监督“卖者”的重要手段。对于投资人,现有制度明确了“合格投资者”的定义及特征,要求投资者作为基金参与人应当具有一定的合格资质。因此,从总体来看,我国当前私募基金制度设计已具有较合理的框架,但在司法实践中,目前还存在不少对基金管理人的“卖者尽责”义务过于严格、忽视投资者了“买者自负”要求的情形,在一定程度上造成了制度天平的失衡。

我们以基金管理人的适当性义务为例。《私募投资基金监督管理暂行办法》第16条第1款规定:“私募基金管理人自行销售私募基金的,应当采取问卷调查等方式,对投资者的风险识别能力和风险承担能力进行评估,由投资者书面承诺符合合格投资者条件;应当制作风险揭示书,由投资者签字确认。”上述规定中要求基金管理人应当采取调查问卷的形式对投资者的风险识别能力和风险承受能力进行评估。但笔者观察到,有部分裁决秉持为管理人设置相对较高标准的义务要求,可以认为,仅形式上的告知说明和风险查验对于到位履行适当性义务是不充分的。具体而言,仅仅依据合同中部分风险提示条款和买方签署的《风险承受能力调查问卷》《风险承诺函》等,并不能证明管理人尽到了告知说明义务和在投资者适当性制度下的各项程序与义务。这种标准和要求可能会加重管理人的责任,且在实际操作中也会让管理人产生“我还应该做什么,才能达到所谓到位履行适当性义务的程度”的疑惑。对于买方也可能形成一个不良的导向,使其误以为:反正管理人的责任重,即使是自己已经看到合同中的风险提示条款,在《风险承受能力调查问卷》《风险承诺函》上签字,也不会影响对方的责任承担。这种对管理人适当性义务过于严格要求的倾向,实质上恐怕是对“卖者尽责、买者自负”的背离。

又如,关于基金托管人的监督职责范围。现有的法律法规和规范性文件均规定了托管人的职责主要包括安全保管基金财产和监督管理人的投资指令。《基金合同》中一般亦对托管人的义务作了明确约定,可以很清楚地看出基金托管人的责任范围作出了限定,并不是无边界的。但我们注意到,《证券投资基金法》等规定的基金托管人对基金管理人负有的监督义务较原则性,并未对基金托管人监督范围进行明确,导致在司法实践中,仍存在对托管人义务的扩大理解。例如,在某仲裁案中,仲裁庭认为,基金管理人的基金报告内容空洞,未披露基金投向的底层资产的具体情况,托管人作为基金管理报告的复核义务人,构成一定程度的违约。基金托管人在复核基金管理人相关付款指令时未发现案涉基金存在多层嵌套、交叉互技和短募长投等违规情形,未遵守其在案涉合同中承诺照恪尽职守、诚实信用、谨慎勤勉的原则,构成违约。对此,笔者认为,托管人并非如行政监管部门一样具有广泛的监控和管制的权力,其对于基金的托管责任是十分有限的。寄希望于托管人在私募基金的运作中能完全控制或督促管理人的投资决策和管理行为,是投资人单方面的主观意愿和对托管制度的误解。期望将行政监督管理的责任由托管人承担显然是加大了托管人在相应合同约定之外的责任和义务。

再如,在投资者的注意义务方面,在司法实务中,裁决机关往往将重点放到管理人和托管人是否恰当履职方面,而并不十分关注投资者本身的注意义务。但实际上,私募基金投资本质上属于特殊的市场交易行为,投资人应当对自己的投资行为负责,投资者进行投资时,应当确认自身具备相应的风险识别能力和风险承担能力，履行审慎决策及对自身投资行为负责的义务。在投资过程出现明显可察觉的瑕疵时，投资人应当主动发现，否则应当承担部分责任。

第二节 "卖者尽责、买者自负"的重述

一、"卖者尽责、买者自负"的渊源及内涵

资产管理行业提出"卖者尽责"和"买者自负"的目的是打破金融行业"刚性兑付"的状态。"卖者尽责"又称"投资者适当性义务""投资者适当性管理"，在私募基金争议解决的视角下，其主要内容包括三方面：

第一，管理人应当通过基金产品分配、投资者分类和适当性匹配流程向投资者推介与其风险识别能力和风险承担能力相匹配的私募基金，尤其在推介、销售高风险等级基金产品和提供高风险等级服务领域时；

第二，管理人应当通过基金风险揭示、投资"冷静期"、回访确认等制度确保投资者真实了解投资风险，真实地作出投资意愿；

第三，管理人应当合理审慎地审查投资者是否符合私募基金合格投资者标准。

"卖者尽责"原则引入我国资本市场的时间并不长，可追溯至 2005 年银监会(2018 年后改为银保监会)颁布的《商业银行个人理财业务管理暂行办法》(现已失效)，该办法第 37 条第 1 款规定："商业银行利用理财顾问服务向客户推介投资产品时，应了解客户的风险偏好、风险认知能力和

承受能力,评估客户的财务状况,提供合适的投资产品由客户自主选择,并应向客户解释相关投资工具的运作市场及方式,揭示相关风险。”此后,中国人民银行、原中国银监会、证监会等监管机关陆续发布文件,包括《中国人民银行金融消费者权益保护实施办法》、原中国银监会《关于规范商业银行代理销售业务的通知》、《商业银行个人理财业务管理暂行办法》(现已失效)、《证券期货投资者适当性管理办法》、《证券公司融资融券业务试点管理办法》(现已失效)等,规定了各自辖下的金融机构适当性义务。相关行业协会也发布了指导性文件。例如,中国基金业协会在《私募投资基金募集行为管理办法》中明确规定了适当性义务。

而“买者自负”是指在管理人尽责的基础之上,投资者应自行承担资管产品的风险。我国 1999 年实施的《证券法》第 19 条即对资本市场中“买者自负”原则——投资者风险自负原则作出了规定,2006 年修订后的《证券法》第 27 条原文沿用了原法第 19 条的内容,其后,2013 年和 2014 年的修订对此并未作出变动。《私募投资基金监督管理暂行办法》《证券期货经营机构私募资产管理业务管理办法》《证券期货投资者适当性管理办法》也充分体现了投资者风险自负原则。

二、“卖者尽责、买者自负”的制度安排

(一)卖者尽责——合格投资者审查及适当性管理

最高人民法院于 2019 年 11 月 8 日发布的《全国法院民商事审判工作会议纪要》(以下简称《九民纪要》)指出,适当性义务的履行是“卖者尽

责”的重要内容,也是“买者自负”的前提和依据。在私募基金行业中,“卖者尽责”主要体现在管理人对合格投资者的审查以及适当性管理两个制度中。这两个制度的核心在于,向具有相应风险承受水平的投资者推荐对应风险级别的基金产品。由此引申出管理人在募集过程中的风险提示义务、投资过程中的规范投决义务、基金运营过程中的信息披露义务等。

1. 合格投资者审查

合格投资者审查是管理人勤勉义务的一个重要方面,它对于避免投资者的不合理风险起到了很大作用。关于合格投资者的定义,按照《证券投资基金法》的有关规定,合格投资者,是指具有一定的风险识别和承受能力,资产背景、市场经验等方面符合有关要求的特定组织或个人。笔者认为,在对合格投资者进行审核的过程中,管理人要对其进行适当的了解和评估,并根据相关程序,对其进行投资,从而将不适合的投资者筛选掉,否则一旦投资失败,其后果将是这类投资者无法承受的。因此,对于没能符合条件的投资者,由于其自身并不符合私募基金的相应投资条件,为了避免投资者潜在的、无法承受的投资损失,管理人必须先对其进行资格审核,以确定其是否为符合条件的投资者。合格投资者须拥有一定的投资经验,在投资方面有一定的专业知识,而且他们的经济条件能够承受高回报下的高风险。

2. 适当性管理

适当性管理,也就是所谓的适当性义务,是指在为投资人提供高风险的产品或者服务时,管理人应当熟悉投资者,熟悉投资产品,为合适的投资者提供合适的产品或服务。适当性管理的内涵可以归纳为:一是管理人必须熟悉投资者,二是管理人必须熟悉投资产品,三是为投资者提供合适的投资产品推荐。而在“熟悉投资者”这一环节中,合格投资者的审查与适当性管理中的熟悉投资者的部分在内涵上有一定的重叠,告知说明义务与为投资者提供合适的基金产品推荐在内涵上也有交叉部分。从实施适当性管理的逻辑上看,熟悉投资者是管理人为其提供基金产品及服务的先决条件,也是其履行适当性义务、进行适当性管理的基础。从内部来说,适当性管理要做到熟悉基金产品;从外部来看,适当性管理须做到熟悉投资者,并根据投资者的审查意见为其推荐合适的基金产品,为符合条件的投资者提供合适的投资产品是适当性管理的核心之所在。

关于适当性管理的执行标准,笔者认为,可以从实质和形式上两方面进行考量:

首先,实施适当性管理在实质上是指由管理人为投资者提供与其风险承受能力相符的投资产品;按照适当性管理的内涵,要从实质上满足熟悉投资产品、熟悉客户以及为投资者提供合适的投资产品推荐这 3 个层次。具体而言,熟悉投资产品需要管理人客观地评估自己产品的风险等级。但在实际操作中,也有一些管理人出于自身利益考虑,往往将高风险投资产品的风险等级降低,从而拓宽所谓合格投资者的范围。对于此种情形,可以考虑进一步完善风险评价体系,对风险评价方案进行优化,以保证其能够客观地评级。对于熟悉客户,则需要管理人必须对客户进行全面评估,以得到一个全面认知,可以通过各种渠道和方法获得其相关的资料,以此评价其抵御风险的能力。但在实际操作中,此类评价往往是走形式主义路线,如由投资者填写的风险评价调查表,缺乏说服力。对于此种情形,可以对风险评估的程序进行适当规范,对不规范的评估程序进行警告或者事后追究,从而实现防范风险的目的。而为投资者提供合适的投资产品推荐,需要在熟悉投资产品和熟悉客户的前提下进行,在前述基础上将投资产品与客户进行匹配,从而为投资者提供最适合其投资目的的产品。

其次,实施适当性管理在形式上是指由管理人向投资者进行投资产品的风险揭示和告知说明。站在投资者角度,由于投资者的投资知识水平参差不齐,因此,管理人必须确保揭示和告知说明的过程以及方式方法能够被一般人所接受,并且也需要根据不同的投资者风险进行个性化服务。

此外,管理人实施适当性管理,在时间上要求具有一定的持续性,在与投资者交易前,应先熟悉投资产品、熟悉投资者,并为其提供合适的投资产品推荐,在交易完成后,还要根据投资市场风险、投资者风险抵抗能力、投资产品风险等级等因素,及时提醒投资者风险,即适当性管理需要在募集阶段、投资阶段、管理阶段形成延续。

3. 管理人承担责任的范围

一般理论认为,如果管理人违背了适当性管理义务,则按照缔约过失责任对其民事责任予以定性。因此,损害赔偿的范围应当是信赖利益损失,并且仅限于直接损失。

《九民纪要》第 77 条第 1 款指出,因管理人未尽实施适当性管理之责而造成投资者受有损失的,应当赔偿投资者所受的实际损失,包括投资本金及利息,利息按照央行公布的同期同类存款基准利率计算。但如果投资者在投资过程中也有过失,则可以相应减少管理人的赔偿责任。如在“龚某某诉浙江金观诚财富管理有限公司财产损害赔偿纠纷案”[(2016)浙0105民初5924号]中,法院认为,管理人在销售产品过程中,其工作人员未要求投资者填写风险识别能力和承受能力调查问卷,存在过错,管理人对此应承担相应的赔偿责任。但投资者作为一个具有完全民事行为能力的成年人,其对自身的风险承受能力应有一个正确的判断和相应的认识能力,其未依照自身状况进行合理投资,且其购买基金等理财产品时已在管理人提供的《风险提示函》等内容上均签署确认,应视为其对合同文本的内容进行了阅读并知晓,其长时间内未提出任何异议,应当能够预判基金等产品的风险程度,故投资者对其自身损失的发生亦具有相当过错。最终,法院根据过错程度并兼顾公平合理原则,同时也考虑投资基金行为受证券市场、基金管理人等多方面因素影响,酌情确定双方的责任。

此外,由于管理人不履行信息披露和风险揭示义务,进而构成违反适当性管理的情形在实践中也较频发。中国人民银行、中国银行保险监督管理委员会、中国证券监督管理委员会、国家外汇管理局《关于规范金融机构资产管理业务的指导意见》(以下简称《资管新规》)第6条指出,禁止欺诈或者误导投资者购买与其风险承担能力不匹配的资产管理产品,因此可视具体情节将管理人违反适当性管理的情形再细分:

第一,如果管理人只存在轻微的违反适当性管理的行为,可能构成误导销售,此时可以按照《九民纪要》第77条第1款的规定,管理人应当承担缔约过失责任。

第二,如果管理人存在严重的违反适当性管理的行为,则可能构成欺诈,那么会存在两种法律后果:一是由于欺诈,案涉基金合同有可能被撤销。如在“黄某某诉深圳市红隼资本管理有限公司合伙协议纠纷案”[(2019)粤03民终13869号]中,法院认为,投资者系出于对管理人的合理信赖,才签订私募基金合同和合伙协议,出资设立投资企业并定向进行投资,此种合理信赖应当受到法律的保护。管理人与投资者签订上述协议后,管理人未按约定将收取的投资者款项用于指定项目,亦缺乏证据证明管理人曾向投资者披露了财务报表、基金管理报告等。虽管理人主张投资者出资的1,403,663.4元已用于管理人先行垫付投资款的同一项目,但投资者对此不予认可,且投资者出资的时间为2017年6月14～15日,管理人购买股权投资基金的时间为2017年6月6日,该投资权益并未登记在投资者名下,资金来源亦为管理人自有资金,管理人未提供充分证据证明其在投资者出资之前,上述事实已在签订上述合同和协议时向投资者作了说明且投资者对此予以认可。鉴于此,可以认定管理人在签订上述协议时存在故意隐瞒真实情况的情形,管理人的行为属于法律认定的欺诈行为。最终,法院在判决中判定支持投资者撤销投资合同以及返还相应款项、利息的请求。二是管理人应当依据惩罚性赔偿原则承担相应的赔偿责任。《九民纪要》第77条第2款指出,如果卖方机构的行为构成欺诈,对投资者提出赔偿其投资总额的利息的损害赔偿请求,应当根据不同情形作相应处理:如果在合同中明确约定了预期收益率、业绩比较基准或者类似约定,可以将其作为计算利息损失的标准；如果在合同文本中，以浮动区间的方式对预期收益率或者业绩比较基准等进行约定，可以按照约定的上限作为利息损失计算标准；如果合同文本中没有关于预期收益率、业绩比较基准或者类似约定，但投资者能够提供证据证明产品发行的广告宣传资料中载明了预期收益率、业绩比较基准或者类似表述，可以将宣传资料作为合同文本的组成部分；如果合同文本及广告宣传资料中没有载明预期收益率、业绩比较基准或者类似表述，则可以按照全国银行间同业拆借中心公布的贷款市场报价利率予以计算。

（二）买者自负——合格投资者制度的完善与补充

"买者自负"原则是现代证券交易市场的一项基本原则，兼有司法裁判功能。该原则滥觞于普通法系，并经过长时间发展，其法律定义和适用条件等逐渐定型。从法学原理层来看，"买者自负"原则是传统民法学中"自己责任"原则在证券法学领域上的具体体现。就归责方式而言，"买者自负"原则对应的是"过错责任"，同时兼用"与有过失"原则将风险分摊给各方。基于该原则，除法定情形和正当理由外，买方不得将交易损失一味归咎于卖方机构，更不能将交易损失归结于其他主体和外部因素。在实务中，法院或者仲裁机构往往将重点放到管理人和托管人是否恰当履职方面，并不十分关注投资者本身的责任。实际上，私募基金投资本质上属于特殊的市场交易行为，投资人应当对自己的投资行为负责。投资者在进行投资时，应当确认自己是否具备对风险的相应识别、承担能力。甚至，当投资过程中出现明显瑕疵时，投资人应当主动去发现和了解，否则，买方则应当承担相应责任。也就是说,法院或者仲裁机构可以适用“买者自负”原则进行裁判,但要注意综合考察卖方的义务履行状况、投资者经验,以及信息披露情况等因素。[①]

1.合格投资者制度的内涵

合格投资者制度,又称合格投资者资格制度,其是平衡保护投资者权益和促进私募基金运转的重要制度之一。通常而言,该制度内涵可以从买卖双方两个角度来概括。具体而言,合格投资者制度的内涵不仅应包括管理人一方审查投资人资产规模、风险承受能力等应当履行的义务,还应当包括投资人自身在基金运作过程中应当明确的审慎注意等义务。这也意味着,在私募投资基金领域,对投资者本身的要求与对卖方机构的要求一样,都是市场监管的重要环节。

不难看出,合格投资者制度与投资者适当性制度是对立统一的一组概念。首先,二者具有明显的差异性。一般来说,合格投资者制度通常被认为是从投资者资格角度出发,在风险识别和承受能力等维度设定门槛的事前的制度安排;而适当性制度则通常被认为是一套仅约束卖方的事中监管规则。[②] 其次,由于二者都是实现投资者适当的途径,故二者在制度目标上具有天然的相通性。我们侧重探讨这种相通性,并从投资者过错及义务的角度来论述合格投资者的完善问题。

① 徐明、卢文道:《证券交易“买者自负”原则的司法适用及法制化初探》,载张育军、徐明主编:《证券法苑》第4卷(2011年6月号),法律出版社2011年版,第216~228页。

② 黄辉:《金融机构的投资者适当性义务:实证研究与完善建议》,载《法学评论》2021年第2期。

2. 投资者的过错和责任承担

(1)归责形式和举证责任分配问题

归责方式方面。在实践中,不乏投资者罔顾卖方机构建议、任性从事高风险投资,或者在明知投资范围和风险情况下仍自愿决定购买高风险产品以及完全怠于履行投资者义务等现象。也就是说,投资者的损失往往并非单方所致,例如,卖方机构往往在义务履行上存在瑕疵,而投资者同样也存在故意或者重大过失。因此,在私募基金纠纷中,卖方机构与投资者存在责任的划分问题,归责方式采取过错归责,同时适用于有过失原则并将风险分摊给各方。

举证责任分配方面。在投资者请求销售机构承担赔偿责任的案例中,举证责任分配是基础性问题之一。通常认为,卖方机构的举证责任重于投资者。主要原因有三:第一,卖方机构的举证优势明显;第二,保护投资者的价值取向;第三,《九民纪要》第 75 条的明确规定。[①]

(2)投资者的具体过错及责任承担情形

从我们梳理的贸仲仲裁案例来看,仲裁庭裁决买方担责的情况并不常见,即使买方被裁决承担一定的责任,担责比例通常也只在 10% ~30%。探求其担责缘由,主要是买方对损失的产生也存在过错,或者说是买方不

① 《九民纪要》第 75 条规定:"在案件审理过程中,金融消费者应当对购买产品(或者接受服务)、遭受的损失等事实承担举证责任。卖方机构对其是否履行了适当性义务承担举证责任。卖方机构不能提供其已经建立了金融产品(或者服务)的风险评估及相应管理制度、对金融消费者的风险认知、风险偏好和风险承受能力进行了测试、向金融消费者告知产品(或者服务)的收益和主要风险因素等相关证据的,应当承担举证不能的法律后果。"

履行或者瑕疵履行投资者的一些义务。通过对仲裁案例的分析、总结,投资者的过错主要包括以下情形:

第一,投资者未向卖方提供真实、准确、全面、完整的信息和文件。

在私募基金领域,投资者具有提供真实投资信息和文件的义务,这是诚实信用原则的具体体现。在法律规范上,《证券期货投资者适当性管理办法》《私募投资基金募集行为管理办法》《九民纪要》等都对此问题进行了明确规定。具体而言,投资者购买私募基金,应当按规定提供真实、准确、完整的投资信息、资产证明文件或者收入证明等。并且,当前述信息文件发生任何实质性变更,投资者应当履行及时告知的义务。若因投资者故意提供虚假信息导致其购买的基金产品不适当,除举证证明系卖方误导外,投资者应自担投资风险。

在仲裁实践中,在此种情形下,仲裁庭通常认为,若有证据显示申请人故意提供虚假信息,罔顾被申请人(卖方)建议,以及其他自身原因而导致案涉资管计划落空,或者申请人明确承诺过,其向卖方提供的有关投资目的、投资偏好、投资限制和风险承受能力等情况真实合法、完整有效,卖方不存在任何重大遗漏或误导性陈述,且在被申请人提供了相应的风险测评调查问卷的情况下,仲裁庭对于申请人关于被申请人在签约过程中违反管理人义务的主张不予支持。

第二,投资者忽视基金合同中的格式条款。

在很多案例中,投资者声称基金合同是卖方提供的格式条款。实务中的难点在于,投资人签字确认这样的基金合同,应当承担怎样的法律责任或者约束。针对此种情形,在实务中首先需要判断的是该合同的效力问题,然后才能确定投资者签署这样的合同受到的责任约束问题。仲裁庭通常认为,即使基金合同为卖方提供的格式合同,但是只要该合同符合《民法典》中规定的合同效力规则,也不存在其他导致合同无效的事由,该基金合同就是合法有效的。基于合同的相对性,各方当事人应当全面履行合同中规定的义务。但是,若卖方提供的格式条款明显属于免除己方责任、加重对方责任、排除对方主要权利等情形,根据《民法典》的规定,投资者可以主张该条款不成为基金合同的内容。因此,投资者对基金合同中的格式条款应当谨慎注意。

第三,投资者将法律文件交由卖方或者其他机构代为填写或者勾选。

在投资私募基金之前,投资者往往需要填写风险承受能力测评等文件。但是,很大一部分投资者假手于人,将此项工作授权给销售机构代为完成。针对此种情形,仲裁庭在责任划分时区分了普通(自然人)投资者和专业(机构)投资者。根据投资者身份的不同,在实务中存在但不限于以下两种处理方式:

投资者为普通(自然人)投资者。仲裁庭认为,尽管作为申请人的买方此前亦有金融产品的购买经验,但风险承受能力因时而异,具有一定的实时性。在此情形下,由作为第一被申请人的卖方代申请人完成风险承受能力测评,难谓卖方尽到了解客户的义务,基于该风险承受能力测评所进行的金融产品推荐、销售更难谓风险适当、匹配,不符合“卖者尽责”的前提要求。因此,可以认定卖方在向买方销售案涉高风险产品之时,并没有履行了解客户并在此基础上将适当的产品销售给适合的买方的义务,即未能尽到卖方机构的适当性管理义务,因而导致投资者遭受损失,应当由卖方承担全部的赔偿责任,投资者无须承担责任。不难看出,在此种情形下,当投资者作为普通(自然人)投资者时,仲裁庭对“卖方尽责”的要求较严苛,侧重保护此类投资者权益之目的可见一斑。

投资者为专业(单位)投资者。仲裁庭认为,首先,买方作为完全民事行为能力人,在订立基金合同时应当充分知晓其投资风险,了解其所签署的法律文件所产生的相应法律后果。其次,其作为相对成熟的私募基金的专业投资者,在订立案涉基金合同之前就已经有过投资基金的实际经验。因此,其主动放弃填写相关文件主文部分或者放任卖方的工作人员代为填写,应当视为其已经接受卖方充分揭示的案涉基金风险,或者承认卖方已经对自己的风险识别和承受能力进行了充分评估。因此,当投资者为专业投资者时,投资者将法律文件交由卖方或者其他机构代为填写或者勾选,卖方并未违反适当性管理义务,而由买方自担投资风险。

第四,投资者通过各种方式规避合格投资者规定。

首先,实务中存在卖方机构错误判定合格投资者后,买方没有否定自己的合格投资者身份的情形,也不乏非合格投资者委托合格的投资者代持基金份额,后委托人又以自身并非合格投资者为由解除合同来规避合格投资者的现象。同样地,此种情形也是违反诚实信用原则的具体体现。其次,在上述情形下,区分买方究竟是自然人投资者还是单位投资者对仲裁裁决的结果意义不大。有仲裁庭认为,仅仅依据申请人签署风险承受能力调查问卷和案涉基金合同,并不能证明管理人充分履行了投资者适当性制度下的各项程序与义务,并尽到了告知说明义务。因此,判定卖方未能尽到投资者适当性义务,也未举出免责事由。但是,买方也没有否定其合格投资者的身份,签署了风险承诺函等文件,并收取了相关投资收益,且没有证明其因第一被申请人的误导而签订案涉合同。因此,对于投资者适当性问题来说,双方均有过错,买卖双方均应当承担相应责任。最后,该仲裁庭依据《证券投资基金法》第145条的规定,以及案涉合同有关违约责任的约定,酌定判令卖方应对买方的本金损失承担赔偿责任,同时买方自行承担其投资本金的预期收益损失。

不难看出,仲裁机构始终强调的是:资管计划应当坚持"收益自享,风险自负"的原则,综合考虑"卖者尽责"和"买者自负"原则。因此,采取"各打五十大板"的多数做法,具有一定的合理性。

第五,投资者对自己的合格投资者身份前后说法不一致。

申请人基于真实意思签署基金合同、风险承受能力调查问卷和合格投资者承诺书等文件后,再以卖方违反适当性义务为由要求其承担赔偿责任。在此种情形下,仲裁庭认为,投资者在基金合同成立之前,基于真实的意思表示签署了投资者告知书、投资者承诺书以及风险承受能力调查问卷。同时,该投资者还在其他文件中反复确认自己的风险承受能力并明确表示愿意向卖方购买产品。基于此,仲裁庭认定,卖方已经充分尽到了适当性管理义务。另外,若买方又通过不同文件反复确认风险承担意愿,说明案涉资管计划已获得其认可,但在亏损发生后又反言不认可,着实有违诚实信用原则,故仲裁庭不能支持。

3. 从完善合格投资者制度的角度对投资者的建议

一个完善的私募证券制度应当是平衡好安全与效率关系的制度,故立法机关等多主体应当深究合格投资者制度,积极调整制度瑕疵。[①] 为此,我们对投资者提出以下几点建议。

(1)诚信填报信息

投资者应该如实客观提供与个人风险偏好、风险承受能力等有关的信息,并根据自身的风险承受能力测评结果来选择对应风险等级的投资产品,做到量力而行投资、顺其自然收益。投资者不应当为了高收益而规避合格投资者准入的审查,以及委托其他适格投资者代为投资,或者通过提供虚假信息、多次填写问卷等得到与实际情况不符的风险承受能力评测结果。[②]

(2)认真阅读、填写合同

不可否认,在私募基金投资市场,大多投资者没有金融机构专业性强,但也不代表投资者可以坐享收益。因此,建议投资者认真阅读相关信息和文件,除特殊原因外,尽量自己认真填写相关文件,避免由销售人员代为勾选或代为填写相关信息和文件。

(3)理性看待风险—收益

投资者不应轻信卖方在介绍基金产品时的收益承诺,而是应当擦亮眼

① 陈颖健:《私募基金合格投资者制度研究》,载《证券市场导报》2018 年第 10 期。

② 参见上海金融法院《私募基金纠纷法律风险防范报告》。

睛，对收益少一分乐观，对风险多一分审视。这是对"买者自负"原则的基本态度。具体而言，在投资前，投资者应该提高对私募基金投资范围、风险控制以及市场形势等情况的了解；在投资中，投资者应该把握基金合同中的关键条款，充分行使知情权，主动要求管理人履行说明义务，理性选择产品，合理预期收益，做好自担风险的准备。①

(4)持续关注投资动向

投资者在购买私募基金产品后，应当持续关注管理人后续披露的投资状况，积极行使知情权。一旦发现基金财产被侵占、挪用等重大风险情况，或者管理人涉嫌诈骗、非法集资等犯罪线索，投资者要主动且及时地向有关机关反映或者报案。

(5)定期学习私募知识

根据《资管新规》第6条可知，②投资者有义务接受金融机构的投资教育，有义务树立正确的投资理念、掌握正确的投资方式，从盲目入市转换到理性投资，并且通过各种形式的学习去了解一些必要的经济金融知识，学会参与资本市场的方法，认识进入资本市场进行理财的机会和风险。

(三)买卖之外——托管人制度及托管人法律责任的反思

1. 私募基金托管人制度引进的制度价值

所谓"托管"，从字面理解即为"受托保管"，兼有"受托"和"保管"的

① 参见上海金融法院《私募基金纠纷法律风险防范报告》。

② 《资管新规》第6条规定："金融机构应当加强投资者教育，不断提高投资者的金融知识水平和风险意识，向投资者传递'卖者尽责、买者自负'的理念，打破刚性兑付。"

双重含义,是我们国家引进境外保管制度时的用语创新,其含义广于单纯的“保管”。[①] 我们国家引进私募基金托管人制度,是私募基金行业发展的产物。

一方面,引进私募基金托管人制度是私募基金合同关系主体特别是投资者自身的需要。在基金合同中,投资者基于担心管理人利用信息或者专业技能优势实施欺诈行为并侵吞基金财产、损害投资者权益,而引入具有良好信用的托管人,特别是商业银行对基金财产进行保管,并使基金财产的所有权、使用权与保管权相分离,可以有效消除投资者的担心,增强投资者信心。而且,通过托管人监督管理人对基金的管理行为,约束、防范管理人滥用权利,也可以使基金的投资者、管理人、托管人之间形成相互制约的关系,有利于确保基金财产的独立性和安全性,保障投资者的资金安全。

另一方面,引进私募基金托管人制度是监管机构监管的需要。私募基金业务可能会涉及众多投资者,一旦发生风险,将很可能引发不稳定因素。而通过基金托管人对管理人日常管理基金的行为进行监督,可以在托管人发现管理人的违法违规行为时,由托管人及时向监管机构报告,有利于监管机构有效监管私募基金投资行为,并且有利于私募基金行业的长远发展。

可以说,在我们国家契约型基金的治理结构中,基金托管人发挥了非常关键的作用,引入基金托管人也一直被视为私募基金“阳光化”的路径

---

① “托管”一词属于我国独创,是在《信托法》出台前未建立“受托人”概念下对国外“受托人和保管人”的合称,意为“受托保管”。

之一。相对公募基金而言,基金托管人所特有的制度功能对于私募基金的“正名”发展以及“阳光化”都具有重要意义。①

2. 私募基金托管人的职责

契约型基金合同法律关系中,一般需要由投资者、基金管理人和基金托管人签订基金合同。因此,基金合同法律关系本质上是合同法律关系,在这种合同法律关系下,确定托管人义务或责任,须依赖合同约定及法律规定。《证券投资基金法》第 3 条第 2 款、第 3 款也明确规定:“基金管理人、基金托管人和基金份额持有人的权利、义务,依照本法在基金合同中约定。基金管理人、基金托管人依照本法和基金合同的约定,履行受托职责。”

法律层面。查阅现有的法律法规、部门规章、规范性文件及行业自律规则,托管人的职责范围主要规定在《证券投资基金法》第 36 条、第 37 条,中国证监会颁布的《证券投资基金托管业务管理办法》第 17 条至第 23 条,中国基金业协会颁布的《私募投资基金合同指引 1 号(契约型私募基金合同内容与格式指引)》第 25 条和《私募投资基金信息披露管理办法》第 10 条,中国银行业协会颁布的《商业银行资产托管业务指引》第 12 条等条文中。由于我国采取分业监管的模式,相关规定的适用范围不同,因此,某一规定可能仅适用于部分私募基金或合同当事人,例如,《证券投资基金托管业务管理办法》仅适用于证券投资基金,《商业银行资产托管业务指引》仅

① 刘燊:《论投资基金托管人制度的完善》,载《政治与法律》2009 年第 7 期。

适用于主体为商业银行的基金托管人,具体的适用情况需要根据个案进行判断。但在司法实践中,由于缺乏统一、明确的更高层级的规定,裁决机关可能会根据具体案情在一定程度上酌情参考以上规定。合同层面。一般由投资者、基金管理人和基金托管人根据法律、行政法规、部门规章及行业自律规则及合同各方的自由意愿进行约定。

在仲裁实践中,我们发现,无论是法律规定还是基金合同约定,基金托管人职责的核心主要表现在以下两个方面:第一,安全保管基金财产的职责。基金托管人作为基金财产的保管人,其首要职责是保护基金财产的安全。在基金托管人的各项职责中,安全保管基金财产是基金托管人最基本、最核心的职责。该项职责主要涵盖了账户设立、财产保管、依约按照管理人指令进行支付、交割及协助完成基金清算等义务。第二,监督基金管理人管理基金行为的职责。例如,根据《证券投资基金法》第37条的规定,基金托管人发现管理人的投资指令违反法律、行政法规和其他有关规定,或者违反基金合同的约定时,应拒绝执行并立即通知基金管理人及向国务院证券监督管理机构报告;此外,基金托管人发现管理人的依交易程序已生效的投资指令违反上述规定时,应立即通知管理人及向国务院证券监督管理机构报告。

关于基金托管人的职责,在司法实践中多有争议,主要是因为各方对基金托管人的法律地位存在不同的理解和观点,具体包括"代理说""委托说""保管人说""分别责任说""共同受托人连带责任说"等不同观点。相关观点均有其合理性,我们并不作探讨,但是关于基金托管人的职责,笔者认为可以重点关注以下几点。

一是我国契约型基金中的管理人和托管人的职责是分离的，双方在基金运作过程中的募集、投资、管理和退出阶段均有各自的核心义务。例如，在募集成立阶段，管理人履行募集资金的职责，办理基金份额的发售和登记事宜，托管人按照规定开设基金财产账户；在投资阶段，管理人对基金财产进行管理、记账，审查投资标的作出投资决策，托管人依据基金合同执行管理人的投资指令，进行清算交割；在投后管理阶段，管理人计算并公告基金净值、确定申购赎回价格、进行收益分配，托管人安全保管基金财产、复核审查基金净值和申赎价格。由于管理人和托管人分别承担两种不同的职责，故实际上，管理人和托管人在基金运作过程中很难有共同决策和共同行事的空间，管理人与托管人不应该纳入典型的共同受托范畴。①

二是基金托管人的职责主要围绕"资金"开展。除考虑监管机构监管需要这个因素外，虽然相关规定所规定的托管人职责较多，但归根结底，核心其实就是一个，就是托管人要"安全保管基金财产"，保障投资者的财产安全。换言之，托管人的职责应与保障基金财产安全有关，而不能随意扩大托管人职责，特别是对于管理人实施的一些与托管人保障基金财产安全无关的行为，不应认定托管人也承担相应责任。

三是基金托管人职责的确定应考虑"权责利相匹配"的原则。基金托管人保管基金资产、监督管理人交易、进行信息披露、资金清算等任务是有

① 王沛然：《论基金托管人的责任认定　一种回归合同安排的视角》，载黄红元总主编，蔡建春、卢文道主编：《证券法苑》第29卷（2020年6月），法律出版社2020年版，第452页。

偿的,托管费通常按照基金资产净值的一定比例提取,且此费用从基金资产中支付,无须另向投资者收取。行业中,基金托管费收取的比例与基金规模和所在地区有一定的关系,托管费收入与托管规模成正比。且托管费的费率和基金类型也有一定关系,与基金管理费一样,运作难度较大的基金托管费可能会较高,比如,主动管理的股票型基金,托管费在0.15%～0.25%;管理相对容易的货币型基金托管费相对较低,托管费在0.08%～0.1%。但是,无论怎样,基金托管人仅仅按照固定比例收取托管费,并不能从基金财产中获得收益。由于托管人收取的是一个相对较低的托管费用,因此,在目前的收费标准之下,赋予托管人很大的责任难以体现权、责、利的统一。

3. 在实务中几种易发生纠纷的托管人主要义务

结合司法实践,我们梳理了相关投资者与托管人之间的纠纷,并梳理了几种常见的投资者主张托管人违反的义务。

(1)划款指令审查义务

在基金投资阶段,托管人监督管理人投资运作基金财产的行为,具体体现为托管人在管理人投资运作基金财产过程中审核管理人发出的投资指令,对于不符合要求的指令不予执行并告知管理人。在实践中,基金合同往往会明确约定托管人的审查义务限定为形式审查。而托管人履行的仅是形式审核义务这一观点,无论是在《商业银行资产托管业务指引》第15条中,还是在司法实践案例中均得到了明确。

例如,在“王某某与山东厚观资产管理有限公司、山东赑贝贸易有限公司、恒丰银行股份有限公司、山东众成清泰(济南)律师事务所、李某金融委托理财合同纠纷案"[(2019)鲁01民终8544号]中,法院认为,依据基金合同的约定,托管人的监督义务是发现私募基金管理人的投资指令违反法律法规的规定及本合同约定的,应当拒绝执行,立即通知私募基金管理人;发现私募基金管理人依据交易程序已经生效的投资指令违反法律法规的规定及基金合同约定的,应当立即通知私募基金管理人。托管人不负责委托资产的投资管理和风险管理,不承担委托资产所投资项目(或标的)的审核义务,对管理人的任何投资行为(包括但不限于其投资策略及决定)及其投资回报不承担任何责任。托管人按照合同约定,根据基金管理人的资金划拨指令拨付资金,办理清算及交割事宜,且对划款指令进行表面一致性审查,已经尽到了自身义务。对投资者要求托管人承担连带责任的诉讼请求,不予支持。

在"吴某某诉深圳市瀚信资产管理有限公司、中信建投证券股份有限公司合同纠纷案"[(2020)粤0304民初44238号]中,法院也认为,结合管理人提交的其与托管人的邮件往来记录,可以认定托管人有理由确认管理人主张的剔除增强资金后的基金份额净值具有合理性,已按照托管协议的约定履行了形式审核义务。现有证据不足以证明投资者未获足额基金赎回款系由托管人导致的,投资者要求托管人对此承担连带责任的诉讼请求,缺乏法律及事实依据,不予支持。

但也要注意到,"形式监督"不等于不监督,而是区别于管理人对基金的主导管理权,由托管人在法律和合同赋权范围内进行的监督。根据法律规定及行业通常的理解,基金托管人对于投资指令的形式审核,通常分为流程形式审核和内容形式审核两个维度的内容:①流程形式审核,主要包括两方面审核的内容:一方面,是核对投资指令的形式有效性,主要是核对发出划款指令的被授权人是否是管理人事先通知托管人的授权文件上所载的人员,以及划款指令文件是否加盖预留印鉴并由被授权人签字或加盖名章等;另一方面,是核对投资指令要素的形式齐备性,主要是核对划付模式、资金用途、资金金额、支付时间、账户信息等是否完整。目前,很多托管人已经采用电子审批系统对管理人的投资指令进行审核,对此还需提示托管人注意电子系统的应用应有基金合同的依据,或符合基金合同所载的形式审核要求。②内容形式审核,是指审核投资指令载明的投资事项是否符合相关法律法规的规定和合同约定,根据《证券投资基金托管业务管理办法》第21条的规定,托管人应当对"投资范围、投资比例、投资风格、投资限制、关联方交易等"进行严格监督。因此,托管人应该将管理人发来的投资指令中的以上要素与合同约定进行比较,如果符合则审核通过,如果未能符合则应当拒绝执行并告知管理人。

(2)信息披露义务

根据《私募投资基金信息披露管理办法》的规定,信息披露义务人,包括私募基金管理人、私募基金托管人,以及法律、行政法规、中国证监会和基金业协会规定的具有信息披露义务的法人和其他组织。在仲裁实践中,投资者经常将私募基金管理人和基金托管人的信息披露义务混淆在一起,而且托管人的信息披露义务往往是争议的焦点。

关于托管人的信息披露义务。《私募投资基金信息披露管理办法》第10条规定:“私募基金进行托管的,私募基金托管人应当按照相关法律法规、中国证监会以及中国基金业协会的规定和基金合同的约定,对私募基金管理人编制的基金资产净值、基金份额净值、基金份额申购赎回价格、基金定期报告和定期更新的招募说明书等向投资者披露的基金相关信息进行复核确认。”因此在实务中,基金合同往往会约定,只有基金管理人才是对外履行信息披露义务的主体,承担对基金投资者进行信息披露的责任,而托管人仅根据合同约定复核管理人编制的定期报告,并仅向管理人出具书面意见,托管人在一般情况下并非信息披露义务主体,不承担直接向投资者进行信息披露的职责。这种合同约定并不违反法律、行政法规的强制性规定,应该得到支持,特别是在合同已有约定的情况下,不能偏离合同约定、随意行使自由裁量权、加重托管人的信息披露义务。

在“贺某某诉北京泓实资产管理有限公司、中信建投证券股份有限公司金融委托理财合同纠纷案”[(2021)京0101民初14286号]中,法院认为,案涉基金合同中基金托管人义务处约定基金托管人办理与基金托管业务有关的信息披露事项,《证券投资基金法》第36条第6项也规定,“基金托管人应当履行下列职责……(六)办理与基金托管业务活动有关的信息披露事项”;《证券投资基金托管业务管理办法》第20条规定:“基金托管人应当按照法律法规的规定以及基金合同的约定办理与基金托管业务有关的信息披露事项,包括但不限于:披露基金托管协议,对基金定期报告等信息披露文件中有关基金财务报告等信息及时进行复核审查并出具意见,在基金年度报告和中期报告中出具托管人报告,就基金托管部门负责人变动等重大事项发布临时公告。”根据上述规定及合同约定的内容,法院认为,基金托管人只是办理与基金托管业务有关的信息披露事项,如复核数据、出具相应意见书或报告,并非将办理事项的内容或结果向投资人进行披露。故投资者无权要求托管人向其披露办理与基金托管业务活动有关的信息披露事项的工作资料、复核基金管理人编制的基金定期报告而定期出具的书面意见。

(3)数据复核义务

《证券投资基金法》第36条、《中国银行业协会商业银行资产托管业务指引》第12条、《私募投资基金合同指引1号(契约型私募基金合同内容与格式指引)》第25条和《私募投资基金信息披露管理办法》第10条等均规定了基金托管人复核、审查基金管理人计算的基金资产净值等义务。在仲裁实践中,投资者往往会以基金资产净值不准确为由主张基金托管人未履行复核义务。

笔者认为,虽然前述法律规定、规范性文件等规定了基金托管人对基金相关数据的复核义务,但是也要注意到,基金托管人只能基于其能获取的信息对基金净值的披露进行复核,在数据不完整的情况下要求托管人对基金产品涉及的所有资产数据进行复核是比较苛刻的。投资者将私募基金管理人和基金托管人的信息披露义务混淆在一起,甚至放大基金托管人的义务,并不合适。认定基金托管人是否违反数据复核义务,核心还是判断其是否恰当履行了其义务。

例如,在“施某某诉上海韵隆股权投资基金管理有限公司、恒丰银行股份有限公司金融委托理财合同纠纷案”[(2021)鲁71民初127号]中,投资者主张托管人存在并未复核基金净值以及管理人编制的定期报告的违约行为,法院认为,根据案涉基金合同第十六节“基金财产的估值和会计核算”、第十九节“信息披露与报告”的约定,基金的估值与定期报告均是管理人的义务。在该案并无证据证实管理人曾向托管人报送估值及定期报告的情况下,不能认定托管人存在该项违约行为。

(4)清算义务

基金托管人在基金清算中负有一定的义务,在实践中并无较大争议,基于基金托管人保管基金财产安全等义务的考虑,托管人为清算小组成员也是应有之义。在实践中,基金合同往往也会约定基金托管人为清算小组成员。但是,对于托管人具体有哪些清算义务,实践中存在较大争议,特别是托管人是否是组织、启动清算程序的义务,即基金清算是由基金管理人和托管人共同启动,还是由基金管理人启动、托管人只是作为小组成员进行配合?另外,基金管理人逾期未启动清算义务,托管人是否有义务启动,或者是否有义务督促管理人启动清算?等等。我们也注意到,在基金实践中,关于基金的清算,不同的基金合同对相关的内容分别作出了不同约定,如有的基金合同明确约定:“基金合同终止后,管理人应立即组织成立清算小组。清算小组成员由管理人、托管人组成。”有的基金合同则约定得不明确,而是笼统约定:“基金合同终止后,管理人、托管人应于三十日内成立清算小组,并按照法律法规和基金合同的有关规定对基金财产进行清算。”

对于前述第一种情形,由于合同有明确规定,尚好理解,在司法实践中,也有案例支持。例如,在"莫某某诉深圳市金色木棉投资管理有限公司、恒丰银行股份有限公司、深圳市锦安控股有限公司民间委托理财合同纠纷案"[(2020)鲁71民初147号]中,基金合同约定的是"基金合同终止后,管理人应立即组织成立清算小组。清算小组成员由管理人、托管人组成。基金合同终止后,应当按照法律法规和基金合同的有关规定对基金财产进行清算"。而该案法院认为,根据案涉基金合同的约定,在基金项下的财产未处置完毕,管理人需处理基金后续事务的情况下,管理人可延长基金合同期限;在基金合同终止后,管理人应立即组织成立清算小组;清算小组成员由管理人、托管人组成;基金合同终止后,应当按照法律法规和基金合同的有关规定对基金财产进行清算。据此,托管人并不负有组织成立清算小组的义务,其实际履行基金清算义务以管理人组织成立清算小组为前提。

但是对于后一种情形,可能就容易引发争议。基于托管人在基金合同中的职责及定位考虑,托管人不应负有组织成立清算小组的义务,其实际履行基金清算义务以管理人已经组织成立清算小组为前提。《证券投资基金法》第81条规定:"基金合同终止时,基金管理人应当组织清算组对基金财产进行清算。清算组由基金管理人、基金托管人以及相关的中介服务机构组成。清算组作出的清算报告经会计师事务所审计,律师事务所出具法律意见书后,报国务院证券监督管理机构备案并公告。"因此,在合同无明确约定托管人有主动组织清算义务的情况下,不应认定托管人在未组织清算义务上承担责任。

(5)募集失败下托管人的责任

现行法律法规、规范性文件等并未明确规定托管人是否对管理人募集行为承担监督义务,故对于管理人在基金募集阶段存在的违法、违规行为,托管人是否应承担责任,容易引发争议。在实践中,一般认为,托管人并不参与基金募集阶段,托管人对基金募集阶段的行为不承担责任。但是,我们也注意到,在契约型基金合同法律关系中,一般需要由投资者、基金管理人和基金托管人签订基金合同。作为合同一方当事人,对募集行为是否依法、依约完成,基金是否能够转入运作阶段以及管理人能否取得运用资金的权限,托管人是很容易通过合同进行判断的,作为负有安全保管基金财产、监督管理人投资行为的一方,托管人有必要在一定程度上对募集结果是否符合法律规定与合同约定负有一定的注意义务。如果托管人属于履行注意义务,则其可能需要承担一定的责任。

例如,在“史某诉中国民生银行股份有限公司、深圳前海中泰富资产管理有限公司、陈某合同纠纷案”[(2018)粤03民终16127号]中,法院认为,在本案中,在基金存续期已到期的情况下,基金投资者交付的认购金额合计仍远低于3500万元的标准,按照上述合同约定,涉案基金的成立条件并未成就,基金托管人不能履行职责,且基金管理人应当依约返还投资者已缴款项。但是,案涉银行作为基金托管人,明知或应当知道基金成立条件远未成就,却未能按照上述法律、部门规章的规定及合同约定履行监督职责,及时提示基金管理人违规风险,依法履行通知基金管理人等程序,也未跟进基金管理人的后续处理,仍然按照基金已正常成立的情况执行基金管理人的投资指令,故法院认定托管人怠于履行法律及合同义务、构成违约。

第三节 “卖者尽责、买者自负”对争议裁决的启发

一、买卖双方法律责任承担的划分标准

我们认可“卖者尽责、买者自负”。通俗地说,适当性义务要求“把合适的产品卖给合适的人”,即意味着买方的风险承受能力应当与产品的风险相匹配,而卖方向买方揭示风险、了解买方情况以确定风险匹配状况,往往是通过协议中的风险提示条款、风险承受能力测评、风险承诺函等实现的。仲裁庭对于卖方是否已经尽到了适当性义务的判定,也集中在对风险揭示和风险匹配的考量上。然而,仲裁庭对于相似情形的判定呈现个案差异。

例如,关于对卖方代买方完成风险承受能力测评的认定。在一案例中,仲裁庭认为,卖方在向买方销售高风险产品时,代买方完成风险承受能力测评,未能了解客户并在此基础上将适当的产品销售给适合的金融消费者,违反了适当性义务。而在另一案例中,买方称其仅在相关文件的开头和结尾处签字,而卖方业务人员并未对相关文件内容进行详细说明、解释。仲裁庭认为,买方作为完全民事行为能力人,在订立基金合同时应该充分知晓投资风险,了解其所签署的法律文件所产生的相应法律后果,并且买

方身为相对成熟的私募基金合格投资者放任卖方代其填写,视为买方已经接受了卖方充分揭示的风险,或卖方已经对买方的风险识别和承受能力进行了充分评估。还有一案例,买方称其仅在调查文件的首尾两页上签字,问卷中打钩并非其本人操作,该主张未得到仲裁庭的支持。

又如,对于买方在测评、问卷等体现的风险承受能力明显和产品风险不匹配的情形,仲裁庭将直接认定卖方违反了适当性义务。但对于外观、形式上已经达到匹配的情形,仲裁庭该如何裁决?有仲裁庭认为,仅形式上的匹配和告知并不充足,即仅仅依据买方签署的风险承受能力调查问卷和合同风险提示等条款,并不能证明卖方已经履行了投资者适当性义务。还有仲裁庭具体问题具体分析,从问卷内容着手,认为卖方提供的问卷调查内容单一、题量偏少,其中对投资知识和风险偏好的问题偏少,选项的设计上原则、笼统且抽象,没有量化标准和情形描述,且缺乏对买方个人身份、年龄、职业、学历等情况的了解,无法据此判断买方的风险承受能力,因此认为卖方不能以买方签署风险承诺函以及合同中的声明与承诺、风险揭示等条款证明其履行了告知说明义务,即便以投资者手写了"本人明确知悉可能存在本金损失风险"等表述亦不能充分证明。一些仲裁庭基于实质重于形式进行考量,如果根据其他查明的事实,能够认定卖方存在误导买方或违反合同投资方向约定的情况,即使是在形式上已经向买方揭示了投资风险,也不能改变其推介与合同约定不一致的实质。

穿越个案细节织起的迷雾,卖者已经尽责的标准是什么?如前所述,仲裁庭在责任划分时区分了普通投资者和合格(或有经验)投资者。在实践中,买方绝大多数都是自然人。而买者和卖者在专业知识、资金能力和投资经验方面存在差异,因此"买者自负"的程度也受到买者自身情况的影响,进而关联具体案件中买卖双方的责任分配。对于普通投资者,甚至是刚刚入场的"新人"、缺乏经验的"小白",与作为专业机构的卖方相比处于明显劣势,即使在产品购买过程中缺乏审慎和注意,其过错也是相对次要、比较轻微的。而对于合格投资者或富有经验的投资者,其已经具备了一定的专业知识和投资能力,对风险的认识水平在普通投资者之上。即使卖方没有适当告知,其也有能力、有条件对自身风险承受能力和产品的风险作出较合理的判断,卖方的过错并不一定与买方的实际损失之间存在因果关系。如果给予这类投资者和普通投资者一样的保护力度,一方面,可能会放纵其明知风险但不愿承担的心态,甚至是主观恶意;另一方面,也是对普通投资者的不公。对卖方的适当性义务要求不应该仅保证过程的公平,还应注意结果的公平。不能因保护投资者的美好初衷而导致责任的不公平承担。区分普通投资者和合格投资者,也是对买卖双方权利义务平衡和对等的关注。

《私募投资基金募集行为管理办法》明确了基金发行人或募集人履行适当性义务过程中的一些具体操作。例如,在第19条中规定了问卷调查的主要内容,包括但不限于投资者基本信息、财务状况、投资知识、投资经验、风险偏好,并附上了相应的格式指引。在第23条中规定了推介材料的主要内容,包括收益与风险的匹配情况和风险揭示,并且在第24条中,以反向列举的方式明示了募集机构及其从业人员推介私募基金时禁止作出的行为。对照前述案例,这类规定似乎可以回答:风险承受能力调查问卷和风险提示应具备哪些要素,或者说包含什么内容的风险承受能力调查问卷和风险提示能够真正起到了解买方情况、避免误导买方的作用。然而,《私募投资基金募集行为管理办法》本身并没有涉及风险承受能力和产品风险在形式上匹配之后,如何认定卖方是否尽到适当性义务的情况。在实践中如何判定,更多的是依靠仲裁庭的自由心证。考虑风险测评、提示、承诺等的形式和实质,顾及交易安全和交易效率,卖方的告知虽然会对买方的决策造成影响,但其本身并不能单方决定相关交易是否达成。上述案例中也存在卖方已经进行风险告知,但买方仍坚持购买的情况。保护买方权益,意味着也应该尊重买方的自由意志、独立决策和交易自主性。买方的权利并不是无边界、无义务的权利,也不应该建立在苛责卖方的基础上。而卖方对买方的了解和据此作出的评估,只能是一种合理保证而非绝对保证。事实上,卖方不可能做到完全、彻底地了解买方,只能通过一定的程序设计来判断其风险承受能力是否和产品相匹配。在卖者已经尽责的情况下或者相对已经尽责的情况下,要求管理人承担相应的赔偿责任并不符合"卖者尽责、买者自负"的基本要求。

二、托管人责任承担的界限

在私募契约型基金业务中,对于托管人的法律地位和职责及其应承担责任的恰当认定,不仅关系契约型基金托管机制的功能发挥,更会对我国资本市场的发展产生影响。错误认定托管人履行托管职责的边界、过分加重托管人的责任,不仅会伤害托管行业,对金融秩序稳定产生冲击,更是对金融监管部门破除刚性兑付规则的违反,对所有不特定的可能从事私募基金投资的投资人宣告托管人应承担赔偿责任的宣示,背离了金融监管规定的要求和法律原则。

笔者认为,基于托管独立于管理的制度机理,在判断托管人责任时,需要充分考虑管理人的基金管理行为和托管人的财产托管行为的差异,明确托管人的职责边界,防范管理人向托管人转嫁管理风险、混淆行为责任。例如,对于托管人的安全保管职责,其目的在于确保基金财产的完整与独立。对于股权类或者资产配置型基金中存在的多层嵌套投资、基金与底层资产之间存在的其他基金或者特殊目的的载体(SPV),托管人的安全保管职责应当秉持基金合同相对性的原则,托管人仅在该基金三方主体的框架下承担托管人责任。如基金财产已经按照管理人的投资指令从托管账户中投向了其他基金或者作为中间载体的SPV,此时基金财产已经脱离了托管人的直接控制,而由下一级的基金或SPV实际支配,托管人不再是基金财产的保管者,也无法控制资金的流向,在没有合同明确约定的情况下,要求托管人对底层资产履行安全保管职责,无疑对托管人科以了过重责任。但是,托管人仍应当履行在该基金框架下的保管职责,例如,托管人应当妥善保管对下一级基金或SPV的投资凭证;又如,在投资标的向基金分配财产后,托管人应当对返还基金的财产履行安全保管责任;再如,托管人的投资监督职责主要是监督管理人投资运作基金财产的行为,具体体现为托管人在管理人投资运作基金财产过程中审核管理人发出的投资指令,对于不符合要求的指令不予执行并告知管理人。而基金托管人对管理人的指令应该进行怎样的审核才是恰当地履行合同义务？笔者认为,托管人的有限权利仅仅源于法律和合同,托管人并不参与基金投资运作的过程,没有权利(实际也没有能力)如管理人一般重新对整个投资决策过程(包括行业研究、寻找标的、尽职调查、商业评估、投资决策、投后管理及退出等)进行复盘。同时,法律法规和合同赋予托管人监督管理人的手段非常有限,如果苛求托管人对管理人的投资行为进行实质性监督,实为强人所难,缺乏可操作性,也不符合"权责利相匹配"的原则。因此,除非合同另有约定,否则托管人仅负有形式审核职责,无须进行实质审核。在"管理—托管"体系下,基于法律规定及合同约定对于管理人和托管人赋予权能的不同,托管人履行监督职责,不是对管理人投资决策的"重新考虑",而是应尽到合理注意义务,遵循必要的监督程序,确保管理人的投资指令在形式上符合法律规定和合同约定。

无论如何,认定托管人责任的责任承担,应当以法律规定与合同约定为主要依据,充分考虑其过错程度、履责能力、外部条件和托管费的多寡等因素,合理确定赔偿额度,以体现权、责、利的统一,避免处罚过当,从而构建激励相容的托管制度。①

① 洪艳蓉:《论基金托管人的治理功能与独立责任》,载《中国法学》2019 年第 6 期。

第四章 股权转让合同解除及违约责任问题研究

公司作为参与社会分工的最重要的商事主体,在整合社会经济资源、促进产融结合方面发挥越来越重要的作用。《公司法》的进一步系统完善已经被正式提上日程,营商环境持续优化,公司的设立与退出将越发简便,通过公司进行投资会变得更加习以为常。

现代公司法,不仅要解决投资主体成为公司股东的"入门"问题,同时也要完善投资主体的退出制度,这样才能最大限度减少甚至消除各类投资主体的后顾之忧,彻底激发经济活力。就投资主体退出制度而言,股权转让是最常见的一种方式,使公司在存续不受影响的情况下,完成股东的更迭,从而满足投资主体各自的进入与退出需求。

正是因为看到股权转让的固有优势,很多投资主体选择通过股权转让实现其投资目的,股权转让交易数量庞大。但是,股权的流转必然涉及利益与风险的分配,发生争议也就在所难免,由此引发的纠纷案件更是层出不穷(见表4-1、表4-2)。

表4－1 全国仲裁机构受理股权转让类纠纷案件概况

<table>
<tr><th>项目</th><th>2013 年</th><th>2014 年</th><th>2015 年</th><th>2016 年</th><th>2017 年</th><th>2018 年</th><th>2019 年</th><th>2020 年</th><th>2021 年</th></tr>
<tr><td>案件总量/件</td><td>104, 257</td><td>113, 660</td><td>136, 924</td><td>208, 545</td><td>239, 360</td><td>544, 536</td><td>486, 955</td><td>400, 711</td><td>415, 889</td></tr>
<tr><td>案件总标的额/亿元</td><td>1646</td><td>2656</td><td>4112</td><td>4695</td><td>5338</td><td>6950</td><td>7598</td><td>7187</td><td>8593</td></tr>
<tr><td>股权转让类案件数量/件</td><td colspan="4" rowspan="3">—</td><td>1825</td><td>2518</td><td>2531</td><td>2416</td><td>2650</td></tr>
<tr><td>股权转让类案件数量占案件总量比例/%</td><td>0. 76</td><td>0. 46</td><td>0. 52</td><td>0. 6</td><td>0. 64</td></tr>
<tr><td>股权转让类案件争议标的额/亿元</td><td>562</td><td>913</td><td>944</td><td>1058</td><td>1144</td></tr>
</table>

续表

项目	2013 年	2014 年	2015 年	2016 年	2017 年	2018 年	2019 年	2020 年	2021 年
股权转让类案件争议标的额占案件总标的额比例/%	—				10.5	13.13	12.43	14.72	13.31

表 4－2　贸仲受理股权投资、转让纠纷案件概况

项目	2015 年	2016 年	2017 年	2018 年	2019 年	2020 年	2021 年
案件总量/件	1968	2181	2298	2962	3333	3615	4071
案件总标的额/亿元	425.4	586.6	718.88	1015.90	1220.4345	1221.3	1232.0937
股权投资、转让案件数量/件	—	171	219	348	449	449	414
股权投资、转让案件数量占案件总量比例/%		8.00	9.53	11.75	13.47	12.42	10.17

由上述数据可见，股权转让纠纷案件，案件数量及争议标的额，基本呈现增长趋势，且平均争议标的数额远超过其他案件。股权转让纠纷本身一般具有法律关系纷繁复杂、利害主体数量众多的特点；同时，公司经营还涉及债权人利益和社会公共利益，尤其是国有股东、外资股东的股权转让还

会涉及审批和行业准入等问题。因此,股权转让纠纷所涉法律问题异常庞杂,包括但不限于:股权转让合同的成立与生效、履行与违约救济、解除与终止;公司股东会/董事会决议的效力;公司股东资格及工商登记的确认与变更、股权代持;优先购买权的行使与保护;投资方与公司及其股东/实际控制人之间"对赌"协议的处理;公司为股权转让提供担保;股东知情权;等等。

鉴于有关股权转让纠纷的法律问题较多,且部分问题已有比较深入的研究,本部分仅就仲裁实务中比较突出的问题——股权转让合同的解除及其违约责任问题进行梳理和研究。

以组织形式为划分标准,根据我国《公司法》的规定,公司可以分为有限责任公司、股份有限公司,二者的股权转让与流通具有各自特点。就股权转让而言,有限责任公司享有更多的自治空间,虽然《公司法》对股东优先购买权作出了特别"保护",但也并未强制,仍允许公司章程对其作出例外规定。因此,在实务中,有限责任公司的章程内容与股权转让的交易设计,难免"五花八门"。

相比之下,股份有限公司的股权转让,因是否为上市公司而体现出不同的特点:一方面,非上市股份有限公司的股份具有流通性更强的特点,无论是法律条文还是公司章程,通常都没有特别的限制;另一方面,作为公众公司的上市公司,因其规模较大且具有相当的社会影响,除立法机关通过《公司法》《证券法》等法律对其进行特别规制外,证监会、交易所等监管部门就上市公司的股份转让制定了较详尽的规则,将工作重点放在了股份转让的事前、事中监管。

从实证角度看,在司法及仲裁实务中,股权转让纠纷主要集中在有限责任公司。因此,本部分讨论的股权转让,以有限责任公司为限。同时,有限责任公司股东之间的股权转让,不会涉及优先购买权问题,通常也不涉及股东之间信息不对称的情形,争议相对较少,故本部分重点讨论与有限责任公司股东对外转让股权相关的合同解除及与之相关的违约责任问题。

需要说明的是,虽然《民法典》于 2020 年 5 月 28 日颁布,自 2021 年 1 月 1 日起开始施行,原《合同法》等 9 部法律同时废止。但是,根据"法不溯及既往"的基本原则,就《民法典》以及包括原《合同法》在内的法律的适用范围问题,最高人民法院《关于适用〈中华人民共和国民法典〉时间效力的若干规定》进行了明确。如股权转让合同的签订及履行时间均在《民法典》施行前;或者,股权转让合同签订于《民法典》施行前,履行至《民法典》施行后,因《民法典》施行前履行部分发生的争议,原则上均适用当时的法律、司法解释的规定。

《民法典》开始施行至今,尚不足 2 年,施行前已经开始的很多股权转让交易中的纠纷尚未进入诉讼或仲裁程序。因此,虽然原《合同法》等法律及相关司法解释已经废止,但在未来的一段时间内仍有适用空间。因此,本部分在讨论法律依据时,仍会引用并分析原《合同法》等法律及相关司法解释中的相关条款,在必要时就《民法典》对原《合同法》等法律中相关制度及具体规定的补充和完善进行介绍与分析。

一、当事人主张解除股权转让合同的法律依据之数据分析——贸仲案件大数据

与其他合同一样,股权转让合同一经依法订立,即对当事人产生法律约束力,受法律保护。解除合同则意味着当事人不再履行合同约定的义务,合同的权利义务关系终止,当事人签约时预期实现的交易目的无法实现。因此,法律规定,未经当事人一致同意,或者无法定或约定的理由,不得擅自变更或者解除合同。

讨论股权转让合同的解除问题,必然需要对当事人主张解除的法律依据进行分析。本部分从实证角度出发,对贸仲 2021 年涉及股权转让合同解除纠纷的案件进行了汇总,并对当事人主张解除股权转让合同的法律依据进行了分类,具体情况如下。

贸仲 2021 年裁决结案的股权投资、股权转让类案件共计 348 件。其中,当事人以解除案涉合同或确认合同解除作为仲裁请求或反请求的案件共计 39 件,占比为 11.2%;仲裁请求或反请求未提起解除或确认合同解除,但争议焦点涉及的有 1 件。

在仲裁请求涉及合同解除的 39 件案件中,在本请求中提出解除合同的共计 36 件;在反请求中提出解除合同的共计 3 件;未见同一案件双方当事人在仲裁请求或反请求中同时主张解除合同的情况。从结案形式看,双方当事人达成和解协议、仲裁庭据此出具调解书或裁决书的共计 6 件,其余 33 件则以一般裁决书的形式结案。从当事人主张看,一方当事人主张

己方具有单方解除权的计35件,主张双方已协商一致解除合同的计3件,当事人采取递进主张(首先主张具有单方解除权,其次认为双方已协商一致解除协议)的计1件。

在上述36件主张具有单方解除权的案件中,当事人以约定事由解除合同的计11件,以法定事由作为合同解除请求权基础的计23件,主张同时享有法定解除权和约定解除权的计2件。

在当事人主张享有约定解除权的11件案件中,仲裁庭支持解除合同的有4件,占比为40%;不予支持的有3件,占比为30%;其他为对方当事人对解除合同无异议,占比为30%。

在当事人主张享有法定解除权的23个案件中,当事人依据原《合同法》第94条第4项或《民法典》第563条第4项解除合同的计17件,其中,仲裁庭不予支持的计6件,占比为35%;仲裁庭予以支持的计8件,占比为47%;双方当事人达成和解的共计3件,占比为18%;依据原《合同法》第94条第3项或《民法典》第563条第3项解除合同的计4件,其中,仲裁庭予以支持的计2件,占比为50%,不予支持的计2件,占比50%;依据原《合同法》第94条第2项解除合同的有1件,仲裁庭予以支持;另有1件,当事人仅笼统以原《合同法》第94条主张解除,未明确具体情形。

二、股权转让合同解除的法律依据与判断标准

在梳理和分析股权转让合同解除法律依据时,首先要对股权转让合同的法律性质进行确认。

股权转让合同，是公司股权转让的形式与载体，由转让方与受让方签订，旨在就公司股权在不同主体之间的移转进行安排，所追求的法律效果为变更标的股权的所有者，进而实现转让方与受让方各自的交易目的。

从公司股权变动角度出发，与继承、赠与等变动方式不同，股权转让的特点在于有偿性，即转让方将标的股权交予受让方，受让方支付转让价款作为对价。

实务中存在的"换股"交易，本质上与典型的股权转让并无不同，只是受让方支付的对价不再是货币，而是其他公司的股权。《民事案件案由规定》(2021年1月1日实施，以下简称《案由规定》)将"互易纠纷"列入"买卖合同纠纷"项下，也足以说明，"换股"交易与以货币作为对价的股权转让同属一类。

从表现形式上看，股权转让交易以合同书呈现。

《民法典》第595条完全承继了原《合同法》第130条的规定，将买卖合同定义为"出卖人转移标的物的所有权于买受人，买受人支付价款的合同"。关于股权转让合同的法律性质，《民法典》与原《合同法》虽未作出明确规定，但对于法律适用规则问题，根据最高人民法院《关于审理买卖合同纠纷案件适用法律问题的解释》(2020年修正)(法释〔2020〕17号，以下简称《买卖合同司法解释》)第32条的规定，法律或者行政法规对股权转让合同有规定的，依照其规定；没有规定的，可以参照买卖合同的有关规定。

值得注意的是，《案由规定》将"买卖合同纠纷"列为三级案由，处于一级案由"四、合同、准合同纠纷"中的二级案由"合同纠纷"之下，其下有8个四级案由；将"股权转让纠纷"列为三级案由，处于一级案由"八、与公司、证券、保险、票据等有关的民事纠纷”中的二级案由“与公司有关的纠纷”之下。

《案由规定》对买卖合同纠纷与股权转让纠纷进行了区分,分别置于不同的一级案由之下,不会对股权转让合同的法律定性产生影响。原因在于,案由分类是法院进行民事案件管理的重要手段,科学完善的民事案件案由体系有利于对民事案件进行分类管理,也符合民事审判业务专业化的发展趋势,在司法审判大数据分析领域发挥更大作用;《案由规定》的体系,以民法学理论对民事法律关系的分类为基础,以法律关系的内容即民事权利类型进行编排,在一级案由层面分成了11个大类,而从管理角度看,股权转让合同放在“八、与公司、证券、保险、票据等有关的民事纠纷”一级案由之下,不仅与当事人的认识保持一致,而且更便于案件的分类管理,与法院审判业务庭的分工也更加契合。

综上,虽然买卖合同以有体物的所有权转让为典型形态,而物权与股权属于不同类型的权利,但考虑物权与股权毕竟都属于民事主体所享有的财产权利,[①]笔者认为,从股权转让交易的核心内容和根本特征来看,股权转让合同应属买卖合同,或至少可以视同买卖合同。

在仲裁案件中,已有参照买卖合同裁判股权转让合同的先例。如贸仲受理的“自然人A与自然人B股权转让协议争议仲裁案”中,在判定返还股权转让款的利息损失计算标准时,仲裁庭根据《买卖合同司法解释》的相关规定,认为“买卖合同没有约定逾期付款违约金或者该违约金的计算

① 参见最高人民法院民法典贯彻实施工作领导小组主编:《中华人民共和国民法典总则编理解与适用》(下册),人民法院出版社2020年版,第568、569页。

方法，出卖人以买受人违约为由主张赔偿逾期付款损失的，人民法院可以中国人民银行同期同类人民币贷款基准利率为基础，参照逾期罚息利率标准计算。股权转让合同没有约定的，同样可以参照适用”。

在司法实务中，也有部分判决确认股权转让合同属于买卖合同。[①]

股权转让交易应当同时受到公司法和合同法的双重规制，应无疑义；而就公司法与合同法之间的关系而言，二者应属特殊法与一般法，即股权转让合同除需要满足合同法的一般条件之外，还应符合公司法关于股权转让的特别规定。由此，在研究和分析股权转让合同解除及相关违约责任时，公司法与合同法将成为裁判最主要的法律依据。

（一）股权转让合同解除的法律依据之一——当事人协商解除

与其他合同一样，股权转让合同是转让方与受让方就公司股权在双方之间移转事宜意思表示一致的结果。无论出于何种原因或考虑，转让方与受让方经过协商，就解除股权转让合同达成一致，根据《民法典》第 133 条的规定，[②]该行为的实质为民事法律行为；进一步而言，根据《民法典》第 134 条、[③]第

---

① 参见最高人民法院民事判决书，(2020)最高法民终 564 号；最高人民法院民事判决书，(2020)最高法民终 501 号；最高人民法院民事判决书，(2020)最高法民终 642 号。

② 《民法典》第 133 条规定：“民事法律行为是民事主体通过意思表示设立、变更、终止民事法律关系的行为。”

③ 《民法典》第 134 条规定：“民事法律行为可以基于双方或者多方的意思表示一致成立，也可以基于单方的意思表示成立。法人、非法人组织依照法律或者章程规定的议事方式和表决程序作出决议的，该决议行为成立。”

464 条[①]以及原《合同法》第 2 条的规定,[②]一致同意解除股权转让合同,属于双方民事法律行为,即合同行为,实际上是在当事人之间设立一个新的合同,目的在于使股权转让合同所确定的权利义务关系归于消灭。

根据《民法典》及原《合同法》的基本原则,当事人协商解除股权转让合同,属于当事人意思自治的范畴,只要符合合同的生效要件,不侵害他人合法权益及社会公共利益、公序良俗,法律自然应当给予尊重和保护。

对此,原《合同法》第 93 条第 1 款规定,当事人协商一致,可以解除合同。现在,《民法典》保留了当事人协商解除制度,规定在第 562 条第 1 款。[③]

在具体的仲裁案件中,转让方与受让方协商一致解除股权转让合同的情形并不多见,原因在于,当事人如就解除问题达成一致,往往会连同其他善后事宜一并协商解决,无须再向约定的仲裁机构申请仲裁。同时,即使转让方与受让方就股权转让合同的解除达成一致,并不意味着双方之间就其他相关事宜的处理也不存在纠纷。因此,在仲裁实务中仍不乏协商解除之案例。

鉴于此,解除的效果是终止当事人之间的股权转让法律关系,通常不

---

① 《民法典》第 464 条规定:“合同是民事主体之间设立、变更、终止民事法律关系的协议。婚姻、收养、监护等有关身份关系的协议,适用有关该身份关系的法律规定;没有规定的,可以根据其性质参照适用本编规定。”

② 原《合同法》第 2 条规定:“本法所称合同是平等主体的自然人、法人、其他组织之间设立、变更、终止民事权利义务关系的协议。婚姻、收养、监护等有关身份关系的协议,适用其他法律的规定。”

③ 《民法典》第 562 条第 1 款规定:“当事人协商一致,可以解除合同。”

会侵害他人合法权益及社会公共利益、公序良俗，除非当事人订立的股权转让合同未成立或者无效，仲裁庭通常都会对协商解除股权转让合同予以支持或确认。因此，本部分不再将协商解除作为讨论重点。

（二）股权转让合同解除的法律依据之二——当事人行使解除权

仲裁案件因争议而起，关于股权转让合同的解除问题，最常见的法律纠纷集中在如下几个方面：当事人是否享有约定或法定的解除权？解除权的行使是否适当？解除权是否已经消灭？

1. 约定解除权

（1）约定解除权的含义

约定解除权，是指当事人以合同条款的形式，在合同成立以后未履行或未完全履行之前，由一方当事人在约定解除合同的事由发生时享有解除权，并据此通过行使解除权，使合同关系归于消灭。[①]

约定解除权的法律依据主要体现在原《合同法》第 93 条第 2 款、[②]《民法典》第 562 条第 2 款，[③]后者在表述上对前者进行了调整，将“条件”改为“事由”，主要是源于几个因素：将约定解除合同与附解除条件的合同加以区分，以避免混淆；约定解除权的产生不仅可以基于不确定发生与否的“条

---

① 参见最高人民法院民法典贯彻实施工作领导小组主编：《中华人民共和国民法典合同编理解与适用》（一），人民法院出版社 2020 年版，第 633 页。

② 原《合同法》第 93 条第 2 款规定：“当事人可以约定一方解除合同的条件。解除合同的条件成就时，解除权人可以解除合同。”

③ 《民法典》第 562 条第 2 款规定：“当事人可以约定一方解除合同的事由。解除合同的事由发生时，解除权人可以解除合同。”

件”,同样也可能基于确定发生的事实;形成权的行使原则上不得附加条件,用“事由”更符合解除权作为形成权的法律性质;等等。[①]

(2)约定解除权条款不具有独立性

约定解除权源于当事人之间在合同中的约定,往往表现为合同中的具体条款,只有该条款已经生效,在约定事由发生时,当事人方能依据该条款取得并行使解除权。因此,在当事人主张行使约定解除权而解除股权转让合同时,裁判者首先要考察约定解除权条款是否已经成立并生效。此时,鉴于约定解除权条款的特殊作用,除要认定股权转让合同的效力外,也有必要探讨一下约定解除权是否具有独立性问题。

在合同中,具有独立性的条款主要包括两个部分,即争议解决条款、结算和清理条款。

争议解决条款的作用在于,在对合同的订立、效力、履行、终止等发生争议时,当事人按照事先商定的解决方式诉诸仲裁或诉讼,寻求第三方的最终裁断。因此,根据原《合同法》第57条、[②]《民法典》第507条的规定,[③]合同不生效、无效、被撤销或者终止,均不影响争议解决条款的效力。争议解决条款的独立性,早已为理论界和实务界广泛接受。

合同中的结算和清理条款,同样具有独立性,但其独立性在适用范围

① 参见最高人民法院民法典贯彻实施工作领导小组主编:《中华人民共和国民法典合同编理解与适用》(一),人民法院出版社2020年版,第635页。

② 原《合同法》第57条规定:“合同无效、被撤销或者终止的,不影响合同中独立存在的有关解决争议方法的条款的效力。”

③ 《民法典》第507条规定:“合同不生效、无效、被撤销或者终止的,不影响合同中有关解决争议方法的条款的效力。”

上较争议解决条款更狭窄，即只有当合同的权利义务关系终止时，结算和清理条款的独立性才得以显现和适用，其法律依据主要体现在原《合同法》第98条[①]和《民法典》第567条。[②]

关于"结算"与"清理"的具体含义，全国人大常委会法制工作委员会给出了官方解读。结算是经济活动中的货币给付行为。结算的方式主要有银行汇票结算、商业汇票结算、银行本票结算、支票结算、汇兑、委托收款等。清理是对债权债务进行清点、估价和处理。[③] 有学者认为，所谓"结算条款"，可以理解为有关结算方式方法的合同条款。所谓"清理条款"，可以理解为有关彻底整理或处理的主体、范围、方法等事项的合同条款。[④] 此外，根据《民法典》第566条第2款，[⑤]以及《买卖合同司法解释》第20条、[⑥]《九民纪要》第49条[⑦]的规定也可以看出，违约责任条款应当属于"清理条款"，即使合同解除，其依然有效。合同因违约解除的，无

---

① 原《合同法》第98条规定："合同的权利义务终止，不影响合同中结算和清理条款的效力。"

② 《民法典》第567条规定：合同的权利义务关系终止，不影响合同中结算和清理条款的效力。

③ 参见全国人大常委会法制工作委员会编：《〈中华人民共和国合同法〉释义》，中国法制出版社2009年版，第165页。

④ 参见韩世远：《合同法总论》（第4版），法律出版社2018年版，第689页。

⑤ 《民法典》第566条第2款规定："合同因违约解除的，解除权人可以请求违约方承担违约责任，但是当事人另有约定的除外。"

⑥ 《买卖合同司法解释》第20条规定："买卖合同因违约而解除后，守约方主张继续适用违约金条款的，人民法院应予支持；但约定的违约金过分高于造成的损失的，人民法院可以参照民法典第五百八十五条第二款的规定处理。"

⑦ 《九民纪要》第49条第1款规定："合同解除时，一方依据合同中有关违约金、约定损害赔偿的计算方法、定金责任等违约责任条款的约定，请求另一方承担违约责任的，人民法院依法予以支持。"

论是一方因对方违约而行使约定或法定解除权解除合同,还是双方协商解除合同,除当事人另有约定外,合同中关于违约责任的约定并不因合同解除而失效。违约责任的承担,包括支付违约金。当事人因对方违约解除合同,不影响其根据合同约定的违约金条款要求对方承担违约责任。①

由此可见,结算和清理条款解决的是合同权利义务关系终止之后的善后安排,内容通常涉及对合同价款的结算,以及违约责任或损失的分配与承担。

综上,从作用和约定的内容角度看,约定解除权条款显然既不属于争议解决条款,也与结算和清理条款存在明显不同,其本身并不具有区别于合同其他条款的独立性。约定解除权条款效力的判断标准,与合同普通条款无异。

(3)约定解除权条款效力的判断

合同的效力,历来都是仲裁案件审理时必须予以评价的,且该评价与当事人的观点无关,只取决于法律规定。关于合同的一般生效要件,原《合同法》并未作出正面规定,未规定合同符合什么样的条件方为有效,一般生效要件则主要是由学者根据民法及合同法理论,结合原《合同法》所规定

① 参见最高人民法院民法典贯彻实施工作领导小组主编:《中华人民共和国民法典合同编理解与适用》(一),人民法院出版社2020年版,第662页。

的合同无效情形[①]中反推出来的。

《民法典》出于体系化以及立法技术的考虑，在总则部分规定了包括合同在内的民事法律行为的一般生效要件，归纳为3点：行为人具有相应的民事行为能力；意思表示真实；不违反法律、行政法规的强制性规定，不违背公序良俗。[②] 同时又从反面明确规定，违反法律、行政法规的效力性强制性规定、违背公序良俗的民事法律行为无效；[③]恶意串通、损害他人合法权益的民事法律行为无效。[④]

对于在意思表示不真实、不自由情形下订立的合同，当事人可以请求变更或撤销的情形，原《合同法》规定了5种事由：重大误解、显失公平、欺诈、胁迫、乘人之危。[⑤]

《民法典》从法典的体系需要出发，在第一编总则部分对民事法律行为中的意思表示不真实、不自由的情况进行了规定，在保留了重大误解、欺诈、胁迫、显失公平事由的基础上，一方面，补充规定了第三人实施欺

① 原《合同法》第52条规定："有下列情形之一的，合同无效：(一)一方以欺诈、胁迫的手段订立合同，损害国家利益；(二)恶意串通，损害国家、集体或者第三人利益；(三)以合法形式掩盖非法目的；(四)损害社会公共利益；(五)违反法律、行政法规的强制性规定。"

② 参见《民法典》第143条。

③ 参见《民法典》第153条。

④ 参见《民法典》第154条。

⑤ 原《合同法》第54条规定："下列合同，当事人一方有权请求人民法院或者仲裁机构变更或者撤销：(一)因重大误解订立的；(二)在订立合同时显失公平的。一方以欺诈、胁迫的手段或者乘人之危，使对方在违背真实意思的情况下订立的合同，受损害方有权请求人民法院或者仲裁机构变更或者撤销。当事人请求变更的，人民法院或者仲裁机构不得撤销。"

诈或胁迫行为的情形;[①]另一方面,从结果角度出发,将乘人之危归入显失公平。[②] 同时,在对长期的司法及仲裁实践进行总结的基础上,立法者认识到,虽然在理论上,为了尽可能地维护和促进当事人之间的交易,法院或者仲裁机构可以根据当事人的请求变更民事法律行为,但具体如何变更却缺少依据,既可能令法官或仲裁员无所适从,也可能使法官或仲裁员手中的自由裁量权过大。因此,《民法典》规定,出现前述情况时,法院或仲裁机构可以根据当事人的请求撤销民事法律行为。

关于合同的特殊生效要件,如批准、附条件或附期限等,原《合同法》在第三章"合同的效力",《民法典》分别在第三编第三章、第一编第六章第四节作出了相应规定。鉴于本部分讨论的重点并非合同效力问题,故不再赘述。

(4)轻微违约中的约定解除权限制

关于约定解除权,在具体的股权转让交易中,还有一个问题比较常见,即为了给对方施加压力,督促对方严格按照合同约定履行义务,当事人往往会针对较轻微的违约行为设置解除权条款,例如,只要受让方逾期支

---

① 《民法典》第147条规定:"基于重大误解实施的民事法律行为,行为人有权请求人民法院或者仲裁机构予以撤销。"《民法典》第148条规定:"一方以欺诈手段,使对方在违背真实意思的情况下实施的民事法律行为,受欺诈方有权请求人民法院或者仲裁机构予以撤销。"《民法典》第149条规定:"第三人实施欺诈行为,使一方在违背真实意思的情况下实施的民事法律行为,对方知道或者应当知道该欺诈行为的,受欺诈方有权请求人民法院或者仲裁机构予以撤销。"《民法典》第150条规定:"一方或者第三人以胁迫手段,使对方在违背真实意思的情况下实施的民事法律行为,受胁迫方有权请求人民法院或者仲裁机构予以撤销。"

② 《民法典》第151条规定:"一方利用对方处于危困状态、缺乏判断能力等情形,致使民事法律行为成立时显失公平的,受损害方有权请求人民法院或者仲裁机构予以撤销。"

付股权转让款,即使只迟延1日;或者,即使只有很小比例的股权转让款没有如约支付,转让方即可解除股权转让合同,并要求受让方支付高额违约金。

为了督促对方严格履约,当事人针对较轻微的违约行为设置解除权条款的行为,是可以理解的。同时,这种解除权条款在很多合同中也是对等的,双方在对方发生同等轻微程度的违约行为时,各自都享有约定解除权。此外,考虑到股权转让交易的双方通常都是商主体,其对合同的内容以及可能承担的法律责任应当具备较强的判断和承受能力。毕竟合同的内容是转让方与受让方协商一致的结果,一经生效便对当事人具有法律约束力,成为当事人之间的"法锁",不应随意否定。

但同时也应看到,诚实信用原则是民商法的基本原则,贯穿整个民商事交易的始终,人民法院在解释合同条款、确定履行内容、决定合同应否解除时,均应考虑诚实信用原则。人民法院在认定约定解除条件是否成就时,不能完全根据合同文本机械地确定合同是否解除,而应根据诚实信用原则,综合考量以下因素来确定:一是要考察违约方的过错程度,二是要考察违约行为形态,三是要考察违约行为的后果。①

是应当充分尊重当事人的意思自治,还是遵循诚实信用原则并在必要时予以干预,在理论上与实务中一直存在争议。

为保证司法裁判标准的一致性,在"同案同判"原则下实现普遍公平,

① 参见最高人民法院民事审判第二庭编著:《〈全国法院民商事审判工作会议纪要〉理解与适用》,人民法院出版社2019年版,第314、315页。

《九民纪要》第 47 条[①]明确,即使合同约定的解除条件已成就,法院仍应当审查违约方的违约程度是否显著轻微,是否影响守约方合同目的的实现。如违约方的违约程度显著轻微,不影响守约方合同目的的实现,法院将不支持守约方解除合同的诉请。

值得注意的是,根据《九民纪要》的规定,关于违约程度是否显著轻微,最终的判断标准是守约方的合同目的能否实现,这与法定解除权的判断标准如出一辙。也就是说,虽然原《合同法》第 93 条第 2 款、《民法典》第 562 条第 2 款并未将守约方合同目的不能实现作为约定解除权的必要条件,但最高人民法院已经明确表态,只有在守约方合同目的落空的情况下,其行使约定解除权的主张才能得到支持。

至此,合同目的已然成为无法回避的重要问题。由于约定解除权与法定解除权的行使条件(不能实现合同目的)高度一致,而合同目的明确体现在法定解除权的规定之中。因此,关于合同目的的具体分析,将在法定解除权部分详细展开。

最后,有必要对约定解除权与附解除条件合同中解除条件的成就[②]之间的关系予以明确。二者存在相同特点,即解除权的产生与解除条件的设置,均系合同缔约方意思表示一致的结果;解除权的行使与解除条件的成

---

① 《九民纪要》第 47 条规定:“合同约定的解除条件成就时,守约方以此为由请求解除合同的,人民法院应当审查违约方的违约程度是否显著轻微,是否影响守约方合同目的的实现,根据诚实信用原则,确定合同应否解除。违约方的违约程度显著轻微,不影响守约方合同目的的实现,守约方请求解除合同的,人民法院不予支持;反之,则依法予以支持。”

② 参见原《合同法》第 45 条、《民法典》第 158 条。

就，均可以产生合同解除的法律后果。但是，当事人行使约定解除权解除合同，与附解除条件合同的解除条件成就，并不相同。约定解除权，在法律性质上属于形成权，必须通过权利人的具体行为予以行使，对方得到通知时方才发生解除的法律效果；而解除条件成就时，合同即告失效，无须任何一方当事人再作出意思表示。

2. 法定解除权

（1）法定解除的定义及法律依据

法定解除，是指合同生效后未履行或者未履行完毕前，当事人在法律规定的解除事由出现时，通过行使解除权而使合同关系归于消灭。[①]

关于法定解除权的法律依据，主要体现在原《合同法》第 94 条、[②]《民法典》第 563 条。[③] 相较前者，后者增加了第 2 款规定，即以持续履行的债务为内容的不定期合同，当事人可以随时解除合同，但是应当在合理期限之前通知对方。该补充规定主要针对现实生活中存在的以租赁合同为典

---

① 参见最高人民法院民法典贯彻实施工作领导小组主编：《中华人民共和国民法典合同编理解与适用》（一），人民法院出版社 2020 年版，第 638 页。

② 原《合同法》第 94 条规定："有下列情形之一的，当事人可以解除合同：（一）因不可抗力致使不能实现合同目的；（二）在履行期限届满之前，当事人一方明确表示或者以自己的行为表明不履行主要债务；（三）当事人一方迟延履行主要债务，经催告后在合理期限内仍未履行；（四）当事人一方迟延履行债务或者有其他违约行为致使不能实现合同目的；（五）法律规定的其他情形。"

③ 《民法典》第 563 条规定："有下列情形之一的，当事人可以解除合同：（一）因不可抗力致使不能实现合同目的；（二）在履行期限届满前，当事人一方明确表示或者以自己的行为表明不履行主要债务；（三）当事人一方迟延履行主要债务，经催告后在合理期限内仍未履行；（四）当事人一方迟延履行债务或者有其他违约行为致使不能实现合同目的；（五）法律规定的其他情形。以持续履行的债务为内容的不定期合同，当事人可以随时解除合同，但是应当在合理期限之前通知对方。"

型代表的继续性合同,如未约定履行期限,双方均有权随时解除合同。鉴于《合同法》第94条主要是以买卖合同等一时的合同作为规范的“样本”,而继续性合同与一时的合同在履行方式上存在明显不同。因此,《民法典》第563条第2款在将先前散落在原《合同法》各个有名合同中的重复性规定予以梳理的基础上,提炼出以持续履行的债务为内容的不定期继续性合同解除的一般规定。①

此外,根据原《合同法》第68条、第69条,②以及《民法典》第527条、第528条③的规定,享有不安抗辩权的当事人中止履行并通知对方后,对方在合理期限内未恢复履行能力且未提供适当担保的,中止履行的一方可以解除合同。《民法典》第528条在原《合同法》第69条的基础上作了补充,明确享有不安抗辩权的当事人解除合同的情形属于对方“以自己的行为表明不履行主要债务”,此情形与原《合同法》第94条第2项预期违约较为一

① 参见最高人民法院民法典贯彻实施工作领导小组主编:《中华人民共和国民法典合同编理解与适用》(一),人民法院出版社2020年版,第645页。

② 原《合同法》第68条规定:“应当先履行债务的当事人,有确切证据证明对方有下列情形之一的,可以中止履行:(一)经营状况严重恶化;(二)转移财产、抽逃资金,以逃避债务;(三)丧失商业信誉;(四)有丧失或者可能丧失履行债务能力的其他情形。当事人没有确切证据中止履行的,应当承担违约责任。”原《合同法》第69条规定:“当事人依照本法第六十八条的规定中止履行的,应当及时通知对方。对方提供适当担保时,应当恢复履行。中止履行后,对方在合理期限内未恢复履行能力并且未提供适当担保的,中止履行的一方可以解除合同。”

③ 《民法典》第527条规定:“应当先履行债务的当事人,有确切证据证明对方有下列情形之一的,可以中止履行:(一)经营状况严重恶化;(二)转移财产、抽逃资金,以逃避债务;(三)丧失商业信誉;(四)有丧失或者可能丧失履行债务能力的其他情形。当事人没有确切证据中止履行的,应当承担违约责任。”该法第528条规定:“当事人依据前条规定中止履行的,应当及时通知对方。对方提供适当担保的,应当恢复履行。中止履行后,对方在合理期限内未恢复履行能力且未提供适当担保的,视为以自己的行为表明不履行主要债务,中止履行的一方可以解除合同并可以请求对方承担违约责任。”

致，主要是指另一方当事人以明示或默示的方式表明拒绝履行主要债务。

限于篇幅，同时考虑到立法对法定解除权产生条件原则的一致性，关于散见于原《合同法》分则、《民法典》合同编第二分编典型合同，以及其他民商事特别法、司法解释中所规定的法定解除情形，不再一一详述。

原《合同法》第 94 条采纳了“根本违约”的概念，作为限制合同解除的重要方法。[①] 根本违约与合同目的联系紧密，综观《合同法》第 94 条、《民法典》第 563 条第 1 款所列举法定解除权的 5 种情形，虽然第 2 项、第 3 项中并未要求违约行为导致“不能实现合同目的”，但在该两项情形中，不履行以及迟延履行的都是“主要债务”，而合同目的必然要通过合同主要债务的履行来实现。由此可见，不能实现合同目的，是当事人取得或享有法定解除权的根本条件。在这一点上，法定解除权与约定解除权是一致的，区别仅在于解除权产生的依据不同。

(2)合同目的之判断

在对合同目的进行判断时，有必要厘清以下几个相关概念。

①动机与合同目的

根据《辞海》，“动机”的定义为，使个体激发和维持其行动，并使该行动朝向一定目标的心理倾向或内部驱力。“目的”的定义为，人在行动之前根据需要在观念上为自己设计的目标或结果。由此可见，动机是人采取具体行动的内在需求和根本驱动力，而目的是满足内在需求的外部具体体

① 参见王利明：《合同法研究》(第二卷)(第 3 版)，中国人民大学出版社 2015 年版，第 337 页。

现。同一动机和需求,可以通过不同的具体目的来满足。如人有居住的需求,可以通过购买房屋(以取得房屋所有权进而实现占用并使用房屋为目的)或租赁房屋(以直接取得房屋占用和使用权为目的)等不同方式予以满足。先有动机,后有目的,动机总是产生在先,目的实现的最终意义就在于满足动机与内在需求。

动机具有明显的内在性特点,其他人无从探知。因此,在仲裁及司法裁判领域,在对合同解除问题进行评估时,裁判者只探求当事人订立合同之目的,而无论当事人内在动机如何。

关于合同目的的定义,原《合同法》和《民法典》并无明确规定。对合同目的的解读,见诸学者的著述以及法官在个案判决中的解读。

理论界具有代表性的表述主要有:"合同目的"是当事人订立合同时所想要得到的结果,这种结果通常表现为一种经济利益。[①] 合同目的,是指当事人订立合同所追求的法律效果。[②]

由此可见,关于合同目的的具体含义,学者的观点大同小异,都将合同目的定义为当事人通过订立合同所欲达成的效果和目标。同时,从目的与动机的关系角度出发,还有学者将合同目的进一步解读为主观目的与客观目的的结合,主观目的为当事人的缔约动机,客观目的即典型的交易目的,这种典型交易目的在每一类合同中是相同的。

---

① 参见江平主编:《中华人民共和国合同法精解》,中国政法大学出版社 1999 年版,第 77 页。

② 参见王利明:《合同法研究》(第一卷)(第 3 版),中国人民大学出版社 2015 年版,第 461 页。

在司法实践中,也不乏对合同目的的精彩解读。比如,在一起公报案例[①]中,江苏省南通市中级人民法院在评述案件争议焦点"上诉人张某华、徐某英能否以合同目的不能实现解除案涉购房合同"时指出,合同目的包括客观目的和主观目的。客观目的即典型交易目的,当事人购房的客观目的在于取得房屋所有权并用于居住、孩子入学、投资等,影响合同客观目的实现的因素有房屋位置、面积、楼层、采光、质量、小区配套设施等,客观目的可通过社会大众的普通认知标准予以判断。主观目的为某些特定情况下当事人的动机和本意。一般而言,原《合同法》第 94 条第 4 项中的合同目的不包括主观目的,但当事人将特定的主观目的作为合同的条件或成交的基础,则该特定的主观目的客观化,属于原《合同法》第 94 条的规制范围。

虽然该案判决由中级人民法院作出,但被作为公报案例,也足见最高人民法院对该判决观点及说理是认可的。

综上所述,虽然动机与目的存在明显差异,但就动机与合同目的之间的关系而言,在当事人将签订合同的动机明确写入合同内容(多见于合同的"鉴于"条款及违约责任条款)时,当事人签订合同的动机便可以转化为合同目的。

在仲裁实践中即存在该类情形。贸仲受理的"中国 A 矿业公司与中国 B 矿业技术公司股权转让争议仲裁案"中,根据股权转让合同和合作意

① 参见江苏省南通市中级人民法院民事判决书,(2015)通中民终字第 03134 号。

向书有关条款的表述,以及双方签订股权转让合同时,C公司(标的公司)注册资本及资产状况等交易背景和申请人中国A矿业公司所支付股权转让款等情况,仲裁庭认定,申请人签订合同的根本目的在于获得案涉探矿权,而非仅仅取得C公司的股权;在C公司探矿权已被撤销的情况下,申请人签订合同的目的无法实现,故而支持申请人解除股权转让合同的仲裁请求。

在贸仲受理的另一宗因股权转让及回购协议及转让契据所引发的纠纷中,双方就合同目的存在严重分歧。仲裁庭认为,合同目的具有多重性,可分为一般目的和特殊目的,一般目的是通过签订和履行某一类合同所要达到的基本的、共通性的目标和结果;特殊目的是在一般交易目的之外,当事人欲实现的特殊交易目标。基于对合同相关条款以及对合同内容的体系性理解,仲裁庭认定,对目标公司的股权转让是合同的一般目的,而通过股权转让从而实现申请人对标的物业的租赁和经营,是合同的特殊目的。因此,尽管一般目的已经实现,申请人仍持有目标公司股权,但其已无法对标的物业实施租赁经营,合同的特殊目的无法实现,其有权解除合同。

在该案中,仲裁庭论及的一般目的即客观目的,特殊目的即主观目的(缔约动机)。

②合同目的与商业目的

与民事诉讼有所不同的是,现代意义上的仲裁起源于欧洲,由于当时的法官对商人之间的习惯法并不熟悉,所以行会等商人之间的自治组织在商事争议解决领域开始发挥出不可替代的作用,商人更愿意将争议交给业内的权威人士予以裁断,这就是仲裁。由此可见,仲裁所受理的纠纷更多地集中在商事交易中。在这些案件中,商业目的往往被当事人提及,而作为相关领域专家的仲裁员,在裁判案件时,通常也会对商业目的予以考量。

但是在我国民商事基本法律中,并没有关于商业目的的规定。少数几条提及商业目的的法律条文,多数集中在税法中,被用来判断个人或企业是否存在不合理的避税行为,即不具有合理的商业目的,而是以减少、免除或推迟缴纳税款为主要目的,甚至是唯一目的的行为。与商业目的有关的司法案例,多为侵权案件,如网络域名侵权纠纷、侵犯植物新品种权纠纷。在这类案件中,商业目的的含义相对简单,几乎与"营利"画等号,仅作为判断是否构成侵权的要件之一予以裁量,商业目的本身的多样性和复杂性则不在考察之列。

笔者认为,商业目的虽然并非典型的法律概念,但在商事纠纷中,为追求有利于己的裁判结果,当事人往往有意或无意地将商业目的与合同目的混为一谈,而裁判者有时也不会对二者进行区分。实际上,虽然商业目的不能完全等同合同目的,在考虑合同目的能否实现时也无须考察当事人的商业目的,但区分二者仍然具有现实意义。厘清商业目的与合同目的之间的联系与区别,对准确判断合同目的将大有裨益。

在通常情况下,对商事主体来说,商业目的是更高层次的目标,比如,进入某个行业或领域、在某个行业取得什么样的市场地位和份额等,这些商业目的往往需要具体的实施计划和安排,通过若干笔具体交易、签订并履行若干个具体合同才能得以实现。当然,某些商业目的可能并不宏大,仅通过签订一份合同就可以基本实现(在这种情况下,商业目的与合同目的可视为同义语),多表现为框架性合同文件,这种合同关于具体义务的约定较少,且多为原则性内容,合同本身的可执行性较弱,解除往往源于交易遇到无法克服的困难,或者当事人之间信任与合作意愿的丧失。

在绝大多数情况下,商业目的本身不能直接等同合同目的,商业目的一般不直接体现在具体合同之中,通常需要结合当事人其他的相关行为进行综合判断。如果将商业目的认定为合同目的,将很可能导致合同目的无法实现,因为一份合同往往无法承担实现整个商业目的的使命。一旦未能准确区分商业目的与合同目的,将很可能导致合同目的被过分解读,产生令对方当事人无从预料的结果。

因此,在具体案件中,在评判合同目的能否实现时,裁判者首先应当避免将合同目的与商业目的混为一谈,理性认定案涉合同在商业安排中的地位与作用,认真考察合同内容,准确判断合同目的,同时可以将商业目的作为判断交易是否合法、违约损失赔偿范围的考量因素。

③合同目的之判断标准

在厘清合同目的与动机、商业目的相互关系之后,合同目的的判断问题也就随之浮上水面。

如前所述,主观目的(动机)具有很强的个人色彩,存在于人的头脑中而不易探知;同时,同一动机和需求可以通过不同目的来满足,使探求主观动机变得难上加难。相较而言,客观目的属于典型合同目的,在同类合同中具有一致性，作为中立第三方的裁判者，以理性第三人角度进行评判，既不会产生角色错位，也更有利于实现普遍公平。

因此，在判断合同目的时，首先应当明确的是，具体案件中需要裁断的合同目的应是指合同的客观目的，这一原则已经被以往的仲裁与司法实践所确认。

合同是典型的双方法律行为，是民事主体通过意思表示设立、变更、终止民事法律关系的行为。在实际生活中，不同的合同形形色色、内容纷繁复杂，甚至五花八门，对合同进行分类就显得尤为必要。合同的类型划分，是基于不同类型所具有的类型特征所作的梳理，而这些类型特征则是法律人基于对法律生活的观察所作的提炼。[①] 为了实现缔约方各自的合同目的，合同的主要内容就是为缔约方设定权利与义务，义务的履行往往意味着权利的实现以及目标的达成。因此，权利与义务可视为一枚硬币的两面，二者密不可分。

由此可见，合同的类型特点就体现在缔约方的权利义务内容上，而只有当事人履行了合同的主要债务，合同目的才能得以实现，合同目的往往也就存在于合同的主要债务之中。对合同目的的判断，最终转化为对合同主要债务的分析与判定。

(3)股权转让合同合同目的之判断

如前文所述，股权转让合同，从交易的核心内容和根本特征看，至少可

① 参见韩世远：《合同法总论》(第4版)，法律出版社2018年版，第69页。

以视同买卖合同。根据《民法典》第595条、原《合同法》第130条之规定,买卖合同是出卖人转移标的物的所有权于买受人,买受人支付价款的合同。买卖合同目的,对出卖人来说,是取得价款;对买受人来说,是取得标的物所有权。从合同履行内容角度出发,出卖人的主要债务是将标的物所有权转移至买受人,买受人的主要债务是将对价支付给出卖人。

同理,在股权转让交易中,于通常情况下,转让方的合同目的是取得股权转让的对价,受让方的合同目的是取得股权;转让方的主要债务是将股权完整地转移给受让方,受让方的主要债务是将转让对价支付给转让方。在国际商事仲裁实践中,已有案件明确表达了该观点,如上海仲裁委员会受理的"申请人某菲律宾公司对被申请人某香港公司股权转让合同及公司资产所有权纠纷仲裁案"。[①] 仲裁庭认为,股权的转移及对价款的支付应为股权转让方和受让方最主要的合同义务。

原《合同法》第60条、[②]《民法典》第509条[③]确定了合同的全面履行原则。全面履行,是指对于债务人全部义务的履行,包括先合同义务、主给付义务、从给付义务、随附义务、不真正义务等,都要按法律规定或约定履行。主给付义务,是决定合同性质和类型的依据,因此是决定合同成立的必要

---

① 载中国法律服务网,http://alk.12348.gov.cn/Detail? dbID=75&dbName=CWZC&sysID=84,最后访问日期:2022年8月1日。

② 原《合同法》第60条规定:"当事人应当按照约定全面履行自己的义务。当事人应当遵循诚实信用原则,根据合同的性质、目的和交易习惯履行通知、协助、保密等义务。"

③ 《民法典》第509条规定:"当事人应当按照约定全面履行自己的义务。当事人应当遵循诚信原则,根据合同的性质、目的和交易习惯履行通知、协助、保密等义务。当事人在履行合同过程中,应当避免浪费资源、污染环境和破坏生态。"

条件(条款)。从给付义务系补助主给付义务,保障合同目的圆满实现。不履行主给付义务,构成根本违约,可发生法定解除权;不履行从给付义务,不构成根本违约,不发生法定解除权,仅发生违约责任。[①] 因此,由于合同义务存在多种样态,股权转让合同履行引发的纠纷案件,双方的主要义务与合同目的并非全都一目了然。

①受让方的主要合同义务

作为典型的双务、有偿合同,在股权转让合同中,受让方的主要债务相对清晰、争议不大,按照约定的方式(时间、方式、币种等)支付对价,在股权交割时履行必要的协助义务从而受领股权的交付即可。至于对目标公司进行尽职调查以及评估等,实际上属于股权转让合同签订前磋商与谈判阶段的工作,将其视为受让方的权利更符合常理。

受让方的义务就是转让方的权利,能否按时足额取得股权转让价款,是转让方最关注的核心问题。

关于付款期限,在受让方不享有履行抗辩权的前提下,付款的迟延程度,就成为判断受让方是否履行主给付义务、转让方合同目的能否实现的判断标准。对此,原《合同法》第94条、《民法典》第563条均规定,当事人一方迟延履行主要债务,经催告后在合理期限内仍未履行,当事人可以解除合同。在具体案件中,裁判者首先应考察转让方是否在约定的履行期限届满后向受让方进行过催告,并从公平角度出发,根据案件的具体情况对

① 参见最高人民法院民法典贯彻实施工作领导小组主编:《中华人民共和国民法典合同编理解与适用》(一),人民法院出版社2020年版,第340~341页。

"合理期限"的"长度"进行认定。

就转让价款支付的足额问题,在很多案件中,受让方并非完全未支付,而是支付了部分甚至是大部分的转让价款,如股权转让合同没有就此约定转让方享有解除权,或者协议约定解除权的行使条件对受让方来说过于苛刻,双方就此产生争议,裁判者必须就未支付到期价款部分的数额比例与合同目的之间的关系作出判断。

由于股权交易的复杂性和程序性,交易双方往往会约定分期付款,例如,在签订协议后支付首付款,待股权交割完毕(变更股东名册、取得出资证明书、完成工商登记变更)后再行支付剩余价款,甚至在部分交易中,还要将转让方或目标公司完成特定的事项(如移交公司印章、财务资料等)作为支付部分款项的前提条件。因此,裁判者可以借鉴原《合同法》第167条、[1]《民法典》第634条[2]关于分期付款买卖合同的处理原则,将"未支付到期价款的数额达到全部价款的五分之一"作为判断受让方未能履行主要债务、转让方合同目的无法实现的标准。当然,实际生活复杂多样,判断标准也不宜"一刀切",如何更公平、合理处理,也在考验裁判者的智慧与操守。

---

① 原《合同法》第167条规定:"分期付款的买受人未支付到期价款的金额达到全部价款的五分之一的,出卖人可以要求买受人支付全部价款或者解除合同。出卖人解除合同的,可以向买受人要求支付该标的物的使用费。"

② 《民法典》第634条规定:"分期付款的买受人未支付到期价款的数额达到全部价款的五分之一,经催告后在合理期限内仍未支付到期价款的,出卖人可以请求买受人支付全部价款或者解除合同。出卖人解除合同的,可以向买受人请求支付该标的物的使用费。"

②转让方的主要合同义务

股权转让交易中的转让方,其主要合同义务似乎就是将股权转移给受让方,看似清晰,实则更复杂。究其原因,恰恰在于股权本身的特殊性。从本质上来说,股权源于股东投资财产的所有权,股东通过将自身财产的所有权让渡给公司,从而获得让渡财产的对价,这部分对价及由此而衍生出来的权利就成为股东的股权。[①]

关于有限公司股权转让的基本程序,根据《公司法》第73条、[②]第32条[③]的规定,在履行完优先购买权(如有)的通知程序后,一般应包括:双方签订股权转让合同并通知公司,公司注销转让方的出资证明书,向受让方签发出资证明书,并修改公司章程和股东名册,最后向公司登记机关申请办理变更登记。如涉及公司董事会及/或监事会成员、高管人员调整,一般会在办理公司内部变更手续(如修改公司章程及股东名册)时一并处理;如涉及全资并购或公司控制权转移,还会在办理公司内部变更手续时安排公司证章、财务账册的交接工作。

由此可见,股权转让是一个较复杂的操作过程,需要双方及公司相互

---

① 参见最高人民法院民法典贯彻实施工作领导小组主编:《中华人民共和国民法典总则编理解与适用》(下册),人民法院出版社2020年版,第641页。

② 《公司法》第73条规定:"依照本法第七十一条、第七十二条转让股权后,公司应当注销原股东的出资证明书,向新股东签发出资证明书,并相应修改公司章程和股东名册中有关股东及其出资额的记载。对公司章程的该项修改不需再由股东会表决。"

③ 《公司法》第32条规定:"有限责任公司应当置备股东名册,记载下列事项:(一)股东的姓名或者名称及住所;(二)股东的出资额;(三)出资证明书编号。记载于股东名册的股东,可以依股东名册主张行使股东权利。公司应当将股东的姓名或者名称向公司登记机关登记;登记事项发生变更的,应当办理变更登记。未经登记或者变更登记的,不得对抗第三人。"

配合,才能顺利完成。股权转让合同签订后,转让方往往在通知公司、修改公司章程、变更工商登记时需要履行必要的配合义务。若转让方不履行前述配合义务,在正常情况下,股权转让仍可以完成,受让方可以督促公司履行,即使在公司受到转让方不当影响而拒绝履行时,如受让方仍希望完成股权转让交易,其可以依据原《公司法》第32条、最高人民法院《关于适用〈中华人民共和国公司法〉若干问题的规定(三)》(2020年修正)(以下简称《公司法司法解释(三)》)第27条等规定主张权利或损失赔偿,并非只能请求解除股权转让合同。

买卖合同中的出卖人,应当承担标的物的质量担保责任。股权转让交易中的转让方,同样也应当对转让的股权承担担保责任。既然股权系由股东让渡自己财产而自公司所取得的,股权的"质量"自然也取决于公司的情况,尤其是经营情况。

所以,转让方除要保证其转让股权的行为系有权处分、股权上不应当有权利负担(如质押、冻结)、股权转让符合《公司法》及公司章程的规定、其他股东已经放弃优先购买权(如适用)外,其是否还负有保证目标公司经营状况及股权价值持续稳定的义务,就成为需要予以特别关注的问题。

股权具有特殊性,除刚刚设立尚未实际经营的公司外,多数公司的股权价值并不取决于对应的注册资本,甚至与注册资本毫无关联,公司的经营状况直接决定了股权价值。股权的价值通过公司来体现,受让方购买股权,就是基于对公司现状的认可,并进而看好公司的未来发展。所以,公司保持现状的稳定,应当成为股权交易的前提条件及应有之义。

也正是基于这个逻辑，在很多股权转让合同中，都约定了转让方的保证与承诺条款，其主要内容就是保证已经向受让方披露了所有与股权转让有关的公司情况，不存在虚假陈述及重大遗漏，并进而承诺，在股权转让合同签订之日起至受让方取得股权并登记为公司股东期间（过渡期），未经受让方的事先同意，公司不得实施经营中的重大事项（如出售业务或资产、对外担保、更换董事或高管等），不得签订除正常经营范围外的重大合同，不得增资或向股东进行分红等。如转让方未能遵守保证与承诺，将会严重影响受让方合同目的的顺利实现，进而使受让方取得合同的解除权。

例如，在贸仲受理的"自然人 A 与自然人 B、C、D 股权转让协议争议仲裁案"中，结合该案的实际情况，仲裁庭认为，按照案涉合同的约定，在股权变更之前，作为股权转让方的被申请人 B、C、D，对目标公司及其资产负有善良管理义务；医疗器械生产许可证应在营业执照变更后 2 个月内完成变更手续。但是，目标公司的经营场地在 2019 年 5 月被收回、医疗器械生产许可证经 2020 年 6 月通告被注销，被申请人 B、C、D 未能兑现承诺，仲裁庭因此支持了申请人 A 解除合同的仲裁请求。

又如，在贸仲受理的"申请人中国 A 资管公司、中国 D 实业公司、香港 E 投资公司、中国 B 公司与被申请人香港 F 公司、自然人 G、中国 H 公司、中国 I 文化公司股权转让协议争议仲裁案"中，根据原《合同法》第 94 条的相关规定（如果在履行期限届满之前，当事人一方明确表示或者以自己的行为表明不履行主要债务，或者当事人一方迟延履行债务或者有其他违约行为致使不能实现合同目的，当事人可以解除合同），仲裁庭认定，被申请人通过以J公司股权对外提供担保、提起诉讼查封J公司股权的方式阻碍已支付股权价款的申请人取得J公司的股权和资产,以及利用所掌控的J公司印章和证照等方式违法组建J公司董事会,擅自以J公司名义签订有关协议和文件,转让J公司所持子公司的股权,处理J公司财产和权益以及将J公司的印章、证照、账册和财务凭证提供作为履约担保物等事实,并认定该等行为构成违约。有关事实表明,被申请人该等违约行为所涉金额巨大,其中部分资产通过法院执行已转让或过户,有的已再次被转让或过户,有的则涉及某银行等第三人的利益,客观上已造成股权过户至申请人名下后的J公司资产的大幅减少,且难以或不可弥补或恢复。被申请人不履行J公司股权收购协议项下主要义务的上述违约行为,已导致申请人无法经营管理J公司,申请人签订J公司股权收购协议的目的不能实现,构成解除合同的法定情形。因此,对申请人提出的解除J公司股权收购协议的仲裁请求予以支持。

鉴于股权的特殊性,笔者认为,一方面,转让方应当承担保证目标公司在一定期间内经营状况持续稳定的义务,除非协议中明确将非转让方原因导致公司经营情况发生的不利变化视作商业风险,否则,无论股权转让合同中是否明确约定了转让方的保证与承诺义务,如公司在合同履行过程中发生了重大的不利变化,应当认定转让方未能履行主要义务,受让方有权主张解除合同及/或要求转让方承担违约责任。另一方面,考虑到影响公司股权价值的因素多种多样,既有内部经营管理因素,也有外部市场因素,特别是市场情况千变万化,竞争格局瞬息万变,同时,股权价值的评估机构以及所采取的评估方法，都会对股权价值产生很大影响，即使事先约定了评估机构的产生方式以及评估方法，仍难以避免纠纷的产生，增加了交易成本；股权亦存在升值的可能。因此，只要转让方没有明显损害公司利益的行为，其无须就目标公司在一定期间内股权价值的持续稳定承担担保责任。

还有一个问题，即如转让方持股比例较低，对公司的重大经营决策不享有话语权，无力干预股权转让过程中公司经营决策的变化以及发生的其他重大事项，也未在股权转让合同中作出相应承诺，若公司发生了重大不利变化，受让方能否主张转让方因未履行股权的瑕疵担保责任进而承担违约责任，甚至要求解除股权转让合同？对此，笔者认为，虽然转让方自身行为与公司发生重大不利变化没有因果关系，但基于有限责任公司的人合性特征，转让方与公司其他股东沟通更多，对公司以及其他股东的情况更加了解，包括对公司未来可能出现变化的预测能力，也显著高于受让方，除非转让方已经将可能出现的重大变化明确告知受让方，且受让方表示接受，否则让受让方承受公司重大变化带来的不利后果，难言公平。

当然，转让方主张权利的前提条件是，公司发生的不利变化必须是“重大”的，否则将会使转让方取得随意解除合同的权利，从而引发道德风险，导致交易的严重不稳定，扰乱正常的市场秩序，最终将会抑制交易，无法实现市场要素的有效配置。关于“重大”的标准，还是应当结合案件的具体情况，主要从公司经营业绩所受影响的程度、变化的可预见性等方面予以衡量。

现实社会中的商事交易精彩纷呈，又富于变化，立法与司法裁判经验总是落后于商业实践，即使经验最丰富的裁判者，也难以穷尽所有的可能。

在某些具体案件中,法院认为,判断合同主要义务,需要根据具体情况,尤其是合同约定的具体内容,例如,“王某善与蒋某良股权转让纠纷案”,[①]法院认为,以1元股权转让款获得善庐公司7%的股权,显然无法构成实质意义上的对价或对等义务。根据案涉股权转让协议,为获得案涉善庐公司7%的股权,蒋某良应履行的对等义务包括两部分:一部分为向王某善支付1元;另一部分为完成5000万只移动设备的装机量或给善庐公司带来不低于1.5亿元营收。第二部分义务应为蒋某良能够实质取得案涉股权应履行的主要义务。蒋某良只有履行完毕其实质对等义务后,才得以获得案涉股权。

坚持诚实信用原则,从公平角度出发,在个案中综合考量各相关因素,才能更好地实现定分止争的社会效果。

需要补充说明一下的是,合同目的意义重大,不仅涉及合同解除问题,而且会对合同条款进行解释,进而对当事人的权利义务内容与利益关系的平衡产生重大影响。关于合同条款的解释问题,原《合同法》[②]及《民法典》[③]的相

① 参见北京市第四中级人民法院民事判决书,(2019)京04民初143号。

② 原《合同法》第125条规定:“当事人对合同条款的理解有争议的,应当按照合同所使用的词句、合同的有关条款、合同的目的、交易习惯以及诚实信用原则,确定该条款的真实意思。合同文本采用两种以上文字订立并约定具有同等效力的,对各文本使用的词句推定具有相同含义。各文本使用的词句不一致的,应当根据合同的目的予以解释。”

③ 《民法典》第466条规定:“当事人对合同条款的理解有争议的,应当依据本法第一百四十二条第一款的规定,确定争议条款的含义。合同文本采用两种以上文字订立并约定具有同等效力的,对各文本使用的词句推定具有相同含义。各文本使用的词句不一致的,应当根据合同的相关条款、性质、目的以及诚信原则等予以解释。”《民法典》第142条规定:“有相对人的意思表示的解释,应当按照所使用的词句,结合相关条款、行为的性质和目的、习惯以及诚信原则,确定意思表示的含义。无相对人的意思表示的解释,不能完全拘泥于所使用的词句,而应当结合相关条款、行为的性质和目的、习惯以及诚信原则,确定行为人的真实意思。”

关规定都很明确,合同目的应当作为合同条款解释的重要依据。

三、解除权的法律性质、行使及消灭

(一)解除权的法律性质

按照不同标准,民事权利存在不同的分类方式,例如,根据权利效力所及范围,权利可以分为绝对权与相对权;根据权利之间的关系,权利可以分为主权利与从权利。以实现方式为标准,权利可作支配权、请求权、抗辩权与形成权之分。[①]

合同解除权,无论法定解除权抑或是约定解除权,性质上是一种形成权。[②] 形成权是德国法学家抽象思维的产物,从艾纳瑟鲁斯(Enneccerus)提出的"取得的权能",到奇特尔曼(Zitelmann)提出的法律上"能为之权能",直到1903年泽克尔(Zeckel)创造性地提出形成权,至此"形成权"这一名词被固定下来,专指依一方之意思表示即可变动(发生、变更或消灭)法律关系的权利。[③]

基于行使所产生的法律效果的不同,形成权又可以分为3类:

(1)生效形成权,其法律效果在于使法律关系得以生效,典型代表为追认权,如权利人对无权处分行为的追认。

(2)变更形成权,其法律效果在于使法律关系得以变更,但由于变更

---

① 参见朱庆育:《民法总论》,北京大学出版社2016年版,第514页。

② 参见韩世远:《合同法总论》(第4版),法律出版社2018年版,第665页。

③ 参见汪渊智:《形成权理论初探》,载《中国法学》2003年第3期。

的依据难以确定,因此,自原《民法总则》施行以来,这类形成权的适用范围在不断缩小。欺诈、胁迫、重大误解、显失公平几种情况,《民法典》不再赋予当事人变更合同的权利,当事人仅仅享有申请撤销的权利。变更形成权主要体现在情势变更制度中。①

(3)消灭形成权,其法律效果在于使法律关系得以消灭,主要包括撤销权、抵销权和解除权。

解除权属于形成权,具体而言,属于消灭形成权。

(二)解除权的行使

关于解除权的行使,主要规定在原《合同法》第96条、②《民法典》第565条③的规定中。

1.行使方式——通知

当事人行使解除权,应当通知对方。作为形成权的解除权,系依据一方的意思表示即可发生解除合同的法律效果,对合同相对方来说意义重大,也关涉合同关系的存续以及交易关系的稳定。因此,根据传统民法理

① 参见《民法典》第533条。

② 原《合同法》第96条规定:"当事人一方依照本法第九十三条第二款、第九十四条的规定主张解除合同的,应当通知对方。合同自通知到达对方时解除。对方有异议的,可以请求人民法院或者仲裁机构确认解除合同的效力。"法律、行政法规规定解除合同应当办理批准、登记等手续的,依照其规定。

③ 《民法典》第565条规定:"当事人一方依法主张解除合同的,应当通知对方。合同自通知到达对方时解除;通知载明债务人在一定期限内不履行债务则合同自动解除,债务人在该期限内未履行债务的,合同自通知载明的期限届满时解除。对方对解除合同有异议的,任何一方当事人均可以请求人民法院或者仲裁机构确认解除行为的效力。当事人一方未通知对方,直接以提起诉讼或者申请仲裁的方式依法主张解除合同,人民法院或者仲裁机构确认该主张的,合同自起诉状副本或者仲裁申请书副本送达对方时解除。"

论,为避免合同是否解除处于不确定状态,原则上解除权的行使不得附加条件或期限,解除合同的通知到达对方时,合同即解除。原《合同法》对解除权的行使能否附条件后附期限,并未作出规定。但是,自理论以言,如以相对人的特定行为为条件,则可以附加。至于期限,只要是确定期限,便不会引发相对人的不利益,实际上等于使解除的后果(恢复原状、损害赔偿)的义务履行延期,因而对解除的意思表示可附确定的始期。[①]

《民法典》第565条在保留原《合同法》第96条主要内容的基础上,补充规定了一种在实践中颇为常见的情形,即享有解除权的当事人在其发送给对方的通知中载明,如果对方在一定期限内不履行债务,则合同自动解除,如对方在该期限内仍未履行债务,合同自通知载明的期限届满时解除。最高人民法院称其为"附期限解除合同"。

对于新增加的这种情形,首先,需要注意的是,这里的附期限解除不同于当事人在合同中约定的解除合同的条件或期限。前者发生在合同有效成立之后,是解除权人在行使解除权时单方确定的条件或期限;后者发生在合同订立之时,是双方当事人合意确定的解除权发生的条件或期限。前者在通知所载明的履行期限届满而债务人仍未履行合同的情况下,即发生合同自动解除的法律效力,而无须再向债务人发出解除合同的通知。后者在条件成就时,仍须向对方发出解除合同通知,才发生解除合同的法律效

① 参见韩世远:《合同法总论》(第4版),法律出版社2018年版,第667页。

力。[1] 其次,附期限解除的"期限"与原《合同法》第45条、第46条,[2]《民法典》第158条、第160条[3]中规定的"条件"与"期限"也不相同。包括合同在内的民事法律行为可以依据原《合同法》及《民法典》的上述规定附加条件或期限,但其针对的是民事法律行为本身的效力问题(如合同的生效、失效),而《民法典》第565条所增加的附期限解除,是享有解除权的一方当事人在实际行使解除权时,愿意给予对方宽限期而单方设定的条件或期限,起到的是"最后通牒"作用。实际上,就通知的内容看,解除权行使与否的判断条件是,对方在宽限内是否履行合同,本质上与原《合同法》及《民法典》中规定的"条件"更接近,因为对方是否履行合同,具有或然性,而"期限"的本质特征在于必然性。

对此,笔者认为,最高人民法院将其称为"附期限解除合同",在于强调宽限期,宽限期通常也不会太长,在一定程度上体现出履行最终期限到来的必然性,早有实践且符合社会大众的普遍认知,在实际适用该条款时

---

① 参见最高人民法院民法典贯彻实施工作领导小组主编:《中华人民共和国民法典合同编理解与适用》(一),人民法院出版社2020年版,第655页。

② 原《合同法》第45条规定:"当事人对合同的效力可以约定附条件。附生效条件的合同,自条件成就时生效。附解除条件的合同,自条件成就时失效。当事人为自己的利益不正当地阻止条件成就的,视为条件已成就;不正当地促成条件成就的,视为条件不成就。"原《合同法》第46条规定:"当事人对合同的效力可以约定附期限。附生效期限的合同,自期限届至时生效。附终止期限的合同,自期限届满时失效。"

③ 《民法典》第158条规定:"民事法律行为可以附条件,但是根据其性质不得附条件的除外。附生效条件的民事法律行为,自条件成就时生效。附解除条件的民事法律行为,自条件成就时失效。"《民法典》第160条规定:"民事法律行为可以附期限,但是根据其性质不得附期限的除外。附生效期限的民事法律行为,自期限届至时生效。附终止期限的民事法律行为,自期限届满时失效。"

不易发生歧义；同时，如上所述，从法理角度看，该情形毕竟与原《合同法》第45条、第46条，《民法典》第158条、第160条规定的“条件”与“期限”不同。因此，其称谓本身并不会影响认定与裁判。

在实务中，还广泛存在一种情况，即解除权人未通知对方而径行申请仲裁或提起诉讼，请求解除合同，对于这种情况，根据《民法典》第565条第2款的规定，如仲裁机构或法院认定解除权行使有效，合同解除的时间应当以仲裁申请书副本或起诉状副本送达对方时解除。这种处理方式仍然是“通知”解除原则的具体体现。

2. 对解除权行使的异议及救济

鉴于解除权一经行使，将产生合同解除的法律效果，法律有必要赋予相对方寻求法律救济的权利。原《合同法》第96条规定，对方有异议的，可以请求人民法院或者仲裁机构确认解除合同的效力；《民法典》第565条对其进行了优化，将请求人民法院或者仲裁机构确认解除行为效力的权利，赋予了双方当事人。

同样地，从避免合同长期处于不稳定状态角度出发，有必要对申请确认解除合同效力的权利的行使期限（异议期间）加以约束。最高人民法院《关于适用〈中华人民共和国合同法〉若干问题的解释（二）》（以下简称《合同法司法解释（二）》）对该问题作出了规定，[①]即当事人对异议期间有

① 《合同法司法解释（二）》第24条规定：“当事人对合同法第九十六条、第九十九条规定的合同解除或者债务抵销虽有异议，但在约定的异议期限届满后才提出异议并向人民法院起诉的，人民法院不予支持；当事人没有约定异议期间，在解除合同或者债务抵销通知到达之日起三个月以后才向人民法院起诉的，人民法院不予支持。”

约定的,从约定;没有约定的,异议期间为解除合同通知送达之日起3个月。

值得注意的是,《合同法司法解释(二)》已于2021年1月1日起被最高人民法院《关于废止部分司法解释及相关规范性文件的决定》所废止,但《民法典》第565条并未对异议期间作出规定,导致该问题出现了"真空"。《民法典》既未继承《合同法司法解释(二)》第24条的规定,也未对其作出修改,而是直接"留白",原因可能在于:

首先,双方如对合同解除不存在争议,异议期间没有意义;如双方有争议,在案件审理过程中,当事人是否享有并恰当地行使了解除权、解除权是否已经消灭,必然要成为审理的焦点问题,仲裁员与法官不可能因双方提交争议过晚作为拒绝裁判的理由。因此,规定异议期间,事实上可能没有太大的意义。

其次,原有规定将请求确认解除行为效力的权利赋予了解除权的相对方,而该方当事人可能怠于提起确认之诉,从而使合同是否解除处于不确定状态,对解除权人不利。因此,《民法典》将请求确认解除行为效力的权利也赋予了解除权人。如此,解除权人已经通知对方解除合同,而对方怠于起诉或申请仲裁进行确认,如再要求权利人在较短期限内起诉或申请仲裁,有过苛之嫌。因此,即使有必要对异议期间作出规制,但是否要根据当事人身份的不同(解除权人/债务人)而对异议期间的具体称谓(因权利人并非对解除提出"异议")以及在期间"长度"上作出不同规定,都需要整体设计。这些问题,期待最高人民法院在未来相关的司法解释中给予回答。

在《合同法司法解释(二)》等司法解释废止后,新的司法解释颁布前,关于异议期间的确定问题,笔者认为,可以参考《全国法院贯彻实施民法典工作会议纪要》(法〔2021〕94 号)确定的精神进行处理,即对于《合同法司法解释(二)》的实体性规定所体现的精神,与《民法典》及有关法律不冲突且在司法实践中行之有效的,法院可以在裁判文书说理时阐述。[①] 因此,当合同解除存在争议时,在解除权人通知对方解除合同后,如对方未在收到通知之日起 3 个月内向仲裁机构或法院提出异议,仲裁员或法官可以超期为由驳回其异议,但前提应为解除权人确实享有并依法行使了解除权;如解除权人主动申请仲裁机构或法院对解除合同进行确认,仲裁员或法官只需正常审理即可,无论申请时间如何,审理重点仍然是解除权人是否享有并依法行使了解除权。

另外,在对解除权行使的异议问题进行裁判时,还应当注意避免走入误区,即无论发出解除通知的一方有无解除权,只要另一方未在异议期间起诉或申请仲裁提出异议,就判令解除合同。对此,《九民纪要》已经明确,行使解除权应当以享有解除权为前提。[②]

---

① 参见《全国法院贯彻实施民法典工作会议纪要》(法〔2021〕94 号)"一、正确适用民法典总则编、合同编的相关制度"第 12 条。

② 《九民纪要》第 46 条规定:"审判实践中,部分人民法院对合同法司法解释(二)第 24 条的理解存在偏差,认为不论发出解除通知的一方有无解除权,只要另一方未在异议期限内以起诉方式提出异议,就判令解除合同,这不符合合同法关于合同解除权行使的有关规定。对该条的准确理解是,只有享有法定或者约定解除权的当事人才能以通知方式解除合同。不享有解除权的一方向另一方发出解除通知,另一方即便未在异议期限内提起诉讼,也不发生合同解除的效果。人民法院在审理案件时,应当审查发出解除通知的一方是否享有约定或者法定的解除权来决定合同应否解除,不能仅以受通知一方在约定或者法定的异议期限届满内未起诉这一事实就认定合同已经解除。"

(三)解除权的消灭

1. 权利人明示放弃

与民事主体享有的其他民事权利一样,解除权可以被权利人明确表示放弃。根据诚实信用原则,权利人一旦明示放弃解除权,除非有证据证明其意思表示不真实或不自由,该放弃行为即确定地发生法律效力,权利人不得再行使已经放弃的解除权。当然,如相对方实施了新的违约行为,权利人因而再次取得新的解除权,仍可行使。

2. 权利人未及时行使解除权——除斥期间

所谓"除斥期间"与"诉讼时效"相对,是权利的预定存在期间,其客体是形成权,效果是实体权利消灭,其期间属于不变期间。因此,不得中止、中断与延长,其起算点为权利成立之时,其利益不可抛弃,其立法精神是维护原有秩序。① 在约定或法定期限内不行使解除权,可以视为默示放弃解除权。

合同解除权系形成权,依法定或约定享有合同解除权的一方当事人,经其单方意思表示即可使合同效力归于消灭,打破已有的交易秩序,对当事人的权利义务产生重大影响。故原《合同法》不仅严格规定其行使要件,还限制其行使时间,以免滋生流弊。②

《民法典》颁布实施前,关于合同解除权除斥期间的规定,体现在原

① 参见耿林:《论除斥期间》,载《中外法学》2016年第3期。

② 参见最高人民法院民法典贯彻实施工作领导小组主编:《中华人民共和国民法典合同编理解与适用》(一),人民法院出版社2020年版,第649页。

《合同法》第 95 条[①]中,但遗漏了一种情况,即法律没有规定且当事人没有事先约定,对方不催告或不及时催告,《民法典》第 564 条[②]为此作出了补充规定。

合同解除权的行使期限既可由法律规定,也可由当事人约定。法律没有规定或当事人没有约定的,则解除权人应该在相对人催告后的合理期限内行使。然而,对于法律未规定或当事人未约定合同解除权行使期限,且相对人又没有催告的情形,如何确定其解除权的行使期限,原《合同法》第 95 条第 2 款没有作出明确规定。该条第 2 款参照最高人民法院《关于审理商品房买卖合同纠纷案件适用法律若干问题的解释》第 15 条第 2 款的规定,对这一情形的除斥期间予以明确,即没有法定或约定的解除权行使期限的,自解除权人知道或者应当知道解除事由之日起 1 年内不行使,或者经对方催告后在合理期限内不行使的,解除权归于消灭。1 年期间为不变期间,不适用中止、中断或延长的规定。将合同解除权行使的除斥期间确定为 1 年,与撤销权等形成权的除斥期间相同,符合相同性质的权利适用相同失权规则的价值取向。[③]

---

① 原《合同法》第 95 条规定:"法律规定或者当事人约定解除权行使期限,期限届满当事人不行使的,该权利消灭。法律没有规定或者当事人没有约定解除权行使期限,经对方催告后在合理期限内不行使的,该权利消灭。"

② 《民法典》第 564 条规定:"法律规定或者当事人约定解除权行使期限,期限届满当事人不行使的,该权利消灭。法律没有规定或者当事人没有约定解除权行使期限,自解除权人知道或者应当知道解除事由之日起一年内不行使,或者经对方催告后在合理期限内不行使的,该权利消灭。"

③ 参见最高人民法院民法典贯彻实施工作领导小组主编:《中华人民共和国民法典合同编理解与适用》(一),人民法院出版社 2020 年版,第 650 页。

3. 违约方纠正根本违约行为

与解除权相比,债务人的“救治权”(the right to cure)应当具有优先性。①

除少数案件中出现不可抗力等客观因素导致合同解除外,实务中绝大多数案件中的合同解除,都因一方或双方根本违约(合同目的无法实现)而产生。换言之,如果当事人一方或双方并未实施根本违约行为,合同解除条件就不能得到满足。同样地,虽然根本违约行为已经发生,但如果违约方在解除权人行使解除权之前便实施了有效的纠正或补救行为,消除了实现合同目的的障碍,解除权人主张解除合同的基础就会丧失。此时,若仍支持解除合同,不利于交易的达成,也会造成社会经济资源的浪费,与合同解除制度的立法取向相违背。

因此,虽然法律没有明确规定,但在解除权行使之前,违约方纠正根本违约行为,可以导致解除权消灭,应无太大争议。

四、合同解除的法律后果——原《合同法》第97条、《民法典》第566条之解读

合同的解除分别规定在原《合同法》总则的第六章,以及《民法典》合同编第一分编通则中的第七章。因此,关于合同解除的法律后果,适用于各类合同。

① 参见韩世远:《合同法总论》(第4版),法律出版社2018年版,第693页。

根据原《合同法》第91条、《民法典》第557条的规定，合同解除，是合同权利义务关系终止的主要方式。而合同解除的法律后果，主要规定在原《合同法》第97条①和《民法典》第566条②之中。合同解除的效力，因合同是否实际履行而有所不同。

（一）尚未履行的，终止履行

合同解除时，尚未履行的，终止履行，自不待言，这正是合同解除的应有之义，从而使双方（尤其是守约方/解除权人）从合同义务中解脱出来，避免损失的进一步扩大，也可以令解除权人有机会尽快寻找新的交易方，以实现交易目的。未履行部分的合同义务不再履行，可以理解为合同债务的免除，如双方均有尚未履行的债务，解除的效果即为双方相互免除对方的债务。

（二）已经履行的，根据履行情况和合同性质，当事人可以请求恢复原状或者采取其他补救措施，并有权请求赔偿损失

原《合同法》承认合同的解除可以产生溯及既往的效果。即已经履行的，可以要求恢复原状或采取其他补救措施。合同法的这一规定是十分必要的。因为如果合同解除只向将来发生效力，则意味着解除仅使尚未履行

① 原《合同法》第97条规定："合同解除后，尚未履行的，终止履行；已经履行的，根据履行情况和合同性质，当事人可以要求恢复原状、采取其他补救措施，并有权要求赔偿损失。"

② 《民法典》第566条规定："合同解除后，尚未履行的，终止履行；已经履行的，根据履行情况和合同性质，当事人可以请求恢复原状或者采取其他补救措施，并有权请求赔偿损失。合同因违约解除的，解除权人可以请求违约方承担违约责任，但是当事人另有约定的除外。主合同解除后，担保人对债务人应当承担的民事责任仍应当承担担保责任，但是担保合同另有约定的除外。"

的部分不再履行,而已经履行的部分就不发生恢复原状的后果,从而不能保护非违约方的合法权益并制裁违约方。[①]

讨论合同解除的法律效果,首先应明确"恢复原状""采取其他补救措施""赔偿损失"在合同解除背景下的含义。而要准确认识三者在合同解除制度中的含义和作用,必须要从法律性质角度出发。显然,与三者法律性质相关的法律概念应当是民事义务与民事责任。

民事义务,与民事权利相对,是指为满足民事权利人的利益,由民事义务的承担人须为或不得为一定行为的必要性。

所谓民事责任,是指民事主体违反民事法律义务所应当承担的不利法律后果。可见,民事责任的承担要以民事义务的违反为前提,违反民事法律义务的这种"不利法律后果",既包括原应履行的义务的继续履行,也包括追加一个新的法律义务。[②] 关于民事主体承担民事责任的具体形式,主要体现在原《民法通则》第 134 条[③]和《民法典》第 179 条[④]中,《民法典》基

① 参见王利明:《合同法研究》(第二卷)(第 3 版),中国人民大学出版社 2015 年版,第 361 页。

② 参见最高人民法院民法典贯彻实施工作领导小组主编:《中华人民共和国民法典总则编理解与适用》(下册),人民法院出版社 2020 年版,第 877 页。

③ 原《民法通则》(2009 年修正)第 134 条规定:"承担民事责任的方式主要有:(一)停止侵害;(二)排除妨碍;(三)消除危险;(四)返还财产;(五)恢复原状;(六)修理、重作、更换;(七)赔偿损失;(八)支付违约金;(九)消除影响、恢复名誉;(十)赔礼道歉。以上承担民事责任的方式,可以单独适用,也可以合并适用。人民法院审理民事案件,除适用上述规定外,还可以予以训诫、责令具结悔过,收缴进行非法活动的财物和非法所得,并可以依照法律规定处以罚款、拘留。"

④ 《民法典》第 179 条规定:"承担民事责任的方式主要有:(一)停止侵害;(二)排除妨碍;(三)消除危险;(四)返还财产;(五)恢复原状;(六)修理、重作、更换;(七)继续履行;(八)赔偿损失;(九)支付违约金;(十)消除影响、恢复名誉;(十一)赔礼道歉。法律规定惩罚性赔偿的,依照其规定。本条规定的承担民事责任的方式,可以单独适用,也可以合并适用。"

本保留了原《民法通则》的内容,同时增加了“继续履行”。

民事责任与民事义务是不同的法律概念,但二者也存在密切关系,都体现为民事主体应当履行一定的行为(作为、不作为),而民事责任是民事义务违反的后果。但需要注意的是,仅从外观上看,同一行为的实施既可能是对民事义务的履行,也可能构成对民事责任的承担。因此,除“赔偿损失”属于违约责任的承担形式几无争议外,就原《合同法》第 97 条、《民法典》第 566 条中“恢复原状”及“采取其他补救措施”的法律性质,究竟属于民事义务抑或是民事责任,有必要予以进一步分析。

1. 恢复原状

“恢复原状”先后被原《民法通则》和《民法典》确定为承担民事责任的方式之一,与之相关的规定也主要存在于民事责任的部分内容中。因此,最高人民法院在《民法典》第 179 条(承担民事责任的方式)的理解与适用中,从侵权民事责任的角度出发,对恢复原状的内涵作了解读,即恢复原状,是指恢复权利被侵犯前的原有状态,一般是指将损害的财产修复,所有权人有权要求加害人通过修理使财产恢复原有状态。[①] 与侵权行为一样,违约行为通常也会导致民事主体权益受损,因而在违约场合,经常会出现违约责任与侵权责任的竞合。因此,虽然最高人民法院仅从侵权民事责任角度为“恢复原状”下了定义,但其主旨同样也应当适用于违约责任。就立法所追求的法律效果而言,“恢复原状”的最终目标,应为“使财产恢复

① 参见最高人民法院民法典贯彻实施工作领导小组主编:《中华人民共和国民法典总则编理解与适用》(下册),人民法院出版社 2020 年版,第 899 页。

原有状态"。

除原《合同法》第97条、《民法典》第566条外,"恢复原状"还出现在原《民法通则》第117条(侵害财产权的民事责任)、第134条(承担民事责任的方式),原《合同法》第223条(租赁物的改善),《民法典》第179条(同原《民法通则》第134条)、第237条(动产和不动产物权的保护)、第286条(业主的基本义务及业主大会/业主委员会制止业主损害他人合法权益)、第715条(同原《合同法》第223条)中。在上述相关法条中,"恢复原状"基本均体现为违反法定或约定义务而应当承担的责任。

正是因为"恢复原状"作为物权等权利遭受侵害时最典型的责任承担方式,所以被规定于民事责任之中,主要体现出民事责任的特点。但即使如此,鉴于"恢复原状"的含义本身并无法律条文予以直接规定,且在不同的条件与语境下,同一概念往往具有或体现出不同的法律意义,亦属常见。考虑到合同解除后的"恢复原状"(属于"结算"内容)具有一定的特殊性,笔者认为,原《合同法》第97条、《民法典》第566条中的"恢复原状",虽然多为民事责任的承担方式,但在少数情况下,仍可能构成对民事义务的履行。

以标的物为有体物的买卖合同作为典型,从法律规定的出发点以及所欲实现的法律效果看,与"恢复原状"最接近的概念要数"返还财产"和"返还原物"。"返还财产",也被原《民法通则》和《民法典》列为承担民事责任的方式。作为民事责任方式的返还财产,是指返还原物。① 就其终极目

① 参见最高人民法院民法典贯彻实施工作领导小组主编:《中华人民共和国民法典总则编理解与适用》(下册),人民法院出版社2020年版,第898页。

的而言,“恢复原状”虽然在广义上还应当包括“采取其他补救措施”(恢复原状的变通方式),但从狭义角度看,仅是指标的物的返还,这与“返还财产”和“返还原物”非常接近。

“返还财产”主要规定在原《民法通则》第 25 条(死亡宣告撤销后的法律后果)、第 117 条(侵害财产权的民事责任)、第 134 条(承担民事责任的方式),原《合同法》第 58 条(合同无效或被撤销的法律后果)、第 59 条(恶意串通获取财产的返还)、第 194 条(赠与财产的返还),《民法典》第 53 条(同原《民法通则》第 25 条)、第 157 条(同原《合同法》第 58 条)、第 179 条(原《民法通则》第 134 条)、第 196 条(不适用诉讼时效的情形)、第 432 条(质权人的义务及出质人的权利)、第 665 条(同原《合同法》第 194 条)、第 733 条(租赁物的返还)之中。

虽然原《民法通则》与《民法典》均将“返还财产”列为一种民事责任的承担方式,但“返还财产”并不必然完全与民事责任相对应,例如,原《民法通则》第 25 条[①]与《民法典》第 53 条[②]规定,被撤销死亡宣告的人有权请求根据继承取得财产的民事主体返还财产,这里的返还应当属于民事义务,而非民事责任。

“返还原物”主要规定在原《民法通则》第 25 条(死亡宣告撤销后的法

① 原《民法通则》第 25 条规定:“被撤销死亡宣告的人有权请求返还财产。依照继承法取得他的财产的公民或者组织,应当返还原物;原物不存在的,给予适当补偿。”

② 《民法典》第 53 条规定:“被撤销死亡宣告的人有权请求依照本法第六编取得其财产的民事主体返还财产;无法返还的,应当给予适当补偿。利害关系人隐瞒真实情况,致使他人被宣告死亡而取得其财产的,除应当返还财产外,还应当对由此造成的损失承担赔偿责任。”

律后果),《民法典》物权编部分第227条(动产物权的指示交付)、第235条(返还原物请求权)、第312条(遗失物的所有权归属)、第460条(无权占有人向权利人返还原物及孳息)、第462条(占有保护)之中。

除前文提及的原《民法通则》第25条与《民法典》第53条外,《民法典》第227条[①]规定中的"返还原物",在第三人合法占有动产的情况下,其返还原物仅为履行义务的行为,而非承担违约责任。

由此可见,因"返还"通常意味着对一定法律后果的承担,"返还财产"与"返还原物"往往属于民事责任的承担,但不得不承认的是,在某些情况下,"返还财产"与"返还原物"应当属于民事义务,而非民事责任;"恢复原状"亦同。

2. 采取补救措施

根据最高人民法院的观点,《民法典》第566条中的采取其他补救措施,即请求修理、更换、重作、减价等。[②] 修理、重作、更换,是指交付的标的物不符合约定要求的质量标准,债务人对于该标的物所应承担的修理、更换或者重作的民事责任方式。通常而言,修理、重作、更换并不是侵权行为的民事责任方式,而是违约责任的具体方式,因而不能认为是恢复原状的具体形式。[③] 正因如此,为了明确"恢复原状"与"采取其他补救措施"为不

---

① 《民法典》第227条规定:"动产物权设立和转让前,第三人占有该动产的,负有交付义务的人可以通过转让请求第三人返还原物的权利代替交付。"

② 参见最高人民法院民法典贯彻实施工作领导小组主编:《中华人民共和国民法典合同编理解与适用》(一),人民法院出版社2020年版,第660页。

③ 参见最高人民法院民法典贯彻实施工作领导小组主编:《中华人民共和国民法典总则编理解与适用》(下册),人民法院出版社2020年版,第899页。

可同时适用的关系,《民法典》第566条改用“或者”连接二者,而不再采用原《合同法》第97条的顿号。

最高人民法院在对《民法典》第566条中的“采取其他补救措施”进行解读时,应当是参考了原《民法通则》第134条、《民法典》第179条规定的内容,将其等同第六种民事责任承担方式,即“修理、重作、更换”。

但笔者认为,原《合同法》第97条与《民法典》第566条中的“采取其他补救措施”,应当仅是指修理,而不应当包括重作、更换、减价。

原因在于:依最高人民法院的观点,修理、重作、更换并不是侵权行为的民事责任方式,而是违约责任的具体方式。在各类合同中,买卖合同最典型,合同法中关于买卖合同的规定内容又被称为有名(典型)合同的“小总则”。因此,与原《合同法》总则部分的其他规定一样,合同解除的相关规定也主要是以标的物为有体物的买卖合同作为预设原型。因此,在讨论原《合同法》第97条、《民法典》第566条中“恢复原状”及“采取其他补救措施”的含义与法律性质时,也应以有体物买卖合同作为讨论基础。

重作、更换、减价,应当适用于买卖合同中出卖人交付的标的物质量不符合约定的情形。而在买卖合同解除后返还标的物的场合,标的物多为特定物或经履行而特定化的种类物,若无法返还原物,自然也无重作、更换的可能,减价更无从谈起。即使标的物为种类物,买受人已经将其作其他处分,合同解除后自市场上重新购入而返还给出卖人,也不能解释为补救措施中的重作或更换。

因此,笔者认为,原《合同法》第97条与《民法典》第566条中的"采取其他补救措施",应当仅是指修理或修复,旨在使标的物恢复原状,如修理后仍不能使标的物完全恢复原状,则最终还需要通过损失赔偿予以解决。

除原《合同法》第97条、《民法典》第566条外,"采取补救措施"还出现在原《民法通则》第111条(违约责任的一般规定)、第116条(第三方导致违约的责任承担),原《合同法》第107条(同原《民法通则》第111条)、第112条(履行或采取补救措施后的损失赔偿)、第256条(定作人提供材料及双方义务)、第370条(保管物有瑕疵或需特殊保管时寄存人的义务),《民法典》第577条(同原《民法通则》第111条)、第583条(同原《合同法》第112条)、第775条(同原《合同法》第256条)、第893条(同原《合同法》第370条)、第1038条(个人信息处理者的义务)、第1206条(生产者、销售者的跟踪观察义务)、第1207条(产品责任的惩罚性赔偿),原《侵权责任法》第46条(同《民法典》第1206条)之中。

其中,在原《合同法》第256条[①](《民法典》第775条[②])、第370条[③]

---

① 原《合同法》第256条规定:"定作人提供材料的,定作人应当按照约定提供材料。承揽人对定作人提供的材料,应当及时检验,发现不符合约定时,应当及时通知定作人更换、补齐或者采取其他补救措施。承揽人不得擅自更换定作人提供的材料,不得更换不需要修理的零部件。"

② 《民法典》第775条规定:"定作人提供材料的,应当按照约定提供材料。承揽人对定作人提供的材料应当及时检验,发现不符合约定时,应当及时通知定作人更换、补齐或者采取其他补救措施。承揽人不得擅自更换定作人提供的材料,不得更换不需要修理的零部件。"

③ 原《合同法》第370条规定:"寄存人交付的保管物有瑕疵或者按照保管物的性质需要采取特殊保管措施的,寄存人应当将有关情况告知保管人。寄存人未告知,致使保管物受损失的,保管人不承担损害赔偿责任;保管人因此受损失的,除保管人知道或者应当知道并且未采取补救措施的以外,寄存人应当承担损害赔偿责任。"

(《民法典》第 893 条[①]),《民法典》第 1038 条、[②]第 1206 条[③](原《侵权责任法》第 46 条[④])、第 1207 条之中,[⑤]“采取补救措施”均为民事义务,而非民事责任。

3.“恢复原状”“采取补救措施”在合同解除中的法律性质

在对比考察“返还财产”“返还原物”的法律性质的基础上,结合“恢复原状”“采取补救措施”在相关规定中的表述和作用,及其在合同解除制度中所应当具备的功能,可以看出,只有在合同因根本违约而解除时,原《合同法》第 97 条、《民法典》第 566 条中的“恢复原状”“采取其他补救措施”才属于民事责任。此时,当事人的根本违约行为产生两种法律后果:一是解除合同;二是违约责任的承担。虽然合同解除与违约责任承担之间的联

① 《民法典》第 893 条规定:“寄存人交付的保管物有瑕疵或者根据保管物的性质需要采取特殊保管措施的,寄存人应当将有关情况告知保管人。寄存人未告知,致使保管物受损失的,保管人不承担赔偿责任;保管人因此受损失的,除保管人知道或者应当知道且未采取补救措施外,寄存人应当承担赔偿责任。”

② 《民法典》第 1038 条规定:“信息处理者不得泄露或者篡改其收集、存储的个人信息;未经自然人同意,不得向他人非法提供其个人信息,但是经过加工无法识别特定个人且不能复原的除外。信息处理者应当采取技术措施和其他必要措施,确保其收集、存储的个人信息安全,防止信息泄露、篡改、丢失;发生或者可能发生个人信息泄露、篡改、丢失的,应当及时采取补救措施,按照规定告知自然人并向有关主管部门报告。”

③ 《民法典》第 1206 条规定:“产品投入流通后发现存在缺陷的,生产者、销售者应当及时采取停止销售、警示、召回等补救措施;未及时采取补救措施或者补救措施不力造成损害扩大的,对扩大的损害也应当承担侵权责任。依据前款规定采取召回措施的,生产者、销售者应当负担被侵权人因此支出的必要费用。”

④ 原《侵权责任法》第 46 条规定:“产品投入流通后发现存在缺陷的,生产者、销售者应当及时采取警示、召回等补救措施。未及时采取补救措施或者补救措施不力造成损害的,应当承担侵权责任。”

⑤ 《民法典》第 1207 条规定:“明知产品存在缺陷仍然生产、销售,或者没有依据前条规定采取有效补救措施,造成他人死亡或者健康严重损害的,被侵权人有权请求相应的惩罚性赔偿。”

系并非必然,但在根本违约情形下,将"恢复原状""采取其他补救措施"解读为违约责任的承担,为多数人所接受。

而在合同因不可抗力或当事人协商一致解除时,"恢复原状""采取补救措施"应当属于民事义务。原因在于,原《合同法》第 97 条和《民法典》第 566 条是关于合同解除后果的规定,其适用范围应涵盖合同解除的所有情形,不排除合同因不可抗力导致合同解除或当事人协商一致解除合同的情形,《民法典》第 566 条增加第 2 款规定的内容,即为确证。在不可抗力导致合同解除的情形下,显然不存在违约责任承担的问题;如合同经当事人协商一致予以解除,也可能并不存在违约责任的承担问题。

解除制度的启用,实际上是使既有的债之关系转换为清算关系,借此制度而使当事人既存的关系善始善终(虽非通过清偿)。[①] 合同解除后,"恢复原状""采取其他补救措施"的作用在于结算,与原《合同法》第 98 条及《民法典》第 567 条中规定的结算条款作用相当;而"赔偿损失"的作用在于清理,与清理条款相当。因此,"恢复原状""采取其他补救措施"的使命不在于处理违约,而在于结算,尤其是在合同就解除后的善后处理已有约定时,即使存在违约行为,当事人所实施的"恢复原状""采取其他补救措施"行为,亦可解读为对合同约定义务的履行,而非对民事责任的承担。

同时,"恢复原状""采取其他补救措施"以"或者"连接,与"赔偿损失"并列。从语义上,也可以理解为"恢复原状""采取其他补救措施"属于

① 参见韩世远:《合同法总论》(第 4 版),法律出版社 2018 年版,第 690 页。

合同解除后当事人应当履行的约定或法定义务，该义务是“原履行义务”（为实现合同目的而履行）的一种转化，即在合同目的无法实现，无须继续履行合同义务时，“原履行义务”转化为结算义务；“赔偿损失”则为对违约责任的清算。

此外，从原《合同法》第 97 条、《民法典》第 566 条的语言表述来看，“赔偿损失”是当事人“有权”请求的，体现出责任的强制性特征；而“恢复原状”“采取其他补救措施”是当事人“可以”请求的，体现出允许当事人根据实际情况友好协商的意思，显然与当事人订立合同时就各方义务内容的协商更接近。

综上所述，笔者认为，一般来说，原《合同法》第 97 条、《民法典》第 566 条中的“恢复原状”“采取其他补救措施”，在合同因不可抗力或当事人协商一致解除时，应当认定为民事义务的履行；在根本违约情形下，解读为违约责任的承担，为大多数人所接受。但实际上，即使在根本违约导致合同解除的场合，二者仍可以被视为民事义务。

4. 赔偿损失

在讨论赔偿损失时，首先应当明确赔偿损失的适用前提，即存在违约行为及损害结果，且二者之间存在因果关系。对违约行为的判断相对简单，主要以合同约定以及法律的补充规定作为依据，并结合诚实信用原则，通过证据加以评判。

因果关系问题在民法上的存在价值，大体上体现在两个方面：一是体现在责任的成立与否上，二是体现在责任范围上。针对合同法而言，同样如此。然而,因果关系问题在合同法上的存在意义与其在侵权法上的存在意义,又表现出不同的侧重点。在合同法上,其存在意义更多地反映在责任范围上;而在侵权法上,其存在意义更多地体现在责任的成立上。之所以如此,其一,是因为合同关系是当事人之间特别的结合关系,违约与损害之间的因果关系问题比较简单,也比较直观;而侵权行为人与受害人之间通常并不要求具有这种特别的结合关系,侵权行为人所违反的通常不是当事人之间约定的特别义务,而是一般的社会注意义务。其二,就损害赔偿而言,侵权法上的损害赔偿通常是对固有利益的赔偿,而合同法上的损害赔偿通常是对期待利益的赔偿。如此,在赔偿范围上后者更具复杂多样性。①

因此,就违约损失赔偿问题而言,损失赔偿的范围及其确定标准及规则,是赔偿损失中最重要的问题,也最复杂。本部分讨论的重点也主要集中在这个问题上。

赔偿损失被原《民法通则》及《民法典》明确规定为承担民事责任的方式之一,适用范围比较广泛,既适用于侵权责任,也适用于违约责任。在违约场合,赔偿损失的实质是违约损害赔偿。从性质上看,违约损害赔偿实际上是法律强制违约当事人给受害人一笔金钱,目的在于弥补受害人所遭受的损失。② 以金钱方式弥补受损方所遭受的损害,属于典型的违约责任

---

① 参见韩世远:《合同法总论》(第4版),法律出版社2018年版,第787页。

② 参见王利明:《合同法研究》(第二卷)(第3版),中国人民大学出版社2015年版,第592页。

承担方式。与其他民事责任承担方式相比,赔偿损失具有“兜底性”特点,往往是在其他责任方式不能实现或不能完全实现赔偿目的时,作为最终手段得以适用的。

赔偿损失的范围可由法律直接规定或由当事人双方约定。在法律没有特殊规定和当事人没有另行约定的情况下,应按照完全赔偿原则赔偿全部的损失,包括直接损失和间接损失。直接损失,是指财产上的直接减少;间接损失又称所失利益,是指失去的可以预期取得的利益。对于损失赔偿的范围,《买卖合同司法解释》认为,在我国合同法上,买卖合同当事人之间的利益关系,在交易关系发展的不同阶段,主要会涉及返还利益、信赖利益、固有利益、履行利益以及可得利益等不同的利益类型。[①]

在研究违约损失赔偿的范围时,首先需要对可能涉及的不同利益类型进行界定,明确其含义,进而厘清各类利益之间的关系,最终确定赔偿范围。

(1)利益类型

①固有利益

固有利益的保护与其他利益类型明显不同,故本部分先予以介绍。固有利益,又称维持利益或完全利益,是指债权人享有的不受债务人和其他人侵害的现有财产和人身利益。[②] 固有利益损失的赔偿,主要规定在原

① 参见最高人民法院民法典贯彻实施工作领导小组主编:《中华人民共和国民法典合同编理解与适用》(二),人民法院出版社2020年版,第764页。

② 参见最高人民法院民法典贯彻实施工作领导小组主编:《中华人民共和国民法典合同编理解与适用》(二),人民法院出版社2020年版,第767页。

《合同法》第122条[①]和《民法典》第186条中。[②] 固有利益损失,主要发生在卖方为加害给付情形之中,即卖方提供的标的物存在严重的质量问题,导致买方的人身或原有的财产权益受到损害,这里的财产权益与合同履行没有必然联系,如卖方交付的货物发生自燃导致买方被烧伤,同时使存放货物的仓库被烧毁。

在固有利益受损,尤其是人身利益受损时,为了更好地保护当事人的合法权益,受害方通常选择主张侵权赔偿责任,以获得包括精神损害赔偿在内的更加充分的救济。由于与其他类型的利益之间不存在重合关系,固有利益的赔偿通常只与违约或侵权行为有关,而与其他利益的损失赔偿无关。

需要注意的是,加害给付与瑕疵给付有所不同,加害给付损害的是受害方的固有利益,即原有利益,而瑕疵给付并不会对受害方的固有利益产生损害,其主要损害的是受害方的履行利益以及可得利益。

②信赖利益

信赖利益,是指合同当事人一方因信赖对方会全面履行合同而支付的代价或成本,依据最高人民法院的观点,信赖利益包括两种类型:第一种是

---

① 原《合同法》第122条规定:"因当事人一方的违约行为,侵害对方人身、财产权益的,受损害方有权选择依照本法要求其承担违约责任或者依照其他法律要求其承担侵权责任。"

② 《民法典》第186条规定:"因当事人一方的违约行为,损害对方人身权益、财产权益的,受损害方有权选择请求其承担违约责任或者侵权责任。"

原《合同法》第42条[①]和《民法典》第500条[②]规定的“缔约过失责任”所涉及的信赖利益，赔偿范围通常包括缔约费用和准备履行所支出的费用；第二种就是原《合同法》第113条[③]和《民法典》第584条[④]“违约所造成的损失”中，排除“合同履行后可以获得的利益”相对应的损失。[⑤]

信赖利益损害，是指当事人一方因信赖对方会全面履行合同而遭受的损害，主要体现为支出的成本或付出的代价无法获得补偿。信赖利益损失是基于对未来合同履行的信赖而发生的现有损失。

因信赖对方会全面履行合同，当事人一方必须支出必要成本，付出一定的代价，在订立合同阶段，通常会产生缔约费用，如差旅费，同时也可能会发生准备履行的费用，如买方为接收货物而租赁仓库；在合同履行阶段，最主要的体现即为履行合同义务所产生的费用，如卖方为生产货物而花费

---

① 原《合同法》第42条规定：“当事人在订立合同过程中有下列情形之一，给对方造成损失的，应当承担损害赔偿责任：（一）假借订立合同，恶意进行磋商；（二）故意隐瞒与订立合同有关的重要事实或者提供虚假情况；（三）有其他违背诚实信用原则的行为。”

② 《民法典》第500条规定：“当事人在订立合同过程中有下列情形之一，造成对方损失的，应当承担赔偿责任：（一）假借订立合同，恶意进行磋商；（二）故意隐瞒与订立合同有关的重要事实或者提供虚假情况；（三）有其他违背诚信原则的行为。”

③ 原《合同法》第113条规定：“当事人一方不履行合同义务或者履行合同义务不符合约定，给对方造成损失的，损失赔偿额应当相当于因违约所造成的损失，包括合同履行后可以获得的利益，但不得超过违反合同一方订立合同时预见到或者应当预见到的因违反合同可能造成的损失。经营者对消费者提供商品或者服务有欺诈行为的，依照《中华人民共和国消费者权益保护法》的规定承担损害赔偿责任。”

④ 《民法典》第584条规定：“当事人一方不履行合同义务或者履行合同义务不符合约定，造成对方损失的，损失赔偿额应当相当于因违约所造成的损失，包括合同履行后可以获得的利益；但是，不得超过违约一方订立合同时预见到或者应当预见到的因违约可能造成的损失。”

⑤ 参见最高人民法院民法典贯彻实施工作领导小组主编：《中华人民共和国民法典合同编理解与适用》（二），人民法院出版社2020年版，第765页。

的原材料采购费用。

这两类费用的性质并无根本差异,产生的基础相同都是基于对对方全面履行合同的信赖,因缔约阶段成本的支出的目的不仅在于促使合同订立,更在于合同的完全履行,二者均可以视为当事人为完成交易所支出的成本;在合同得以完全履行的情况下,也都将通过履行利益的实现而得以实现。由于所处阶段不同,在合同处于不同状态时,受害方可以主张赔偿的范围以及法律依据有所不同,即如合同不成立、无效或被撤销,受害方应依据原《合同法》第42条、《民法典》第500条主张缔约过失责任,要求赔偿缔约阶段信赖利益的损失。理论通说认为,缔约过失责任属于侵权责任;如合同已经成立并生效,受害方不仅在订立合同阶段支出了缔约费用、准备履行的费用,而且在合同生效后已经为履行合同支付了履行费用,而对方违约导致其履行利益未得实现,则两部分信赖利益均可以主张赔偿。

③履行利益

履行利益,又称积极利益或积极的合同利益,是基于债务人的履行行为债权人直接获得的利益。[①] 履行利益,应是指在合同如约履行条件下,债权人所获得的全部对待给付。就买卖合同而言,卖方的履行利益为取得买方如期支付的全部价款;买方的履行利益为取得卖方按期交付的符合合同约定(数量、质量等)的标的物。

广义的履行利益,不仅包括当事人所获得的对方所为的全部对待给

① 参见最高人民法院民法典贯彻实施工作领导小组主编:《中华人民共和国民法典合同编理解与适用》(二),人民法院出版社2020年版,第767～768页。

付,还包括合同完全履行后可以获得的利益(可得利益)。鉴于全部对待给付与可得利益的内容与范围并不相同,为便于表述,此处所述履行利益,仅是指狭义上的履行利益,即债权人所获得的全部对待给付。

对比信赖利益系当事人完成交易所支出的成本,履行利益相当于当事人完成交易所取得的全部收入。通常而言,履行利益(收入)应大于信赖利益(成本)(但也会存有特例,与整体商业安排有关)。因此,在履行利益得以实现的情况下,信赖利益便被履行利益所吸收,二者通常不得同时主张,否则会导致信赖利益的重复计算。

④可得利益

可得利益,是指合同在适当履行以后可以实现和取得的财产利益。[①]可得利益仅限于未来可以得到的利益,不包括履行本身获得的利益,而主要是指获取利润所对应的利益。[②] 它不包括履行本身所获得的利益,即主要是指利润而不包括交付货物和支付货款本身。[③]

如上所述,通说认为,狭义的履行利益与可得利益并不相同,二者共同构成期待利益,即原《合同法》第 113 条及《民法典》第 584 条规定中的"合同履行后可以获得的利益"。

针对可得利益的主要表现形式,最高人民法院在《关于当前形势下审

① 参见王利明:《合同法研究》(第二卷)(第 3 版),中国人民大学出版社 2015 年版,第 637 页。

② 参见最高人民法院民法典贯彻实施工作领导小组主编:《中华人民共和国民法典合同编理解与适用》(二),人民法院出版社 2020 年版,第 769 页。

③ 参见王利明:《合同法研究》(第二卷)(第 3 版),中国人民大学出版社 2015 年版,第 620 页。

理民商事合同纠纷案件若干问题的指导意见》(法发〔2009〕40 号,以下简称《指导意见》)第 9 条[①]中进行了列举,即生产利润损失、经营利润损失和转售利润损失。因提供货物或服务的一方(卖方)违约,导致买方不能取得标的物或服务进而无法实现其营利目的,可得利益损失随之产生。

由此可见,可得利益损失并非存在于所有合同之中,在普通生活消费品买卖合同中,买受人购买消费品是用于个人消费,不会用于生产、经营或转售。因此,可得利益损失仅存在于买受人取得标的物或服务用于商业目的(营利)的场合。

⑤返还利益

关于返还利益,最高人民法院并未给出定义,只是从适用场景角度总结了两种类型:一种是合同无效、被撤销或确定不发生效力后的财产返还;另一种则是合同解除后的财产返还。[②] 笔者认为,返还利益本身,并不属于一种单独的利益类型,而是其他利益在特定条件下的转化,必须通过实际考察合同的状态及履行的情况,才能厘清其与其他利益之间的关系。

就卖方而言,如合同得以完全履行,则其可以取得的好处是:履行利益(价款)与信赖利益(成本)之差,即利润;就买方而言,如合同得以完全履

① 《指导意见》第 9 条规定:"在当前市场主体违约情形比较突出的情况下,违约行为通常导致可得利益损失。根据交易的性质、合同的目的等因素,可得利益损失主要分为生产利润损失、经营利润损失和转售利润损失等类型。生产设备和原材料等买卖合同违约中,因出卖人违约而造成买受人的可得利益损失通常属于生产利润损失。承包经营、租赁经营合同以及提供服务或劳务的合同中,因一方违约造成的可得利益损失通常属于经营利润损失。先后系列买卖合同中,因原合同出卖方违约而造成其后的转售合同出售方的可得利益损失通常属于转售利润损失。"

② 参见最高人民法院民法典贯彻实施工作领导小组主编:《中华人民共和国民法典合同编理解与适用》(二),人民法院出版社 2020 年版,第 764 页。

行，其所取得的好处体现为可得利益，即生产利润、经营利润或转售利润。

在买方违约时，如合同仍有继续履行之可能且履行合同对卖方更有利，卖方可以要求买方继续履行合同并主张全部价款，以实现取得利润之目的；在合同无法继续履行（合同目的不能实现）时，卖方可以选择解除合同，从而恢复到合同签订之前的状态，还可以要求买方承担损失赔偿责任。

在卖方选择继续履行的情况下，卖方主张的是履行利益，追求的是利润［履行利益（价款）与信赖利益（成本）之差］，自然不存在信赖利益的返还问题；而在卖方要求解除合同的情况下，卖方取回标的物（信赖利益的物化形式，包括缔约成本与履约成本），即属于信赖利益的返还，此时涉及返还利益。同时，买方还应当赔偿卖方利润损失。此外，为实现全面赔偿，如标的物价值出现贬损，也应当予以赔偿，这种赔偿与对利润的赔偿有所不同，是对返还利益中不足以弥补信赖利益损失部分的赔偿。卖方利润损失与标的物贬值损失，并未被买方所取得。因此，该两个部分损失虽然应当由买方予以赔偿，但与返还利益无关。

在卖方违约时，同样地，在合同仍可以继续履行时，买方可以要求继续履行，从而实现合同目的，不发生利益的返还；而在合同解除条件已经满足且买方主张解除合同时，如卖方已经实际交付了标的物，买方有权取回已经支付的货款（信赖利益中的履行成本），即应属于信赖利益的返还。此外，卖方还应当赔偿买方因接收和保管标的物所产生的费用（信赖利益中的履行成本）；同时，在合同解除条件下，为了实现恢复到合同订立之前的状态，合同订立阶段买方所支出的缔约费用及准备履行的费用（信赖利益中的缔约成本)也应当由卖方予以赔偿。同理,后面两个部分的费用由买方付给其他第三方,并未为卖方所获取,虽然卖方需要赔偿,但与返还利益无关。

笔者认为,返还利益与其他利益并非同一层次的概念,其主要出现在合同无效、被撤销或确定不发生效力,以及合同解除的情形之中。返还利益本身不构成一种单独的利益类型,在合同解除制度中,返还利益实际上是信赖利益的转化,即信赖利益的返还。在合同无效、被撤销或确定不发生效力的情况下,如双方已经实际履行部分或全部的合同义务,返还利益则表现为信赖利益或履行利益的返还。

(2)赔偿损失的规则及其适用范围

为避免商业风险的不当转移,促进交易,损失赔偿被限定在一定范围内。确定赔偿范围时,需要遵循可预见性规则、减损规则、过失相抵规则及损益相抵规则。

原《合同法》首先规定了可预见性规则、减损规则;《买卖合同司法解释》补充规定了过失相抵规则、损益相抵规则。目前,《民法典》明确规定了可预见性规则、减损规则、过失相抵规则,而损益相抵规则仍规定在《买卖合同司法解释》中。

①可预见规则

可预见规则,主要规定在原《合同法》第 113 条第 1 款、《民法典》第 584 条中,是指违约损失赔偿额,以违约一方订立合同时预见到或者应当预见到的因违约可能造成的损失为限,超过部分不予赔偿。

在适用可预见规则时需要注意,可预见性的判断主体是“违约一方”,判断的时点标准为“订立合同时”,损失赔偿的范围为该违约方在订立合同时“实际预见到”或“应当预见到”的损失。

预见时点的规范意义在于,违约方在时点之后所知道或应当知道的情况,不能作为判断其可预见范围的因素。在违约损害赔偿中以订立合同时为基准,系推定违约方会承接其可预见的责任风险,或者内化为合同对价,或者采取投保等防范措施,体现了对意思自治的尊重和对价均衡的维护。①

“实际预见到”与“应当预见到”之间,不是简单的选择关系,“应当预见到”强调的是理性第三人标准,既是通常标准,在绝大多数案件中也应当作为最低标准;“实际预见到”主要涉及事实问题,重点考察的是,个案中的违约方对其违约可能造成损失的实际预见情况,一方面与守约方披露的交易背景及合同目的情况有关,另一方面也与违约方本身的预见能力有关。

在具体案件中,首先应当就违约方“实际预见到”的情况进行判断,但事实上很难做到,除非对方在合同签订时已明确告知违约方将来可能出现的损失,因为预见本身就是一种主观认识,难以为外人所知晓,确定时还要回溯到订立合同之时,使判断更加困难。因此,在绝大部分案件中,裁判者只能采取“应当预见到”的判断标准,结合守约方披露的交易背景及合同目的情况,以及违约方的身份、职业等个人因素,考察违约方的预见能力,

① 参见姚明斌:《〈合同法〉第 113 条第 1 款(违约损害的赔偿范围)评注》,载《法学家》2020 年第 3 期。

如果违约方的预见能力高于理性第三人,则应当以该违约方的预见能力作为确定赔偿范围的标准;如违约方的预见能力等于或低于理性第三人,则应当以理性第三人的预见能力作为确定赔偿范围的标准,即“就高不就低”。

最后,关于损失预见的程度,笔者认为,不仅应当考虑违约方可以预见的损害类型,还应当考虑损害的范围及程度。唯有如此,才能真正实现交易风险的合理分配以及当事人利益的平衡。

②减损规则

减损规则,主要规定在原《合同法》第 119 条、《民法典》第 591 条、《买卖合同司法解释》第 22 条中。

减损规则有的亦称为“减损义务”,属于“不真正义务”,相对人通常不得请求履行,而其违反一般认为不发生强制执行或赔偿损失之后果,而只是发生义务人权利或利益的减损或丧失。[①]

减损规则的具体含义是,当事人一方违约后,对方应当采取适当措施防止损失的扩大;没有采取适当措施致使损失扩大的,不得就扩大的损失请求赔偿。当事人因防止损失扩大而支出的合理费用由违约方负担。

③过失相抵规则

过失相抵规则,主要规定在《民法典》第 592 条第 2 款[②]和《买卖合同

---

① 参见韩世远:《合同法总论》(第 4 版),法律出版社 2018 年版,第 809 页。

② 《民法典》第 592 条第 2 款规定:“当事人一方违约造成对方损失,对方对损失的发生有过错的,可以减少相应的损失赔偿额。”

司法解释》第 22 条［原《买卖合同司法解释》（法释〔2012〕8 号）第 30 条］中。

过失相抵，又称“与有过失”，是指赔偿权利人就损害的发生有过失时，裁判者可以减少赔偿金额或者免除赔偿责任。该规则是公平原则及诚信原则的具体化。①

过失相抵与双方违约并不相同。双方违约主要规定在原《合同法》第 120 条②和《民法典》第 592 条第 1 款中。③ 在与有过失场合，通常仅发生一个损害，唯对其发生，被害人与有过失或者与有原因。在双方违约场合，合同双方当事人彼此违反了各自的债务，并可能相互造成损害，因而就存在两个违约行为，且由此发生了两项损害。④

需要说明的是，减损规则与过失相抵规则存在一定的相似性，即受害方有过错，且具有可归责性。二者的区别在于，减损规则适用的前提是损失已经不可避免地发生，受害方负有防止损失进一步“扩大”的义务；而过失相抵规则针对的是损失的“发生”，即所谓的多因一果，受害方的过错是损失“发生”的原因之一。厘清二者适用条件的差异，才能避免混淆。

④损益相抵规则

损益相抵规则，主要规定在《买卖合同司法解释》第 23 条［原《买卖合同司法解释》（法释〔2012〕8 号）第 31 条］中。

---

① 参见韩世远：《合同法总论》（第 4 版），法律出版社 2018 年版，第 797 页。
② 原《合同法》第 120 条规定：“当事人双方都违反合同的，应当各自承担相应的责任。”
③ 《民法典》第 592 条第 1 款规定：“当事人都违反合同的，应当各自承担相应的责任。”
④ 参见韩世远：《合同法总论》（第 4 版），法律出版社 2018 年版，第 808 页。

损益相抵,又称损益同销,是指赔偿权利人基于损害发生的同一赔偿原因获得利益时,应将所获利益从所受损害中扣除以确定损害赔偿范围的规则。①

从法律上看,合同的解除不应超出合同解除效力所应达到的范围。在确定履行利益的赔偿范围时,也应当考虑合同解除的因素,即应适用损益相抵规则,凡是因合同解除而没有支出的费用等可以扣除。②

在实际案件中,需要特别关注的一个问题是,在计算可得利益时,还需要扣除守约方为取得可得利益而在未来需要支付的成本,否则将构成重复计算。为此,最高人民法院在《指导意见》第10条③予以特别明确,在遵从可预见性规则、减损规则、过失相抵规则及损益相抵规则的基础上,扣除"必要的交易成本"。

笔者认为,扣除"必要的交易成本"实际上仍是损益相抵规则的具体适用。如合同得以完全履行,守约方欲获取利益,则需要支出"必要的交易成本";但在合同因违约而未能完全履行,甚至已经被解除的情况下,全部或部分"必要的交易成本"将不会支出,从而构成了守约方的获益。因此,在计算和认定利益损失时,应当根据实际情况予以扣除。

---

① 参见韩世远:《合同法总论》(第4版),法律出版社2018年版,第814页。

② 参见王利明:《合同法研究》(第二卷)(第3版),中国人民大学出版社2015年版,第367页。

③ 《指导意见》第10条规定:"人民法院在计算和认定可得利益损失时,应当综合运用可预见规则、减损规则、损益相抵规则以及过失相抵规则等,从非违约方主张的可得利益赔偿总额中扣除违约方不可预见的损失、非违约方不当扩大的损失、非违约方因违约获得的利益、非违约方亦有过失所造成的损失以及必要的交易成本。"

虽然法律就赔偿损失规定了上述限制性规则，但并未改变完全赔偿原则，最终仍是要实现对守约方的全面赔偿，使其处于假定违约行为未发生而合同得以顺利履行的状态。

(3)赔偿损失规则的适用范围

关于损失赔偿的可预见性规则、减损规则、过失相抵规则及损益相抵规则的具体内容，民法学者的著述颇多。但是对于该等规则的适用范围，即某类利益受损时，上述4项规则均应当适用，还是适用某一或某几个规则，讨论稍显不足。

合同存在典型合同(有名合同)、非典型合同(无名合同)之分，二者又各有不同的类型，社会生活丰富多样，合同形态呈现纷繁复杂的特点。而在《民法典》未设置独立债编的情况下，合同编的通则部分实际上起到了债编总则的作用，无因管理、不当得利在《民法典》体系中都被归入"准合同"，侵权责任中没有规定的，也可以参照合同编通则的有关规定予以适用。①

买卖合同又是双务有偿合同的典型，法律对其他有偿合同没有规定的，可以参照买卖合同的有关规定。② 因此，本部分此处仍以买卖合同作为样本，关于其他双务有偿合同损失赔偿规则的适用范围，也可以参照适用，不再赘述。

---

① 《民法典》第468条规定："非因合同产生的债权债务关系，适用有关该债权债务关系的法律规定；没有规定的，适用本编通则的有关规定，但是根据其性质不能适用的除外。"

② 《民法典》第646条规定："法律对其他有偿合同有规定的，依照其规定；没有规定的，参照适用买卖合同的有关规定。"

①可预见性规则的适用范围

可预见性规则的适用范围,是否仅及于可得利益,曾经存在争议,直至《民法典》正式颁布,似乎才有了定论。

原《合同法》第113条第1款主文部分规定了违约损害的完全赔偿原则,但书部分则体现了可预见性规则。但书与主文以逗号连接,在理解上引发了争论,即可预见性规则仅适用于可得利益的损失,还是及于各类利益在内的全部损失?

原《买卖合同司法解释》(法释〔2012〕8号)第29条[①]规定的内容,似乎在强调包括可预见性规则在内的4项规则,只适用于可得利益损失的赔偿;而《指导意见》第10条,同样也在提示"人民法院在计算和认定可得利益损失时",应当综合运用包括可预见性规则在内的4项规则。

由于前述司法解释在表述时均强调"可得利益",也在一定程度上影响了最高人民法院及部分学者对相关问题的观点,虽然未明确适用范围仅限于可得利益,但多将可预见性等规则的适用问题放在"可得利益"内容之中,[②]似有将该等规则的适用范围限定在可得利益损失赔偿之嫌,引发了一定的误解和争论。

为了解决这个问题,《民法典》第584条将正文与但书之间的逗号改为

---

① 原《买卖合同司法解释》第29条规定:"买卖合同当事人一方违约造成对方损失,对方主张赔偿可得利益损失的,人民法院应当根据当事人的主张,依据合同法第一百一十三条、第一百一十九条、本解释第三十条、第三十一条等规定进行认定。"

② 参见最高人民法院民法典贯彻实施工作领导小组主编:《中华人民共和国民法典合同编理解与适用》(二),人民法院出版社2020年版,第773页;王利明:《合同法研究》(第二卷)(第3版),中国人民大学出版社2015年版,第644～645页。

分号；此后，作为《民法典》第 584 条修改的呼应，《买卖合同司法解释》第 22 条[①]在原《买卖合同司法解释》（法释〔2012〕8 号）第 29 条内容的基础上，增加了“人民法院在确定违约责任范围时”。至此，包括可预见性规则在内的损失赔偿的 4 项规则，适用范围为违约损失赔偿，而非仅适用于可得利益损失，应无异议。

现在看来，原有规定中特意提及可得利益，很可能是因为在具体案件中，可得利益认定的难度最大、争议最大，有必要予以特殊说明，而并无将其他利益损害赔偿排除在外之意。

②损失赔偿 4 项规则在买卖合同解除场合中的具体适用范围

虽然损失赔偿的 4 项规则原则上可以适用于各类型利益的损失赔偿，但是应当注意的是，除双方协商一致解除外，合同目的不能实现是合同解除的根本条件；除不可抗力导致合同目的不能实现外，合同一方的根本违约才是绝大多数合同解除的直接原因。虽然双方都出现根本违约的情形也客观存在，但实际上，由于合同通常会约定双方履行义务的先后顺序及履行条件，在一方出现根本违约的情况下，另一方不履行合同主要债务，通常是行使抗辩权的行为，不再被认定为违约行为，也无须承担相应的违约责任。

因此，在合同因买方或卖方根本违约而导致解除的不同情况下，各类

① 《买卖合同司法解释》第 22 条规定：“买卖合同当事人一方违约造成对方损失，对方主张赔偿可得利益损失的，人民法院在确定违约责任范围时，应当根据当事人的主张，依据民法典第五百八十四条、第五百九十一条、第五百九十二条、本解释第二十三条等规定进行认定。”

型利益与损害赔偿规则之间的关系,有必要予以梳理和汇总,在实现规则运用的具体化、提高可操作性的同时,也会尽可能避免出现裁判逻辑结果与损失赔偿规则制度目的发生冲突的情形。

基于对各类型利益及其相互之间关系的认识,笔者认为:

可预见性规则、减损规则主要适用于可得利益损失的赔偿。可得利益损失系买方所遭受的利润(生产利润、经营利润、转售利润)损失,应当由卖方予以赔偿,在确定具体的赔偿范围时,应当考虑合同订立时卖方预见到或应当预见到因其违约而给买方造成的损失;同时,在可得利益损失发生时,买方也负有减损义务,如在标的物可以从他人处另行购买的情况下,买方应当及时购买,以避免扩大损失。

可预见性规则通常不适用于信赖利益损失、履行利益损失的赔偿。如前文所述,信赖利益体现为签订和履行合同的成本,履行利益体现为对方的全部对待给付(价款/收入),履行利益通常可以覆盖和吸收信赖利益,信赖利益损失、履行利益损失属于卖方损失,买方在合同最终得以订立时,就已经知晓其应当就购买标的物所需要支付的对价,只是由于卖方通常不会披露其所负担成本的准确数额,买方对此并不知晓,但成本应不高于对价,属于基本常识。同时,对于信赖利益中的缔约成本,虽然买方未必了解,但与缔约成本一样,由于卖方在决定出售价格时必然要将缔约成本作为总成本的一部分予以纳入,因此,缔约成本和履行成本最终都会体现在标的物价格之中。由此可见,信赖利益损失、履行利益损失一般不存在可预见性规则适用的空间。

与可预见性规则不同,减损规则可以适用于信赖利益的赔偿。在标的物的生产尚未全部完成时,如买方出现根本违约(主要体现为不支付价款),出于诚信原则的要求,在可能的条件下,卖方应当采取必要的措施以避免损失的扩大,如停止对标的物生产的继续投入,从而将已经发生的成本损失控制在合理范围内。

基于同样逻辑,过失相抵规则、损益相抵规则主要适用于信赖利益损失、履行利益损失。买卖双方均享有信赖利益与履行利益,在一方根本违约时,如另一方也存在过错,则应当相应减轻一方的赔偿责任;如因一方违约而使另一方因此而获益(如买方违约而使卖方无须为生产标的物而继续投入),应当在一方的赔偿中予以相应扣除。

对于买方可以主张的可得利益损失,系买方购买标的物用于生产、经营或转售的获益,卖方违约时,应予以赔偿。但是如果买方也存在过错,应当减轻卖方的赔偿责任。需要注意的是,在此种情形下买方的过错通常表现为未采取适当的措施导致可得利益损失的扩大,如前文所述,应当适当减损规则,而非过失相抵规则。

损益相抵规则通常不适用于可得利益损失。可得利益损失是因卖方根本违约,导致买方未能取得标的物,故而无法用于生产、经营或转售所遭受的利润损失,买方的可得利益损失就是卖方根本违约所致未来收益的丧失,其无法从卖方的违约行为中取得利益,所以难以适用损益相抵规则。

另外,虽然与其他类型的损失存在明显不同,但是固有利益的损失赔偿同样也应当适用减损规则、过失相抵规则、损益相抵规则。仍以卖方交付的货物自燃导致买方仓库被烧毁为例,首先,买方负有减损义务,应当及时采取措施(如拨打火警电话、移除周边的其他财产等)以防止损失扩大;其次,如买方没有及时对货物进行验收,导致未能及时发现质量问题,或者仓库不符合消防要求或没有配备必要的消防器材,买方也存在过错,应当适用过失相抵规则。此外,仓库如为买方自有,烧毁后无须再支出维护费用,也属损益相抵规则适用的情形。

关于可预见性规则应否适用于固定利益损失赔偿的问题,笔者认为,如财产权益受损,与其他类型利益受损并无本质差异,应当可以适用可预见性规则;如人身权益受损,则不应当适用。原因在于,可预见性规则的制度意义在于,平衡买卖双方的经济利益,将确定对价时无法且不应当预见到的风险排除在赔偿范围之外,体现了对意思自治的尊重和对对价均衡的维护;与财产权益受损的价值为受害方所知、违约方也可能已有所预见不同的是,对于可能造成的人身损害及其程度,不仅违约方无法事先预见,甚至受害方本人亦无预见之可能。更重要的是,生命与健康对人来说最重要,是享有其他一切民事权益的基础。因此,对于违约导致的人身损害赔偿,不应当适用可预见性规则。但是,根据侵权责任法的基本原则,减损规则、过失相抵规则仍然可以适用于人身损害赔偿的损失确定,如受害方对人身损害的产生负有责任,或者未及时就医或有其他令损害扩大的不当行为,也应当适当减轻违约方的赔偿责任。当然,在具体案件中适用减损规则、过失相抵规则时,不应为受害方施加过重的义务,即只有在受害方对人身损害的产生具有明显过错(如危险操作),未及时采取合理措施具有非常明显的不合理性时，才应当予以适用，以实现对人身权的充分保护。

5. “恢复原状”“采取其他补救措施”之间的关系

首先，针对原《合同法》第 97 条中可能引起的不同理解，《民法典》进行了调整，《民法典》第 566 条第 1 款以“或者”连接“恢复原状”与“采取其他补救措施”，使二者的关系更加明确，即“恢复原状”与“采取其他补救措施”的作用虽同为“结算”，但通常不得同时适用，就同一标的物，如无法“恢复原状”，则可“采取其他补救措施”；如可以“恢复原状”，自然无须“采取其他补救措施”。

其次，如前文所述，在学理上，从狭义角度看，合同解除后，“恢复原状”仅是指标的物的返还，但在广义上还应当包括“采取其他补救措施”，即对标的物进行修理或修复。这是由合同解除后所欲实现的法律效果所决定的，与原《合同法》与《民法典》的上述规定并不矛盾。合同解除后，当事人因合同解除前所取得的对方所为的给付，应当予以返还，进而恢复到合同履行前的状态，最理想。但实际生活中，在标的物于交付后已遭受损害的情形中，仅返还标的物无法实现原状的完全恢复，应当允许以修理等方式加以补救。此时，“恢复原状”实际上是返还原物与采取补救措施的结合。因此，广义的“恢复原状”还应当包括“采取其他补救措施”，这也是合同解除应以“全面返还”为原则的具体体现和根本要求。

6. “恢复原状”“采取其他补救措施”与“赔偿损失”之间的关系

合同解除时，只是使合同债务向将来消灭，使双方当事人从将来的债务中解放出来。解除场合的“恢复原状”，只不过单纯的是在本来的给付方面的归还,并没有涵盖履行利益,因而出于对解除人的周全保护,还须确认有履行利益的赔偿(并不限于信赖利益的赔偿)。合同解除场合的损害赔偿,依然是违约损害赔偿,以履行利益(包括合同履行后可以获得的利益)为主,在不发生重复填补问题的前提下,也可以包括其他损害的赔偿(信赖利益、固有利益)。①

一方面,因违约导致的合同解除,非违约方原则上有权请求违约方赔偿其履行利益损失。因为合同解除具有补救非违约方的功能,合同解除使非违约方摆脱了合同关系的束缚,但非违约方因对方当事人违约行为而遭受的损失并没有因合同解除而得到清算,如果否定非违约方请求违约方赔偿其履行利益损失的权利,既不利于对非违约方进行救济,也不利于阻遏恶意违约行为。另一方面,在违约的情况下,已经导致了非违约方的损害,此种损害是客观存在的,需要法律予以救济。只有通过履行利益的赔偿,才能使受害人恢复到如同损害没有发生的状态,以符合完全赔偿原则。②

"恢复原状"与"采取其他补救措施"的作用主要在于"结算",主要涉及信赖利益的返还;"赔偿损失"的作用主要在于"清理",通常只出现在合同因违约而解除的情形下,解决的是责任承担和损害赔偿的问题。在"恢复原状"或者"采取其他补救措施"后,如仍存在其他利益损失,包括但不限于固有利益、履行利益、可得利益等,守约方仍有权要求对方予以赔偿。

---

① 参见韩世远:《合同法总论》(第4版),法律出版社2018年版,第686～687页。

② 参见王利明:《合同法研究》(第二卷)(第3版),中国人民大学出版社2015年版,第367页。

因此,“恢复原状”“采取其他补救措施”与“赔偿损失”彼此并不排斥,在满足特定条件时,可以并存,也可同时主张。

另外,需要明确的是,如前文所述,合同解除后的“采取其他补救措施”主要是对标的物进行修理或修复,“赔偿损失”系以给付金钱的方式弥补他人所遭受的损害。因此,在采取补救措施后,无论实物形态还是价值形态,如标的物仍未能完全恢复至原来状态,对未能恢复的损失部分以金钱方式进行弥补,仍属于赔偿损失。换言之,就合同解除而言,“采取其他补救措施”不应当包括金钱赔偿。

如合同系双方当事人协商一致予以解除的,且当事人就合同解除的善后事宜亦达成了一致意见,只要不违反法律、行政法规的效力性强制性规定及公序良俗,未侵害其他人合法权益,即应当得到尊重,当事人只需按照约定履行即可。

如合同解除系不可抗力所导致的,当事人对合同的解除均无过错且无明显违约行为时,在双方当事人就善后事宜未能协商一致的条件下,当事人提出返还原物的主张,通常应当得到支持;而对于要求对方采取补救措施、赔偿损失的请求,考虑到不可抗力属于客观风险,不具有可归责性,当事人应当承担相应风险,故而通常不予支持。但在各方受损程度明显不平衡时,裁判者可以酌定分担损失,以彰显公平。当然,如买方在保管标的物时违反注意义务及诚实信用原则,导致标的物存在不应有的损害或损害被不当扩大,则应当承担相应的赔偿责任。

五、股权转让合同解除的法律后果

股权转让合同解除后，未履行的部分，不再继续履行，一般不存在争议，不再赘述。

（一）股权转让合同解除后的恢复原状问题

根据原《合同法》第97条、《民法典》第566条的规定，合同解除后，已经履行的，根据履行情况和合同性质，当事人可以请求恢复原状或者采取其他补救措施，并有权请求赔偿损失。

1. 恢复原状的判断依据——履行情况、合同性质

所谓"根据履行情况"，是指根据合同履行部分对合同债权的影响。[①]所谓根据"合同性质"，即区分一时的合同与继续性合同。一时的合同解除，具有恢复原状的可能性，可发生恢复原状义务；继续性合同被解除的，或无恢复原状的可能性，或不宜恢复原状，故通常不产生恢复原状的义务。[②]

一时的合同之典型代表为买卖合同，卖方交付标的物，买方支付价款，在合同解除时，标的物及价款均得请求返还，即恢复原状。继续性合同以租赁合同、服务合同作为典型，标的物一经承租方使用，或者服务一经提供并由对方受领，即无法返还。

---

① 参见最高人民法院民法典贯彻实施工作领导小组主编：《中华人民共和国民法典合同编理解与适用》(一)，人民法院出版社2020年版，第660页。

② 参见韩世远：《合同法总论》(第4版)，法律出版社2018年版，第674页。

2. 股权转让合同属于一时的合同，恢复原状理论上无制度障碍

股权转让合同的交易标的为公司股权，虽然合同履行期限跨度较大，主要是因为股权依附于公司，而就公司的经营情况等对交易存在重大影响因素的判断与评估，无法在较短时间内完成，且交易程序本身较复杂，在重大股权交易中尤其明显。但仅就股权的转让而言，完成于最终交割时，即使在分期交割的情形中，也是如此，对于当期交割的部分股权，亦于交割时完成转让。因此，股权转让合同应当属于一时的合同，在理论上，解除后恢复原状并无制度障碍。但在具体案件中，能否实现股权返还，还要根据具体情况进行分析。

3. 股权转让合同的实际履行情况——判断能否恢复原状的关键

(1) 合同解除与违约责任之间的关系

在实务中，合同解除往往与违约责任相伴。在合同履行过程中，如一方当事人出现根本违约导致合同目的不能实现，另一方可以依据约定或法定解除权主张解除合同，并要求对方承担违约责任。

但是，根据前文对原《民法通则》、[①]原《合同法》及《民法典》中关于民事责任承担方式、合同解除法律效果条款及其内容（典型条款为《民法典》第 566 条第 2 款）的分析，可以看出，二者并非绝对关联。解除处理的是合同的履行问题，其作用在于使当事人从原有的合同义务中解脱出来，在不可抗力导致合同解除的场合，通常也不会产生违约责任；而违约责任主要

① 原《民法通则》第 115 条规定："合同的变更或者解除，不影响当事人要求赔偿损失的权利。"

解决的是损失赔偿问题,只要有违约行为,就会产生违约责任,不以合同解除为前提。

关于二者的关系,最高人民法院也明确表示,合同的解除与违约责任有密切关系,常与恢复原状、赔偿损失等违约责任形式相伴随,但合同解除本身不是违约责任形式,原《合同法》第179条规定的承担民事责任方式,并不包括合同解除。①

当然,违约责任针对的不仅是根本违约,其承担方式也包括继续履行、采取补救措施、赔偿损失3种方式。但是在合同解除的条件下,违约责任的承担方式只能是采取补救措施、赔偿损失。

需要强调的是,原《合同法》第107条②及《民法典》第577条③违约责任承担方式中所规定的"采取补救措施",与原《合同法》第97条、《民法典》第566条合同解除法律后果中规定的"采取其他补救措施",不仅措辞上存有差异,其实际含义也有明显不同。前者所追求的目标应为使合同目的得以实现,是继续履行的替代方式;而后者则是在合同目的已然落空且已为部分履行的情况下,尽可能使当事人恢复到合同履行前的状态,是恢复原状的替代方式。

---

① 参见最高人民法院民法典贯彻实施工作领导小组主编:《中华人民共和国民法典合同编理解与适用》(一),人民法院出版社2020年版,第631页。

② 原《合同法》第107条规定:"当事人一方不履行合同义务或者履行合同义务不符合约定的,应当承担继续履行、采取补救措施或者赔偿损失等违约责任。"

③ 《民法典》第577条规定:"当事人一方不履行合同义务或者履行合同义务不符合约定的,应当承担继续履行、采取补救措施或者赔偿损失等违约责任。"

(2)股权返还可以参照非金钱债务的履行规则

在前文讨论合同解除法律后果中"恢复原状"与"采取其他补救措施"的法律性质时,笔者提出,虽然在根本违约情形下,将"恢复原状""采取其他补救措施"解读为违约责任的承担,为多数人所接受,但是"恢复原状""采取其他补救措施"的使命不在于处理违约,而在于结算,合同解除后,"原履行义务"(为实现合同目的而为履行)发生逆转,进而转化为结算义务,尤其是在合同就解除后的善后处理已有约定时,即使存在违约行为,当事人所实施的"恢复原状""采取其他补救措施"行为,亦可解读为对合同约定义务的履行,而非对民事责任的承担。

股权转让合同解除后的"恢复原状",最主要的内容就是受让方将股权归还给转让方,转让方将所收取的价款返还给受让方。金钱债务不存在不能履行的可能,转让方归还价款自然没有太多讨论的必要,而归还股权显然不属于金钱债务。因此,在考察股权转让合同解除后能否归还股权问题时,可以参考原《合同法》第110条[①]和《民法典》第580条[②]关于非金钱债务的履行规则。

---

① 原《合同法》第110条规定:"当事人一方不履行非金钱债务或者履行非金钱债务不符合约定的,对方可以要求履行,但有下列情形之一的除外:(一)法律上或者事实上不能履行;(二)债务的标的不适于强制履行或者履行费用过高;(三)债权人在合理期限内未要求履行。"

② 《民法典》第580条规定:"当事人一方不履行非金钱债务或者履行非金钱债务不符合约定的,对方可以请求履行,但是有下列情形之一的除外:(一)法律上或者事实上不能履行;(二)债务的标的不适于强制履行或者履行费用过高;(三)债权人在合理期限内未请求履行。有前款规定的除外情形之一,致使不能实现合同目的的,人民法院或者仲裁机构可以根据当事人的请求终止合同权利义务关系,但是不影响违约责任的承担。"

(3)股权无法返还的情形

通过检索公开途径可以获知的仲裁及诉讼案例,股权无法返还的情形主要包括如下几类。

第一种情形——股权已消灭。

股权为特定目标公司的股权,具有特定性,返还自然应当以公司及标的股权仍然存在为前提。如股权交割完成后,公司解散注销,或者公司减资注销标的股权,使标的股权不复存在,则构成非金钱债务在事实上的不能履行。当然,如受让方持有的股权数量超过标的股权,即受让方在受让标的股权之前或之后,通过增资、受让或继承等方式取得了公司其他部分的股权,除非该其他部分股权不得转让,此时股权不具备特定物属性,可以用于返还。

股权消灭的情况在实务中并不多见,不再赘述。

第二种情形——股权已为第三方"善意取得"。

股权虽然没有消灭,但已经由受让方再次转让给第三方,如果第三方为善意,则参照适用物权法中的"善意取得"制度,股权将无法返还,该种情形属于非金钱债务在法律上不能履行。

善意取得制度主要规定在原《物权法》第106条①和《民法典》第311

---

① 原《物权法》第106条规定:"无处分权人将不动产或者动产转让给受让人的,所有权人有权追回;除法律另有规定外,符合下列情形的,受让人取得该不动产或者动产的所有权:(一)受让人受让该不动产或者动产时是善意的;(二)以合理的价格转让;(三)转让的不动产或者动产依照法律规定应当登记的已经登记,不需要登记的已经交付给受让人。受让人依照前款规定取得不动产或者动产的所有权的,原所有权人有权向无处分权人请求赔偿损失。当事人善意取得其他物权的,参照前两款规定。"

条中。[①] 根据善意取得制度，如第三方已经向受让方支付了合理对价，取得了出资证明书，记载于公司章程和股东名册，并办理了股权变更登记，且没有证据表明其知晓转让方与受让方之前的纠纷，其即可确定地取得标的股权。

在仲裁实务中，已经不乏这种案例，如北仲/北京国际仲裁中心受理的“申请人史某与被申请人张某关于股权转让合同的仲裁争议案”。[②] 在该案中，被申请人在申请人签发解除通知前，已将标的股权转让给案外第三人北京 Q 科技有限公司，并已经完成了工商变更登记，在没有证据证明案外第三人具有损害申请人利益的情况下，仲裁庭没有支持申请人提出的请求转回标的股权的仲裁请求。

当然，如第三方不构成善意，甚至与受让方之间存在恶意串通，以使转让方无法取得应返还的股权为目的，则转让方可以依据原《合同法》第 52 条、《民法典》第 154 条主张，受让方与第三人之间的股权转让行为无效，进而要求返还标的股权。如不存在恶意串通，而是受让方将股权无偿赠与第三方，或不合理的低价将标的股权转让给第三方，转让方一般难以行使债权人的撤销权（法律依据为原《合同法》第 74 条，《合同法司法解释（二）》第 18 条，《民法典》第 538 条、第 539 条），因为撤销权的行使前提为对债权

---

① 《民法典》第 311 条规定：“无处分权人将不动产或者动产转让给受让人的，所有权人有权追回；除法律另有规定外，符合下列情形的，受让人取得该不动产或者动产的所有权：（一）受让人受让该不动产或者动产时是善意；（二）以合理的价格转让；（三）转让的不动产或者动产依照法律规定应当登记的已经登记，不需要登记的已经交付给受让人。受让人依据前款规定取得不动产或者动产的所有权的，原所有权人有权向无处分权人请求损害赔偿。当事人善意取得其他物权的，参照适用前两款规定。”

② 参见北京仲裁委员会、国际仲裁中心编：《股权转让案例精读》，商务印书馆 2017 年版，第 590 ~ 622 页。

人造成损害,主要表现为债权无法实现,而这里的债权应是指金钱债权,造成损失的情形是指债务人故意减少自己所有的作为清偿债务的一般财产,使其偿债能力显著下降,最终导致债权人的金钱债权无法实现,与转让方要求受让方返还标的股权存在明显不同。

此外,股权代持比较多见。因此,在实务中可能存在这样一种情况,即受让方在取得标的股权后,将其转让给第三方,但出于某种考虑(如第三方不愿意显名或不具备股东资格),股权仍然登记在受让方名下,受让方与第三方之间构成股权代持,受让方为名义股东,第三方为实际出资人。在股权转让合同解除后,转让方能否要求受让方返还标的股权?笔者认为,根据《公司法司法解释(三)》第24条、第25条、第26条规定的精神与原则,名义股东(受让方)与实际出资人(第三方)之间关于股权代持的约定,只能在二者之间产生约束力,不能对抗其他相对方,在标的股权仍登记在受让方名下的情况下,裁判者可以据此裁决受让方返还股权,至于作为实际出资人的第三方因此所遭受的损失,其可依据股权代持合同向受让方另行主张违约责任并予以赔偿。

第三种情形——受让人对股权的处分权受限。

原《物权法》和《民法典》均规定,股权可以出质。根据原《物权法》第226条[①]

① 原《物权法》第226条规定:"以基金份额、股权出质的,当事人应当订立书面合同。以基金份额、证券登记结算机构登记的股权出质的,质权自证券登记结算机构办理出质登记时设立;以其他股权出质的,质权自工商行政管理部门办理出质登记时设立。基金份额、股权出质后,不得转让,但经出质人与质权人协商同意的除外。出质人转让基金份额、股权所得的价款,应向质权人提前清偿债务或者提存。"

和《民法典》第443条[①]的规定，未经出质人与质权人协商同意，已经设置质权的股权不得转让。因此，受让方取得标的股权后，若为自己或他人债务提供担保而在其上设置质权，且办理完毕出质登记，即使股权转让合同被解除，转让方也无法要求返还，除非受让方(出质人)与质权人都同意转让。这种可能性非常小。

因其他纠纷，受让方的其他债权人可能申请法院冻结受让方所持有的标的股权，这种冻结既可能出现在财产保全阶段，也可能发生在执行阶段。一旦法院已经就冻结措施作出民事裁定并送达当事人及公司登记机关，在冻结被解除之前，包括转让方、受让方在内的任何主体，以及公司登记机关，均无权处分该部分股权。

质押、冻结导致股权无法返还，属于非金钱债务，在法律上不能履行。

第四种情形——股东资格恢复未能通过政府审批。

在某些特殊情形中，公司股东身份的取得，除履行公司内部程序外，还需要通过行政主管机构的审批，否则无法成为公司股东。此时，股东资格的重新取得，不再仅仅是双方之间可以处分的问题，往往会涉及公共利益，需要政府予以干预。

典型案例有“明达意航企业集团有限公司(以下简称明达意航公司)、抚顺银行股份有限公司(以下简称抚顺银行)股东名册记载纠纷案”，[②]目

---

① 《民法典》第443条规定：“以基金份额、股权出质的，质权自办理出质登记时设立。基金份额、股权出质后，不得转让，但是出质人与质权人协商同意的除外。出质人转让基金份额、股权所得的价款，应当向质权人提前清偿债务或者提存。”

② 参见最高人民法院民事判决书，(2020)最高法民终642号。

标公司为抚顺银行,股权转让合同书已被生效判决确认解除,股权转让方明达意航企业主张其为抚顺银行的股东,并要求办理股东名册、章程等变更登记。

最高人民法院认为,虽然股权转让合同书已经解除,但明达意航公司并不能自然地恢复股东资格,而需要通过重新办理股权变更程序才能再次成为抚顺银行的股东。《商业银行法》第 24 条第 1 款第 5 项关于"商业银行有下列变更事项之一的,应当经国务院银行业监督管理机构批准……(五)变更持有资本总额或者股份总额百分之五以上的股东"的规定,案涉股权占比逾 7%,明达意航公司在股权转让合同解除后,要重新成为抚顺银行的股东,除应履行公司内部的股东变更程序外,还须经银行业监督管理机构审查批准。《商业银行股权管理暂行办法》第 5 条规定:"商业银行股东应当具有良好的社会声誉、诚信记录、纳税记录和财务状况,符合法律法规规定和监管要求。"明达意航公司现已进入破产清算程序,显然不符合前述规定要求的成为商业银行股东的条件,辽宁银保监局亦在向法院回函中明确指出,明达意航公司不符合《中国银保监会中资商业银行行政许可事项实施办法》关于股东资格的相关规定。故,明达意航公司主张其为抚顺银行股东并要求变更登记的请求,缺乏事实基础和法律依据,最高人民法院不予支持。

因未能通过政府审批而导致的股权无法返还,亦属非金钱债务在法律上的不能履行。

第五种情形——有限责任公司其他股东不同意股权返还。

有限责任公司具有人合性特点,集中体现在《公司法》第71条[①]股权对外转让的规定之中。有限责任公司股东在将其持有的股权全部转让后,如股权转让合同被解除,通常而言,若无其他特殊情况或障碍,受让方归还股权,从而使转让方重新成为公司股东,不会影响有限责任公司的人合性,毕竟转让方之前也是公司股东。但是,从股权变动的过程来看,在股权转让合同解除前,受让方已经成为公司股东,甚至实际参与了公司的经营管理,而转让方已经不再拥有公司的股东资格,股权的返还在客观上产生了"股东以外的人"进入公司的效果。如此一来,考虑公司其他股东的意见,具有一定的合理性。

与有限责任公司股东享有优先购买权不同,这种情况缺少明确具体的法律依据,因此,在实践中这种案例比较少见,典型案例为"吴某华与陈某宏股权转让纠纷上诉案"。[②] 法院认为,恢复原状是合同解除的一种法定后果,是合同履行的一种逆向回归,但需要在法律上或客观上能够恢复原状为前提。股权转让合同解除,涉及股权受让人将股权恢复变更至股权出让人名下,虽然此种股权变动并非基于法律行为的股权变动,但同样涉及

---

① 《公司法》第71条规定:"有限责任公司的股东之间可以相互转让其全部或者部分股权。股东向股东以外的人转让股权,应当经其他股东过半数同意。股东应就其股权转让事项书面通知其他股东征求同意,其他股东自接到书面通知之日起满三十日未答复的,视为同意转让。其他股东半数以上不同意转让的,不同意的股东应当购买该转让的股权;不购买的,视为同意转让。经股东同意转让的股权,在同等条件下,其他股东有优先购买权。两个以上股东主张行使优先购买权的,协商确定各自的购买比例;协商不成的,按照转让时各自的出资比例行使优先购买权。公司章程对股权转让另有规定的,从其规定。"

② 参见北京市第一中级人民法院民事判决书,(2014)一中民终字第04528号。

有限责任公司的人合性问题。在有限责任公司其他股东不同意股权出让人恢复股东身份时,股权出让人无权请求恢复原状,而只能选择其他救济方式。在该案中,天职工程公司的股东作出股东会决议,均不同意吴某华重新成为股东,同时结合其他因素,法院驳回了吴某华要求恢复原状的请求。

应当看到,这种处理方式似乎也存在过分解读有限责任公司人合性和过分保护其他股东之嫌,因股权变更已经完成,其他股东应当知晓股权转让合同签订的事实,尤其在受让方为外部投资人时,股权转让时应已就优先购买权的行使问题征求了其他股东的意见,甚至公司已就股权转让作出股东会决议(虽非必需,但在现实中作出股东会决议的现象非常普遍);同时,合同解除并不罕见,也并非其他股东完全不能预见的情形,尤其是在因买受方根本违约导致合同解除的场合,以公司其他股东不同意恢复转让方股东身份为由而否定股权返还,依据稍显不足。若因转让方违约导致合同解除,且其他股东不同意转让方重新成为公司股东,为减少公司未来经营中可能出现的矛盾甚至僵局,作出此等判断,情有可原。由于案例较少,此类情形在未来值得关注,从公平角度对具体问题进行具体分析,依然是最好的解决思路。

当然,以上讨论限于转让方将其持有的全部公司股权转让给受让人的情形,如果仅仅是部分转让,转让方仍为公司股东,则不会存在上述股权返还的障碍。

另外,公司其他股东通常不会在股权转让合同上签章,因仲裁采自愿性原则，协议中的仲裁条款对其没有约束力，除非其他股东明确表示愿意接受仲裁管辖，如审理中确需了解其他股东的态度，只能由受让方协调其他股东单独出具证明文件，或提供股东会决议等作为证据。此时，仲裁庭审查证据的难度会进一步提高，应采更加审慎的态度。

虽然我国法律并未明确规定物权行为的无因性，但根据物权法的相关规定，合同订立与解除本身，并不使物权变动得以自动发生，仍需当事人按照规定履行交付义务；股权可以类推适用。因此，在股权已经由受让方实际取得的情况下，转让方在合同解除后仅有请求受让方返还的权利，该权利为债权请求权，在转让方对股权不享有担保权或其他优先权的情况下，其享有的仅为一般债权，不应当得到优先保护，在股权无法返还的情况下，转让方只能寻求其他救济方式。

(4)股权不适宜返还的情形

解除的“终止”效力，主要体现在合同中的交易条款，即为实现合同目的而约定的履行内容。结算、清理条款意义恰好在于允许当事人就包括解除在内的合同非正常履行或终止后的安排进行事先约定，只要不存在违反强制性规定或客观上无法履行的情况，理应得到尊重。在合同无约定的情况下，如合同因不可抗力而解除，当事人可以进行协商；如合同因违约而解除，守约方应享有选择权，在不存在违反强制性规定或客观上无法履行的前提下，根据已履行的部分对其是否具有意义作出是否“恢复原状”的决定。

然而在有些情况下，虽然股权返还在客观上并非不能实现，但双方在股权应否返还上意见不一致,裁判者从公平角度出发,认为股权不适宜返还,而以赔偿损失等方式代替股权返还,更加合理。具体的情形主要包括:目标公司的股权结构、经营及财产状况已发生重大变化;受让方取得股权时间较长,已经实际掌握了公司的经营管理权;受让方已为公司经营支出其他成本或将其他资源注入公司而无法取回;股权返还将严重影响公司及其对外交易关系的稳定,可能引发新的纠纷;等等。

典型案例1:"黄某、军安投资集团有限公司与张某、余某军股权转让纠纷二审案"①

法院认为,余某军和张某已取得军安王朝酒店的股权,并担任了军安王朝酒店的董事,参与了军安王朝酒店的经营管理,现军安王朝酒店的资产负债情况与股权转让时相比,已发生较大变化,根据履行情况和合同性质,该已履行的部分不宜恢复原状。

典型案例2:"龚某、韩某股权转让纠纷再审案"②

法院认为,股权转让合同解除后恢复原状意味着公司股东和股权的重新变动,尤其是对于已经部分履行的合同,若是受让人在解除前已经实际控制股权并参与了公司的管理和经营,此时恢复原状对于公司来说无异于股权的又一次转让和经营管理权的又一次更迭。在考量股权转让合同应否解除及恢复原状时,需要考虑公司的状况,并顾及公司的稳定性和人合性特征,而不是仅仅符合原《合同法》的解除条件即可解除,即使合同解除

① 参见北京市高级人民法院民事判决书,(2015)高民(商)终字第1144号。

② 参见湖北省高级人民法院民事判决书,(2016)鄂民再154号。

后也并非必须恢复原状。是否能恢复原状取决于合同履行情况，根据合同的履行部分对整个合同义务的影响，如果当事人的利益不是必须通过恢复原状才能得到保护，不一定采用恢复原状。双方签订的股权转让合同的目的已基本实现。至二审时，韩某成为公司的大股东后行使股东权利，已经实际控制公司达 3 年之久。自案涉股权办理变更登记之日起至韩某实际控制公司，社会成本和社会影响已倾注其中，该案纠纷涉及公司的稳定性和相关交易的稳定性，为避免公司内部新的不平衡、产生新的利益冲突和纠纷，维护社会经济秩序，保护合法的交易安全，维护公司稳定，在涉案 60% 股权变更登记及交接手续已经履行的情况下，宜维持韩某的股东地位，不宜判决返还股权。

其他类似的案例还有"李某丰与燕某婷股权转让纠纷案"①"杭州远方慧益投资合伙企业与杭州懿成轩投资合伙企业、陈某股权转让纠纷案"。②

由于个案情况千差万别，在实务中也存在意见相反的案例，例如，在"恽某某诉江苏佳得利科技发展有限公司股权转让纠纷案"[(2013)苏商终字第 0206 号]中，法院认为，受让方佳得利公司因违约导致股权转让合同解除，无论其他股东是否转让股权、公司管理人员是否调整、公司经营方向是否发生改变，均不构成股权不能返还的法定理由，对返还股权亦不构成障碍。

从判决的说理内容可以看出，在股权客观上可以返还的情况下，裁判

① 参见上海市闵行区人民法院民事判决书，(2017) 沪 0112 民初 18446 号。

② 参见杭州市拱墅区人民法院民事判决书，(2019) 浙 0105 民初 8604 号。

者往往要从案件的实际情况出发,考虑诸多相关因素,包括但不限于股权转让合同的履行情况、双方的过错、返还股权对公司及相关利益方、社会经济生活的影响等,才能就股权是否应当返还作出最终判断。

(5)若股权可以返还,应当如何返还

合同解除后,已经履行的部分恢复原状,使当事人回到合同履行前的状态,是最理想的结果。由于股权转让合同属于一时的合同,在合同解除后,以股权返还的形式实现恢复原状,除非出现前文所述列举的无法返还的情形,在大多数情况下还是可以实现的。

股权,是指股东基于股东资格,依据公司法和公司章程规定而享有的,从公司获取经济利益并参与公司治理的权利。① 根据《公司法》第 4 条的规定,公司股东享有的权利主要包括并体现在资产收益、参与重大决策和选择管理者上。

股权是无形的,不能脱离公司而独立存在,股权的价值必须通过公司才能体现出来,也就是说,要评价股权的状态和价值,必须通过对公司经营状况的考察才能实现。公司的经营情况不是一成不变的,公司的价值也处于不停的变化之中,在返还股权时,恢复原状是否仅仅意味着将股权重新登记在转让方名下?如果还要包括其他内容,应当在返还股权问题中予以处理,还是放在赔偿损失中予以解决?

在实务中,比较常见的一种现象是,裁判者综合考虑案件的整体情况,

① 参见刘俊海:《现代公司法》(第 2 版),法律出版社 2011 年版,第 186 页。

将返还与赔偿放在一起,对相关问题一并作出处理,而不再作法律性质上的具体区分,这种做法是值得商榷的。

股权是一种综合性权利且内容丰富,大致可以分为两类:一类是经营管理权,主要对应《公司法》第4条中的“参与重大决策”和“选择管理者”;另一类是经济收益权,与“资产收益”相对应。

股东行使经营管理权的方式,通常包括参与股东会决议、选举或更换董事与监事、推荐高管等,而公司的重大决策通常以决议方式予以确定,决议的落实与公司的日常运营一般由董事、高管直接负责,经营活动具有不可逆性。考虑到公司经营平稳以及与其他主体之间交易等关系的稳定,维护正常市场秩序,不可能也没有必要就股东已经行使的经营管理权予以恢复原状。因此,《公司法》关于决议无效或撤销的制度中也没有这种安排。

与经营管理权不同的是,经济收益权主要体现为,股东从公司的经营中取得财产利益,在股权转让合同解除后处理股权的返还事宜时,这种利益应当纳入考察范围。股东投资的主要目的之一在于获取经济回报,因此,除在公司解散时取回剩余财产外,股东的经济收益,最主要的表现就是从公司收取股利。

从语义学上看,“股利”当为“股息”与“红利”的缩略语,股利,是指公司依法定条件和程序从其可资分配的利润中向股东所支付的财产利益。①按照一般理解,股息通常具有较确定的比例,且在同股不同权的场合,多用

① 参见刘俊海:《现代公司法》(第2版),法律出版社2011年版,第265页。

于指代分配给优先股的收益;红利的比例通常不能事先确定,而是在分配股息后仍有可分配利润时,根据公司的具体情况及未来发展规划而作的利润分配,在同股不同权的场合,主要用来指代分配给普通股的收益。但二者都源于公司税后可分配利润,有时也存在混用的情况。因此,在考虑是否需要返还时,原则上没有加以区分的必要。

在讨论股利应否随股权一并返还前,应当先明确股利的法律性质。孳息有天然孳息与法定孳息之分。最高人民法院认为,法定孳息是民事权利主体参与某种特定的民事法律关系应该获得的报偿,如房屋出租所得的租金、依股本金所得的股息等。[①] 传统民法理论认为,孳息是由原物而产生的物,关于孳息的基础性规定,也体现在原《物权法》的所有权部分[②]以及《民法典》物权编的所有权部分[③]之中。虽然股权并非物权法中的"物",但如前文所述,从股权转让交易的核心内容和根本特征来看,股权转让合同应属买卖合同,或至少可以视同买卖合同,一般而言,股权可以参照"物"来处理。

法定孳息须是由他人使用原物而产生的,若自己利用自有财产所得到

---

① 参见最高人民法院民法典贯彻实施工作领导小组主编:《中华人民共和国民法典物权编理解与适用》(上册),人民法院出版社2020年版,第580页。

② 原《物权法》第116条规定:"天然孳息,由所有权人取得;既有所有权人又有用益物权人的,由用益物权人取得。当事人另有约定的,按照约定。法定孳息,当事人有约定的,按照约定取得;没有约定或者约定不明确的,按照交易习惯取得。"

③ 《民法典》第321条:"天然孳息,由所有权人取得;既有所有权人又有用益物权人的,由用益物权人取得。当事人另有约定的,按照其约定。法定孳息,当事人有约定的,按照约定取得;没有约定或者约定不明确的,按照交易习惯取得。"

的收益，并非法定孳息。[①] 股东以出资方式将原属于自己所有的财产转让给公司，公司取得股东财产的所有权并实际使用投入公司运营，股东以自有财产换取公司的股权，进而取得经济回报（股利），符合法定孳息条件，股利应当属于法定孳息。

如前文所述，基于合同债务同一性原理，"恢复原状""采取其他补救措施"属于合同解除后当事人应当履行的义务，该义务是"原履行义务"（为实现合同目的而履行）的一种转化，即在合同目的无法实现，无须继续履行合同义务时，"原履行义务"转化为结算义务。笔者认为，"原履行义务"转化为"恢复原状"等结算义务的最终依据，仍是不当得利。

不当得利主要规定在原《民法通则》第 92 条[②]和《民法典》第 985 条中，[③]其主要含义为，在没有法律依据的情况下，一方因另一方受损而取得利益，应当予以返还。无法律根据包括自始无法律根据和开始有而嗣后丧失法律根据。[④] 在股权转让合同解除的场合，双方返还标的股权及对应价款，即属于"开始有而嗣后丧失法律根据"的情形。

根据《关于贯彻执行〈中华人民共和国民法通则〉若干问题的意见（试

---

① 参见最高人民法院民法典贯彻实施工作领导小组主编：《中华人民共和国民法典物权编理解与适用》（上册），人民法院出版社 2020 年版，第 581 页。

② 原《民法通则》第 92 条规定："没有合法根据，取得不当利益，造成他人损失的，应当将取得的不当利益返还受损失的人。"

③ 《民法典》第 985 条规定："得利人没有法律根据取得不当利益的，受损失的人可以请求得利人返还取得的利益，但是有下列情形之一的除外：（一）为履行道德义务进行的给付；（二）债务到期之前的清偿；（三）明知无给付义务而进行的债务清偿。"

④ 参见最高人民法院民法典贯彻实施工作领导小组主编：《中华人民共和国民法典合同编理解与适用》（四），人民法院出版社 2020 年版，第 2800 页。

行)》(法[办]发〔1988〕6号,已失效)第131条的规定,[①]孳息应当与原物一并返还。在此基础上,《民法典》在第986条、[②]第987条[③]及第988条[④]中,对不当得利返还的具体适用,进一步作出了补充规定。其中,该第986条和第987条根据得利人是否善意,对其应当承担的返还义务及赔偿责任制定了不同的处理规则,即善意得利人的返还义务仅以现存利益为限;恶意得利人则须返还取得的全部利益并赔偿损失。

在股权转让合同因根本违约而解除时,作为法定孳息的股利,构成受让方取得的不当得利,原则上应当予以返还;但在返还范围上,应当区分不同情形。

如受让方根本违约,则其为恶意得利人,应当参照恶意得利的处理方式,即使受让方对获取股利期间的公司运营管理作出贡献,所得的全部利益(受让标的股权后至返还股权期间所取得的全部股利)均须返还给转让方,原因在于,在对方没有违约的情况下,违约方只能自行承担其违约行为所带来的不利后果(包括自身利益的丧失);如受让方所得全部利益不足以赔偿转让方的损失,仍须赔偿(此处的损失赔偿,可归于原《合同法》第

① 最高人民法院《关于贯彻执行〈中华人民共和国民法通则〉若干问题的意见(试行)》第131条规定:"返还的不当利益,应当包括原物和原物所生的孳息。利用不当得利所取得的其他利益,扣除劳务管理费用后,应当予以收缴。"

② 《民法典》第986条规定:"得利人不知道且不应当知道取得的利益没有法律根据,取得的利益已经不存在的,不承担返还该利益的义务。"

③ 《民法典》第987条规定:"得利人知道或者应当知道取得的利益没有法律根据的,受损失的人可以请求得利人返还其取得的利益并依法赔偿损失。"

④ 《民法典》第988条规定:"得利人已经将取得的利益无偿转让给第三人的,受损失的人可以请求第三人在相应范围内承担返还义务。"

97条、《民法典》第566条中合同解除后果中的“赔偿损失”)。此外,如转让方对于合同解除也存在一定的过错,根据过失相抵规则,可在上述规则的基础上,适当调低受让方返还的数额。

如转让方根本违约(主要表现为违反质量担保义务,保证内容存在虚假陈述、严重违反承诺义务),则受让方为善意得利人,参照善意得利的处理方式,受让方仅返还现有利益即可。但受让方已经取得的全部利益(受让标的股权后至返还股权期间所取得的全部股利),是否应当作为现有利益而全部返还值得思考。笔者认为,为与恶意得利相区别,对现有利益可以拟制,即对于已经取得的股利,无须全部返还,可考虑以标的股权价款的存款利率或其他合理标准作为确定返还范围的依据。同样地,如受让方对于合同解除存在一定过错,在确定股利的返还数额时,也应依据过失相抵规则予以考虑并适当调高。

在现实生活中,公司向股东发放股利的形式主要有两种:股票/股权、现金。现金方式不会产生太多问题;如股利形式为股票/股权,在转让方根本违约,或者合同虽因受让方根本违约而解除,但转让方也有过错的情况下,可能会出现受让方无须全部返还股票/股权的情况,即受让方仍保留部分股票/股权。为避免未来可能出现的矛盾,在有限责任公司场合,应允许受让方与转让方进行协商,由转让方收购受让方所持有的剩余股权,如转让方无力或不适合收购,可以指定第三方收购,但在第三方为非公司股东时,应以保护其他股东的优先购买权为前提。

在审判实践中,也存在不同观点,例如,“明达意航公司、抚顺银行股东名册记载纠纷二审案”中,[①]法官认为,案涉股权转让后,亿丰公司与金信公司依据股东身份行使股东权利并取得2012～2016年案涉股权的分红款,该款项系两家公司作为股东期间对公司投资和参与经营决策所得的收益,该项收益在受让人具备股东身份期间应归属受让股东,不因嗣后股权转让合同被解除而应予返还。

笔者认为,股利作为法定孳息,应当随股权一并返还,是基于法理分析得出的结论,股利的返还与赔偿损失,应当分别予以判断并认定各自的金额,在最终确定债务数额时再予以折抵。由于裁判文书没有对股利的法律性质进行分析和认定,就应否返还问题的说理也明显不够充分,使本部分只能更多地从法理角度予以分析。

基于与股利返还同样的逻辑,股权转让合同解除时,根据不当得利制度,股权转让款的利息作为法定孳息,原则上也应当一并返还。如受让人根本违约,转让方为善意得利人,仅返还现有利益,返还股权价款并无争议,但其利息的现有利益不容易进行衡量,建议可以参考存款利率计算;如转让方根本违约,则其为恶意得利人,应当返还全部利益并赔偿受让方的损失。此时,自转让方收到款项之日起至返还股权转让价款之日,按照贷款利率计算受让方的损失较合理。此外,如一方根本违约导致合同解除,而另一方也存有过错,同样也应考虑过错程度并对返还数额进行相应调整。

① 参见最高人民法院民事判决书,(2020)最高法民终642号。

(二)股权价值减损,无法"采取其他补救措施"

如前文所述,原《合同法》第97条、《民法典》第566条合同解除中的"采取其他补救措施"与原《合同法》第107条、《民法典》第577条一般违约责任中的"采取补救措施"之含义有所不同。前者的目的为恢复原状,后者的目的为继续履行。减少股转价款、消除股权上的权利负担等,只能属于继续履行的替代补救措施。在合同解除的情况下,"采取其他补救措施"是对恢复原状的替代,是指"修理、重作、更换",即原《民法通则》第134条、《民法典》第179条规定中的第六种民事责任承担方式。

在股权仍可以归还,但其价值发生明显减损的情况下,能否"采取其他补救措施"?即能否对标的股权进行"修理、重作、更换"?

股权是无形的,不能脱离公司而独立存在,股权的价值必须通过公司才能体现出来,也就是说,使价值发生减损的股权恢复至履行前的状态,实际上就是要将公司恢复至履行前的状态。从股权转让合同签订直至解除过程中,公司的注册资本、股东数量、股权结构、董事及高管人员、所处市场环境很可能已经发生了变化,甚至公司的主营范围也已发生了重大变化,公司将来仍会处于不断变化的状态之中,责令受让方使公司恢复原状是不可能实现的,也无法强制执行。即使受让方将其持有的标的股权以外的公司股权交付转让方,因与相关法条中"修理、重作、更换"的内涵不符,也并不构成"采取其他补救措施",只能解读为损失赔偿。

因此,在标的股权仍可以返还,但其价值发生明显减损的情况下,就股权价值减少部分的损失,只能通过赔偿损失来解决。

（三）赔偿损失

因不可抗力而导致合同解除时,通常不会发生损失赔偿问题。因此,本部分以根本违约导致合同解除作为讨论内容。同时,基于前文在梳理利益类型及其相互关系、损失赔偿规则在合同解除中适用范围时的方法,下文将分别分析转让方根本违约、受让方根本违约时的利益损失类型及损失赔偿范围。

因固有利益损失主要发生在卖方为加害给付情形之中,即卖方提供的标的物存在严重的质量问题,导致买方的人身或原有的财产权益受到损害,而股权转让交易中的标的物为公司股权,股权的"质量"虽然可能出现不符合约定的情况(如存在权利负担,或因转让方违反保证或承诺义务而使公司状况与实际情况不符),但只会导致股权本身"质量"下降或价值贬损,并不构成加害给付,也不会损及固有利益。因此,本部分重点考察的是信赖利益、履行利益、可得利益及返还利益。

1. 转让方根本违约时的利益损失类型及其赔偿范围

在转让方发生根本违约导致股权转让合同解除时,受让方有权要求转让方退还已经收取的股权对价、赔偿办理股权变更登记所支出的费用(如有),这两部分都属于信赖利益中的履行成本;同时,在合同解除条件下,为了恢复到合同订立之前的状态,合同订立阶段受让方所支出的缔约费用及准备履行的费用,属于信赖利益中的缔约成本,也应当由转让方予以赔偿。

如前文所述,对于一般有体物的买方来说,可得利益损失主要体现为不能将该物用于生产、经营或转售而遭受的生产利润、经营利润或转售利润的损失。但在股权作为交易标的时,股权无法作为生产和经营的对象,从理论上讲,受让方仅可能主张转售利润损失。此时,应当重点考虑可预见性规则,尤其应当关注转让方对受让方购买股权的目的是否了解,能否预见到受让方因无法取得标的股权而遭受转售利润的损失。有限责任公司的股权,与上市公司股票的流通性明显不同,受让方通常不会以转售股权为目的,即使购买时有在未来进行转售股权而谋利的计划,但一般均要经过一段时间才会真正实施,转让方在签订股权转让合同时无从预见;同时,受让方在未来转售股权,其价值依赖公司的经营情况,更加难以预测,转让方就此承担风险,明显不公。因此,可得利益不应当在赔偿范围之内。

2. 受让方根本违约时的利益损失类型及其赔偿范围

在受让方发生根本违约导致股权转让合同解除时,转让方有权要求受让方返还已经取得的股权(信赖利益的"物"化形式,包括缔约成本与履约成本),即属于信赖利益的返还;同时,受让方还应当赔偿转让方的利润损失,即股权对价与股权价值之差。此外,为实现全面赔偿,如股权价值因公司经营情况等明显恶化而出现贬损,也应当予以赔偿,该赔偿与对利润的赔偿有所不同,是对返还利益中不足以弥补信赖利益损失部分的赔偿。如此,转让方的信赖利益、履行利益都被纳入考量范围,且不存在损失的重复计算,可以基本实现损失的全面赔偿。

关于受让方赔偿转让方利润损失的问题,还有一个需要特别关注的现象,由于股权具有特殊性,其价值评估可能存在多种方法,且股权转让也常常伴有其他交易安排,部分交易中会出现股权价格明显低于股权真实价值的情况,甚至以象征性价格(如1元)进行转让,此时信赖利益(成本)超过履行利益(价款)。这种情况通常出于两种考虑:一是避税,二是有其他商业安排。如有避税行为,税务机关通常会对交易实质进行审查,并按照相关规定予以处理,本部分不作深入讨论。如果裁判者经过审理发现,股权对价的确定有合理的商业逻辑,系整体商业安排的一部分,此时不应当一律适用“信赖利益的赔偿不得超过履行利益为限”的一般原则,原因在于,在股权价格与价值不对等的情况下,只有股权转让交易顺利完成,才能实现各方商业利益的平衡,而股权转让合同因违约而解除,交易目的不达,如转让方为股权转让交易的履行确实付出了较高成本,而股权价值也可以通过评估等方式予以评价,即应结合案件实际情况认定赔偿的数额。这种情况对裁判者在相关行业领域中的经验与见识提出了更高要求。

3. 股权转让合同解除后损失赔偿中的其他相关问题

(1)股权转让交易的特殊类型——“对赌”与股权回购

近年来,在股权投融资领域,出现了一种比较特殊的交易模式——“对赌”。“对赌”是一种估值调整机制,是指投资方与融资方在达成股权性融资协议时,为解决交易双方对目标公司未来发展的不确定性、信息不对称以及代理成本而设计的,包含了金钱补偿、股权补偿等对目标公司估值进行调整的交易安排。在实践中俗称的“对赌协议”,也即投资协议,不仅包含估值调整条款,通常还包含股权回购条款,即通过目标公司/目标公司股东/目标公司实际控制人等对投资方所持的股权进行回购的方式实现投资方的退出。①

对赌交易的内容既有关于股权价值的补偿,又可能涉及股权回购;其具体形式也较丰富,投资方可以增资方式成为股东,也可以受让目标公司股权的方式实现对公司的投资。在投资方以从公司股东手中受让股权为投资方式的场合,股权回购经常被认为是对最初股权转让合同的解除。在约定的股权回购条件触发时,负有回购义务的融资方(通常是目标公司股东或实际控制人),需按照约定的价格等条件回购投资方的股权。回购价格一般均以投资本金加一定比例利息的方式予以确定。在国际商事仲裁实务中,已有大量相关案例,如贸仲受理的“中国A投资企业与中国B科技公司、自然人C、中国D科技开发公司、中国E科技公司(原名中国F公司)股权转让争议仲裁案”,②在申请人主张股权回购时,目标公司未能在约定期限内完成境内A股市场首次公开募股(IPO),净利润未达标,且未能在约定期限内取得相关资质并完成股权架构的调整;股权回购价格为投资本金加按照年率15%计算的利息。此类计算方式在贸仲受理案件中是常见的情形。

但实际上,与普通的股权转让以股权在买卖双方之间实现转移的一次性交易有所不同:首先,“对赌”中事先由当事人商定并写入合同之中的股权回购条件,往往与公司未来特定的经营目标(典型目标为经营业绩、上

① 参见邱琳等:《对赌争议解决法律实务》,法律出版社2021年版,第72~73页。

② 参见中国国际经济贸易仲裁委员会编:《股权转让仲裁案例精选》(下卷),法律出版社2020年版,第628~653页。

市)有关;而普通的股权转让合同所约定的解除条件,多为一方或双方根本违约,其中最典型的就是迟延支付转让价款、股权存在权利负担等,致使转让方收取转让价款、受让方取得标的股权的合同目的无法实现。其次,“对赌”中为目标公司设定的特定目标,与市场状况密切相关,能否实现具有较大的不确定性,且无法为双方所控制,所以才在订立合同时就针对能否完成目标设定了不同的解决方案。目标未能达成,通常并不属于违约行为,只有在融资方未按照约定回购股权时,才构成对“对赌协议”约定义务的违反,并就此承担违约责任;而在普通的股权转让合同中,双方未按照约定履行支付价款、交付股权的义务,即构成违约,解除合同本身就是违约所导致的法律后果之一。最后,就法律效果而言,“对赌”中的股权回购,即使理解为“解除”,也仅仅是解除投资方与目标公司之间的投资关系,并不导致“对赌协议”本身的整体解除,因为在回购条件触发时,股权回购条款启动并成为回购的合同依据,融资方履行回购义务,可以视为对“对赌协议”相关条款的履行。换言之,股权回购并不以解除合同为前提;而普通的股权转让合同,以股权转让为唯一目的,一旦出现根本违约而导致目的无法实现,结果必然是解除整个交易,恢复至合同履行前的状态,需要以解除合同为前提。

所以,在“对赌”交易中的股权回购纠纷中,应当注意的是,一旦可以认定股权回购条件已经触发,按照约定的回购价款履行回购义务即可,赔偿损失通常只与融资方未按照约定履行回购义务所应当支付的违约金产生关联,裁判者需要考虑的主要问题是,以投资方实际遭受的损失作为参照,违约金是否存在标准过高的问题。而在“对赌”交易中,投融资双方一般均为商事主体,虽然投资方的损失主要体现为资金占用损失,不宜以贷款市场保价利率(LPR)作为违约金的衡量标准,可以参照行业的利润率以及融资成本进行确定。

(2)律师费的性质及其赔偿问题

在商事仲裁案件中,当事人往往会就律师费提出仲裁请求。具体而言,律师费可以分为两大类:第一类是因律师代理仲裁案件,提供案件代理服务所产生的,属于纠纷解决的成本,与交易本身没有必然联系,与前文所讨论的利益类型没有关系,就这类律师费提出仲裁请求最常见;第二类是当事人在合同订立及履行过程中所支出的,律师为完成股权转让交易而提供法律服务的对价,在仲裁案件中,提及该类仲裁请求主张的情况并不多。

基于前文对利益类型的分析,第二类律师费应当属于当事人为订立及履行股权转让合同所支出的成本,应当属于信赖利益,也应当按照信赖利益损失的赔偿规则予以处理。需要注意的是,在判断律师费的数额是否合理时,应当结合当事人的情况、交易的复杂程度、时间跨度、律师的工作量等因素予以综合考量。

另外,关于律师费的举证问题,在商务实践中,先开具发票后支付费用的情况非常普遍。因此,笔者认为,不仅需要当事人提供律师费发票,还应当提供律师费支付的付款凭证;甚至更进一步,考虑到律师费还存在退还的可能,因此,建议仲裁员要求当事人及其代理人对律师费的发生及数额的真实性作出保证与承诺。

第五章 国际仲裁中国家放弃豁免条款效力考察

国家豁免作为重要的一般国际法理论,对包括一般国际商事仲裁和投资仲裁在内的国际仲裁具有重大影响。这种影响不仅涉及国际仲裁管辖权,还涉及国际仲裁裁决执行。虽然大多数国家自愿遵守对他们作出的仲裁裁决,但不执行有效裁决的情况削弱了仲裁作为解决涉及国家争端机制的力量。① 在国际仲裁中,特别是国际投资争端解决中心(International Center for Settlement of Investment Disputes,ICSID)投资仲裁中时常会遇到国家豁免的阻碍。因此,国家在国际仲裁中放弃豁免的问题逐步受到重视,并在实践中不断发展。

在理论上和实践中,国家豁免的主要模式包括:绝对豁免模式、相对豁免模式以及程序性辩护模式,②国家对国际仲裁中的豁免放弃分为国家对管辖豁免的放弃以及对财产执行豁免的放弃,不少国家的法院也将仲裁裁

---

① Bernardo Sepulveda-Amor & Merryl Lawry-White, *State Responsibility and the Enforcement of Arbitral Awards*, 1 Arbitration International 35(2017).

② Hazel Fox CMG QC & Philippa Webb, *The Law of State Immunity* (3rd edition), Oxford University Press, 2013, p. 4－6.

决的承认阶段与执行阶段加以区分。[①] 与此相类似，主权国家与私主体在仲裁协议中签订的放弃豁免条款也存在区分对待的观点。一般认为，若主权国家签订仲裁协议或含有仲裁条款的双边投资协定（以下简称 BIT），那么就默示地认为该主权国家放弃了管辖豁免而接受法院地国的司法管辖，[②]但对国家表明其放弃国家豁免当然导致执行豁免放弃的观点存在争议。有观点认为，若国家与自然人、法人或其他组织签订了仲裁协议，则视为国家已放弃豁免，该放弃不仅包括仲裁管辖豁免的放弃，还包括执行仲裁裁决和为执行仲裁裁决所采取的查封、扣押等保全措施的豁免放弃。[③] 相反观点认为，签订仲裁协议放弃豁免的效力不一定包括执行豁免，因为管辖豁免和执行豁免二者在性质、法律依据和效果上有所不同。[④]

可见，对于主权国家明示放弃管辖豁免的观点并无争议，但对执行豁免的放弃，包括放弃方式及范围则存在不同观点。在实践中，不同的国家豁免立场（如绝对豁免与限制豁免）对国家签订的豁免放弃条款会产生不同影响，包括豁免放弃条款的效力及范围、违反条款的法律责任和放弃形式等。本章着重讨论主权国家在国际仲裁中签订的放弃豁免条款的效力问题以及相关法律责任，以期为中国及相关企业在未来国际仲裁中遇到相

---

① 孙南申、孙颖：《论国际投资仲裁裁决在〈纽约公约〉下的执行问题》，载《广西师范大学学报（哲学社会科学版）》2020 年第 1 期。

② 张建：《投资仲裁中国家执行豁免问题的法律思考》，载《研究生法学》2016 年第 1 期。

③ 韩健：《现代国际商事仲裁法的理论和实践》，法律出版社 2000 年版，第 505 页。

④ 黄世席：《国际投资仲裁裁决执行中的国家豁免问题》，载《清华法学》2012 年第 6 期；李庆明：《中国国家财产在美国的执行豁免——以沃尔斯特夫妇诉中国工商银行为例》，载《武汉大学学报（哲学社会科学版）》2013 年第 4 期。

似问题时提供参考。本章所述的国家放弃豁免条款包括在仲裁协议中的放弃豁免条款和在合同中约定的放弃豁免条款。

一、国际仲裁中国家放弃豁免条款的效力来源

(一)放弃豁免条款效力的法理分析

国家与私主体之间的国际商事仲裁与一般国际商事仲裁的最大区别在于国家主体的特殊性,国家的特殊身份导致在判断国家放弃豁免条款的意思表示效果时需要考虑不同的法理依据。

1.意思自治原则

法国学者杜摩兰提出了"当事人默示或明示的意向"的概念,被后来学者视为意思自治学说的起源。① 在近代国际私法中,意思自治原则的理论基础是自然法思想:即肯定人的理性、平等、自由意志。② 意思自治原则是合同领域的重要方面,同时在仲裁中也起到关键作用,因为这一根源于自治意愿的原则指导当事人按照自己的意愿进行仲裁。③ 仲裁是当事人合意创立并约定双方权利义务的纠纷解决方式。当事人可以在国际商事仲裁中协议选择仲裁地点、仲裁机构、仲裁员、仲裁适用的法律等各类事项,不仅有权利的赋予也有义务的承担。根据意思自治原则,国家作为商

---

① 许军珂:《国际私法上的意思自治》,法律出版社2006年版,第15页。

② 梅傲:《"人本说":国际私法一种新学说》,载《现代法学》2015年第2期。

③ Dickson & Moses Oruaze, *Party Autonomy and Justice in International Commercial Arbitration*, 1 International Journal of Law and Management 114(2018).

事仲裁的一方当事人(被视为私主体)自然可以根据自己的意志放弃自己的权利。因此,在国际商事仲裁中,国家与私主体约定的放弃豁免条款具有法律约束效力。

2. 国家同意原则

传统国际法认为,国家同意原则是国际法的重要基石,也是国际法的效力根据。[①] 国家同意原则是国际法体系建立和运行的基础,贯穿在国际法的各个领域。[②] 在司法领域,国际法院审理的"从罗马移走黄金案"确立了国家同意原则的适用。国际法院就该案作出的判决表示:"未经阿尔巴尼亚同意就阿尔巴尼亚的国际责任作出裁决将违反《国际法院规约》第36条所规定的一项国际法原则。"[③]这项国际法原则就是国家同意原则。"从罗马移走黄金案"是第二次世界大战后国家同意原则首次适用于国际法院的司法实践。[④] 在其后的国际司法实践中,国家同意原则逐步成为国际社会普遍适用的重要原则。[⑤] 国家同意原则也是作为当事方进行国际商事仲裁的重要依据。在国家豁免领域,无论是国际法还是国内法均规定,国家放弃豁免需要国家明示(或默示)作出,这就是国家同意原则的具体体

---

① Guzman & Andrew. T., *Against Consent*, 4 Virginia Journal of International Law 747 (2012).

② 罗国强、于敏娜:《国际法院咨询管辖权的扩张倾向与中国策略》,载《学术界》2019年第10期。

③ 贺其治:《国家责任法及案例浅析》,法律出版社2003年版,第137页。

④ 宋杰:《国际法中普遍性法律利益的保护问题研究——基于国际法院和国家相关实践的研究》,中国人民大学出版社2012年版,第119~121页。

⑤ Akande & Dapo, *Prosecuting Aggression: The Consent Problem and the Role of the Security Council* (February 16, 2011), Oxford Legal Studies Research Paper No. 10/2011, p. 19-20.

现。因此,国家基于国家同意原则在国际商事仲裁中明确表示同意放弃国家豁免,对其自身具有法律约束力。

3. 善意原则

善意原则既是一项一般法律原则,也是一项国际法的一般原则。[①]"国际法中的善意原则是一项根本性原则,条约必守原则及其他不同于诚实、公平和合理的并与其直接相关的法律规则皆由此派生,这些规则在任何特定时间的适用,取决于在该时间国际社会对于诚实、公正和合理的主导标准。"[②]善意原则并不作为权利和义务的来源,而是作为这些权利义务的指导工具来发挥作用,与其问善意原则构成何种国家义务或对国家产生了何种法律效果,不如说善意原则指导国家的行为与已存在的相应权利义务达成统一。[③] 由此可以认为,善意原则对国家主权具有限制作用。经济的全球化和投资保护仲裁的发展已经消除了国际公法和私法之间的细微界限,《国际法院规约》第38条提到的文明国家承认的一般法律原则,在商业或国际投资领域也有其法律效力。[④] 仲裁是基于当事人与仲裁员或相关第三人之间的相互信任而建立的,包括对法律关系建立的善意信任,对仲裁员的善意选择以及对一般法律原则的善意适用。因此,私主体与国家在国际商事仲裁中拟定放弃豁免条款的行为也应当受到善意原则的保护,

---

① 赵建文:《条约法上的善意原则》,载《当代法学》2013年第4期。

② 韩立余:《善意原则在WTO争端解决中的适用》,载《法学家》2005年第6期。

③ Steven Reinhold, *Good Faith in International Law*, 2 UCL Journal of Law and Jurisprudence 40(2013).

④ Bernardo M. Cremades, *Good Faith in International Arbitration*, 4 American University International Law Review 761(2012).

即当事人能够预期国家基于善意原则的指导，遵守放弃豁免的声明并执行其约定的内容。

（二）国际立法和国内法的立场

2005 年《联合国国家及其财产管辖豁免公约》（以下简称《联合国豁免公约》）是就国家豁免问题最具代表性的国际条约，其中，第 17 条、第 18 条、第 19 条、第 20 条规定涉及仲裁管辖豁免。该公约第 17 条规定："一国如与外国一自然人或法人订立书面协议，将有关商业交易的争议提交仲裁，则该国不得在另一国原应管辖法院就仲裁协议的有效性、解释、适用，仲裁程序或裁决的确认或撤销援引管辖豁免。但仲裁协议另有规定者除外。"这一条款最初规定的目的是针对另一国原应管辖的法院，在决定有关仲裁协议的问题时享有监督管辖权，即规定了无豁免规则。① 因此，如果仲裁的管辖法院所在国认定仲裁协定有效，那么签订仲裁协议的主权国家对放弃豁免条款的效力问题不得提出管辖豁免。

国际法委员会第 43 届会议工作报告对该条的评注还特别指出："在作为和平解决各种争端的手段的若干仲裁之中，第 17 条只考虑解决国家与外国自然人和法人间争端的那种仲裁。此类仲裁可以采取任何模式，如根据 UNCITRAL 的规则进行的仲裁或其他制度化或临时特定的商业仲裁。例如，将投资争端提交 ICSID 仲裁并不等于将其提交给了第 17 条规定的那种商业仲裁，不能解释为放弃豁免。"但是，在联合国国家及其财产的管

① 国际法委员会报告：《第四十三届会议工作报告》，A/46/10，1991 年 7 月 19 日。

辖豁免问题特设委员会的报告中,该公约草案的附件对第 17 条的规定作出明确解释。其规定第 17 条的"商业交易"一词包括投资事项。① 最后通过的正式公约中,此项内容也得到了保留。由此可见,《联合国豁免公约》中有关仲裁协定的豁免规定可以扩展适用到投资仲裁。在 1991 年国际法研究院关于国家豁免在管辖和执行方面一些现实问题的决议中,该公约第 5 条明确了有关同意或放弃的形式。这些形式包括:国际协议、书面合同以及对特定案件发表的声明等。因此,通过书面拟定条款的方式可以被视为主权国家的明示同意。② 如果公约认为订立书面协议将有关商业交易的争议提交仲裁就具有特定范围内的放弃豁免效果,那么主权国家通过所称的放弃豁免条款放弃管辖豁免的行为符合公约的规定。

1972 年《欧洲国家豁免公约》对于采用拟定具体条款的方式放弃国家豁免的行为也有规定,这些规定主要涉及司法管辖豁免,公约的缔约方如果采用了国际协定、书面合同中包含管辖豁免的明示条款或在发生争端以后作出明示同意放弃豁免这 3 种方式中的任意一种,那么该国就承担了接受在另一缔约方法院管辖的义务,不得主张豁免。如果缔约方已书面同意将已发生或可能发生的民事或商事争议交付仲裁,那么该缔约方不得主张免于另一缔约方法院的管辖。从上述规定内容可以看出,《欧洲国家豁免公约》认为,如果主权国家在仲裁中约定了放弃主权豁免的条款,那么这种

① 联合国大会会议记录:《国家及其财产的管辖豁免问题特设委员会的报告》,A/59/22,2004 年 3 月 5 日。

② 徐宏主编:《国家豁免国内立法和国际法律文件汇编》,知识产权出版社有限责任公司 2019 年版,第 174 页。

放弃豁免条款会被认定有效。

此外，一些国家的国家豁免法也规定了在仲裁中通过书面形式放弃国家豁免的内容。例如，1978 年英国《国家豁免法》第 9 条规定，如果一国以书面形式同意将已经发生或可能发生的争议提交仲裁，则该国在有关仲裁事项的诉讼中不能在英国法院享有豁免。由于此处的表述是"争议"，因此可以将投资争端的问题纳入其中。还有一些国家的国家豁免法采取了与英国类似的立法方法。① 美国对此问题的态度有所不同，在"Af-Cap 公司诉雪佛龙刚果石油公司[Af-Cap, Inc. v. Chevron Overseas (Congo) Ltd.]案"中，刚果共和国签订了一份合同，其在合同中表明"同意在该司法管辖区的法律允许的最大范围内不要求和放弃豁免权"，该豁免声明涵盖主权及其资产的"诉讼、执行、扣押或其他法律程序的豁免"，之后刚果民主共和国违反了合同约定，债权人试图针对其在美国的资产执行判决。② 然而，两个联邦上诉法院都基于 1976 年美国《外国主权豁免法》认定，一个国家不能通过合同放弃对其在美国持有的所有财产的主权豁免。尽管豁免的措辞是笼统的，但两个法院都要求债权人依照美国《外国主权豁免法》寻求执行的财产在美国"用于"商业活动。③

---

① 1979 年新加坡《外国国家豁免法》第 11 条、1981 年南非《外国国家豁免法》第 10 条第 1 款、1995 年阿根廷《法院对外国国家管辖豁免法》第 2 条第 8 项、2009 年日本《对外国国家民事管辖法》第 16 条均作了类似规定。

② 475 F. 3d 1080, 1087 (2007).

③ Alexis Blane, *Sovereign Immunity as a Bar to the Execution of international Arbitral Awards*, 41 International Law And Politics 453(2009).

（三）国际司法实践

国家豁免并没有阻止其通过同意的方式将国家或国家机构置于仲裁庭的权力之下。一个主权国家基于同意受到仲裁协议的约束是基本国际法原则。该原则在“利比亚美国石油公司（以下简称 LIAMCO 公司）诉利比亚共和国政府（以下简称利比亚政府）案”（Libyan American Oil Company v. Government of the Libyan Arab Republic）中得到充分体现。[①] 1955 年 12 月，LIAMCO 公司根据 1955 年利比亚《石油法》获得了 3 项特许权。这些特许权以“特许权契约”的形式授予，代表了利比亚石油委员会和 LIAMCO 公司之间的双边协议。所有特许权契约都是按照 1955 年利比亚《石油法》第二附表规定的形式，其中，第 28 条包含仲裁条款。1969 年，卡扎菲接替伊德里斯国王宣布成立阿拉伯利比亚共和国。1973 年 9 月，利比亚政府将一些公司的 51% 特许权收归国有，其中，包括 LIAMCO 公司。1973 年 11 月，LIAMCO 公司致函利比亚政府要求根据特许权契约第 28 条进行仲裁。1974 年 2 月，LIAMCO 公司剩余的 49% 股份被国有化。LIAMCO 公司于 1974 年 7 月致函利比亚政府，要求继续进行仲裁。由于利比亚政府未能任命其仲裁员，LIAMCO 公司请求国际法院院长指定一名仲裁员来裁定该争端。1975 年 1 月，院长任命索比·马马萨尼（Sobhi Mahmassani）为独任仲裁员并于 1975 年 6 月在伦敦举行了一次初步会议（只有申请人出庭，被告没有出庭）。在这次会议上，仲裁员根据特许权契

① Pieter Sanders, *Yearbook Commercial Arbitration* 1981 - *Volume* Ⅵ, ICCA & Kluwer Law International, 1981, p. 89 - 118.

约第28条认定日内瓦是仲裁地,且仲裁员在其程序中应尽可能地遵循联合国国际法委员会于1958年制定的《仲裁程序公约草案》中的一般原则。仲裁庭认为,该案中的仲裁条款在国家单方面终止合同后仍然有效。这一规则被国际法院(如1952年和1953年"安巴蒂洛斯案")(Ambatielos)①和仲裁法庭(如"瑞士诉南斯拉夫国案")(Switzerland Losinger & Co. v. Yugoslavia)②的裁决所采纳。这些裁决确认了国家有义务根据合同条款与私人当事方进行仲裁,即便国家提出抗议或认为载有仲裁条款的协议已被终止或结束。利比亚政府在1973年12月致所有石油公司的通函中辩称,它拒绝仲裁,因为它违背了国家主权。但仲裁庭认为,该观点违背上述国际惯例和许多国际公约与决议,③最终得出结论,一个国家总是可以通过签署仲裁协议有效地放弃其所谓的主权权利。

综上所述,国家作为国际商事仲裁的一方当事人,通过书面形式拟定的放弃豁免条款,在法理渊源、国际国内立法和国际司法实践中都可获得法律效果。但是学术界和司法实践对于放弃豁免法律效果的范围均存在不同理解,下文对此作进一步的分析。

---

① 在"Ambatielos案"中,国际法院确定一国有义务根据约定的仲裁条款将争端提交仲裁。

② Manley O. Hudson, *The Fourteenth Year of the Permanent Court of International Justice*, 1 American Journal of International Law 1(1936).

③ 例如,1966年《关于解决国家与其他国家国民之间投资争端的公约》第25条规定,只要各方同意进行仲裁,任何一方不得单方面撤回其同意。联合国大会1952年12月21日第1803(XⅦ)号决议在第一节第一、第四段中宣布人民和国家对其自然资源拥有永久主权的同时,确认了国家尊重仲裁协议的义务。

二、国际仲裁中国家放弃豁免条款的效力范围

管辖豁免与执行豁免是相互独立的两个问题。管辖豁免针对的是国家的法律人格,执行豁免针对的是国家财产。[①] 有观点认为,关于国家豁免的国际法律制度已经发生了较大变化——无论是在管辖豁免方面还是执行豁免方面,均从过去的绝对豁免规则过渡至限制豁免规则,这一点已经得到了国际社会的普遍认同。[②] 对于管辖豁免来说,可以认为限制豁免规则在国际上得到普遍认同,但执行豁免并未如此。与司法管辖豁免不同,各国在执行豁免上大部分仍坚持绝对豁免而不是限制豁免,因为对外国国家财产采取强制措施将从实质上对外国国家的主权产生损害,进而影响国家间的外交关系。[③] 因此,当外国国家同意当地法院行使管辖权并不意味着也同意法院可以根据裁决对其采取强制措施,除非该国明示地放弃了执行豁免。[④] 在仲裁领域,对于国家豁免条款的效力范围也有不同观点,主要包括4类:(1)管辖豁免;(2)执行豁免;(3)管辖与执行豁免一体放弃;(4)临时措施的豁免放弃。

(一)管辖豁免放弃

从上文分析可以看出,国家豁免存在两个层级:一个是管辖豁免;另一个

---

① 杨玲:《论国际商事仲裁裁决执行中的国家豁免》,载《当代法学》2012年第5期。

② 银红武:《拒绝履行之ICSID裁决的解决路径》,载《国际贸易探索》2016年第5期;张潇剑:《论ICSID仲裁裁决的承认与执行》,载《西北大学学报(哲学社会科学版)》2010年第4期。

③ 李颖:《国家豁免例外研究》,知识产权出版社2014年版,第135页。

④ [英]伊恩·布朗利:《国际公法原理》,曾令良、余敏友等译,法律出版社2007年版,第297页。

是执行豁免。仲裁管辖权乃基于国家的同意,因而管辖豁免的法律效力并没有争议。此外,根据《联合国豁免公约》第 17 条以及相关国际法委员会的工作报告,国家在仲裁协议中对管辖豁免的同意,可以推导出一定程度的放弃豁免范围。即主权国家签订仲裁协议或在其中有明确放弃管辖豁免的条款,则该国家无法主张管辖豁免。例如,在“威斯特兰直升机有限公司(以下简称威斯特兰公司)诉阿拉伯工业化组织(Arab Organization for Industrialization,AOI)案”(Westland Helicopters Ltd. v. Arab Organization for Industrialization)中,双方签订了一个股东协议,在该协议中双方约定仲裁条款,由 ICC 仲裁并适用瑞士法。后双方发生争议并提交仲裁解决。仲裁庭在仲裁中就豁免问题指出,该案适用仲裁地法律即瑞士法律。在区分管辖豁免和执行豁免的前提下,该案需要考虑管辖豁免问题。根据瑞士法的规定,签署一个仲裁条款即表明放弃豁免,因此,AOI 的 4 个创建国都放弃了管辖豁免。[①] 此外,如果仲裁将在法院地国进行(或适用法院地国法律),则至少在法院地法院对仲裁的监督权范围内可能暗示放弃管辖权,即豁免放弃的效力还可以扩展到仲裁地监督仲裁的相关法院的管辖权。[②]

---

① Albert Jan Van den Berg, *Yearbook Commercial Arbitration* 1986 - *Volume XI*, ICCA & Kluwer Law International, 1986, p. 133.

② Alan Redfern & Martin Hunter, *Redfern and Hunter on International Arbitration*, Oxford University Press, 2015, p. 654.

一些国家的国家豁免法也体现了上述观点。①

综上,主权国家通过仲裁协议订立的方式明示放弃管辖豁免具有效力(这不包括采取绝对豁免立场的国家)。这种管辖豁免的放弃方式,会被部分采取限制豁免立场的国家视为默认放弃了相关法院对仲裁监督权限范围的管辖豁免。

(二)执行豁免放弃

国家主权豁免是一个规避对私主体履行赔偿裁决的法律手段。对于仲裁裁决承认的"限制豁免理论"和"放弃豁免理论"已经为许多国家所接受,但对于已经获得法院承认的仲裁裁决的实际执行,国际实践并没有达成较统一的做法。执行地法院在判断是否执行仲裁裁决时会考虑更多的因素,如是否会侵犯另一个国家的主权。但归根结底,这种过度谨慎不仅会损害对外国投资者的保护,而且会损害仲裁缔结方的目标。② 这种现象在1958年《纽约公约》和1965年《关于解决国家和他国国民之间投资争端公约》(以下简称《华盛顿公约》)中均有体现。

---

① 例如,2008年以色列《外国国家豁免法》第11条规定:"外国国家书面约定对已经发生的争议或可预期争议适用仲裁的,除仲裁协议另有规定外,不得因对仲裁程序引起的司法管辖主张管辖豁免。"美国《外国主权豁免法》第1605节第1条第6项也有类似规定。有些国家将管辖豁免的放弃效力扩展至相关法院对仲裁的监督程序,如1985年澳大利亚《外国国家豁免法》第17条第1款规定:"当外国国家作为将争议提交仲裁的协议当事一方时,对于协议中任何不一致的条款,该外国国家不能或免于法院有关该仲裁的履行监督管辖的下列程序:1. 因法院意见引发的案件;2. 对有关协议的合法性或有效性,或关于仲裁程序问题的认定;3. 撤销裁决。"英国《国家豁免法》也规定,同意将现存或将来的争端提交仲裁,那么该国在英国与该仲裁相关的法院的程序中不享有豁免。

② Rowland Alaba Akande, *Enforcement and Practicability of Sovereign Immunity Doctrine in International Commercial Arbitration*, 2 Journal of Politics and Law 143(2014).

由于国际商事仲裁关系中国家通常不是争端一方，因此，《纽约公约》并未直接规定以国家豁免作为拒绝承认和执行的理由。国家豁免规则与《纽约公约》第5条在规范性质和具体使用上完全不同，这包括两者适用的对象、方式、性质、适用先后顺序等。[①] 但是，如果涉及的仲裁对象为国有企业或涉及国家财产，那么国家还是有提出国家豁免理由的可能性。根据《纽约公约》第3条的规定，各缔约方在执行裁决过程中需援引裁决地的程序规则和公约各条规定的条件执行。因此，国家可以根据国内的豁免立场提出执行豁免主张，这就有可能导致最终无法执行仲裁裁决。

同样的问题也出现在《华盛顿公约》，该公约第53条规定了裁决的约束力，第54条规定了缔约方执行裁决的义务范围以及约束力范围，第55条规定明确了公约不会改变各缔约方关于主权豁免的法律规定。[②] 有观点认为，对于国家主权豁免，该公约第55条并没有实际削弱裁决的实际执行效果。其理由有二：首先，国家主权豁免是由国家主权平等原则引申得

① 杨玲：《国际商事仲裁中的国家豁免》，载《法学》2013年第2期。

② 《华盛顿公约》第53条规定，(1)裁决对双方具有约束力。不得进行任何上诉或采取除本公约规定外的任何其他补救办法。除依照本公约有关规定予以停止执行的情况外，每一方应遵守和履行裁决的规定；(2)在本节中，“裁决”应包括依照第50条、第51条或第52条对裁决作出解释、修改或撤销的任何决定。第54条规定，(1)每一缔约方应承认依照本公约作出的裁决具有约束力，并在其领土内履行该裁决所加的财政义务，正如该裁决是该国法院的最后判决一样。具有联邦宪法的缔约方可以在联邦法院或通过该法院执行裁决，并可规定联邦法院应把该裁决视为组成联邦的某一邦的法院作出的最后判决；(2)要求在一缔约方境内予以承认或执行的一方，应向该缔约方为此目的而指定的主管法院或其他机构提供经秘书长核证无误的该裁决的副本一份。每一缔约方应将为此目的而指定的主管法院或其他机构以及随后关于此项指定的任何变动通知秘书长；(3)裁决的执行应受要求在其境内执行的关于执行判决的现行法律的管辖。第55条规定，第54条的规定不得解释为背离任何缔约方现行的关于该国或任何外国执行豁免的法律。

来的，该公约第55条关于国家豁免的规定并非公约的保留，仅是对国际原则的确认。其次，设置国家豁免作为裁决执行例外有助于促成高保护水平国际条约的达成。[①] 的确，根据《华盛顿公约》的规定，缔约方必须将ICSID裁决视为本国法院的最终判决，但是对裁决的自动承认并不意味着裁决会被认为凌驾于一切执行豁免之上。虽然依照该公约第54条的规定，在执行ICSID裁决时对ICSID裁决的管辖权、程序和实质性审查已经结束，[②] 但是，第55条规定的效果确实给予了各缔约方依据豁免立场判断并执行仲裁裁决的空间。由此可以得出，虽然《华盛顿公约》赋予了ICSID仲裁裁决极高的效力，即ICSID下的仲裁裁决不仅具有终局性而且不受制于东道国或执行地国的司法审查，但是当执行国对仲裁执行采取绝对豁免立场时，该仲裁裁决仍然无法执行。[③] 因此，执行豁免仍然是《华盛顿公约》下针对仲裁裁决程序上的最后"堡垒"。[④]

综上可见，无论是《纽约公约》还是《华盛顿公约》，都无法彻底将国家豁免排除于公约的适用范围之外。因为仲裁无法发展其自身作为争议解决独立体系的实体法，所以仲裁本身是一个从属的而非替代性的争议解决体系。只要按法院程序一样处理仲裁，主权豁免及许多其他问题将成为仲

① 张倩雯：《多元纠纷解决视阈下国际投资仲裁裁决在我国的承认与执行》，载《法律适用》2019年第3期。

② George A. Bermann, *Understanding ICSID Article 54*, 35 ICSID Review 311(2020).

③ 若执行国采取限制豁免立场，则要看该国关于执行豁免无效的规定。

④ Nino Begalishvili, *State Immunity in the Process of Recognition and Enforcement of ICSID Arbitral Awards*, 1 Journal of Law (TSU) 103(2020).

裁顺利运作的障碍。①

对仲裁裁决执行主张主权豁免是一个不合理且不公正的障碍。② 那么我们是否可以将管辖豁免放弃条款的效力扩展至执行豁免,以此规避该障碍? 正如前文所分析的,认可放弃豁免条款效力通常会构成国家承认放弃管辖豁免,但这并不直接构成针对国家财产的执行管辖豁免权放弃。③ 例如,《联合国豁免公约》起草者达成了一项规范性决议,即承认仲裁条款作为放弃与仲裁有关的司法审查的豁免,但是并不能自然作为默示放弃执行仲裁裁决的豁免,该公约第 17 条的效力也不能延伸至仲裁的执行程序阶段。④ 这个问题对于《纽约公约》也是一样的。⑤ 由此可见,如果想要让主权国家放弃执行豁免,需要单独作出说明。这一观点在"Crystallex 国际公司(以下简称 C 公司)诉委内瑞拉玻利瓦尔共和国(以下简称委内瑞拉政府)案"(Crystallex Int'l Corp. v. Bolivarian Republic of Venez.)中有所体现。2002 年,委内瑞拉政府授予 C 公司一份矿山经营合同,C 公司据此

---

① [英]维杰·K. 巴蒂亚、[澳]克里斯托弗·N. 坎德林、[意]毛里济奥·戈地编:《国际商事仲裁中的话语与实务:问题、挑战与实务》,林玫、澳苏悦译,北京大学出版社 2016 年版,第 91 页。

② Dautaj Y. , *Enforcing Arbitral Awards Against States and the Defence of Sovereign Immunity From Execution*, 3 Manchester Journal of International Economic Law 389 (2019).

③ Ben Juratowitch, *Waiver of State Immunity and Enforcement of Arbitral Awards*, 2 Asian Journal of International Law 199 (2016).

④ De Stefano Carlo, *Arbitration Agreements as Waivers to Sovereign Immunity*, 1 Arbitration International 59 (2014).

⑤ Kenshiro Yamashita, Tatsuya Emoto & Kazuki Watanabe, *Sovereignty Immunity on International Arbitral Awards in Asia: Based on New York Convention and Domestic Law in Asia on Sovereign Immunity*, ALSA Academic Journal 150 (2017).

获得开发 Las Cristinas 金矿的机会。采矿项目的完成取决于 C 公司从委内瑞拉获得某些许可。C 公司从未获得过此类许可证。相反,委内瑞拉政府在 2011 年没收了 Las Cristinas 矿山。根据加拿大和委内瑞拉之间的双边投资条约,C 公司在华盛顿特区的 ICSID 对委内瑞拉政府提起仲裁程序。仲裁小组认定,在 2016 年委内瑞拉政府的行为构成对 C 公司在合同项下权利的间接征收,最终裁定 C 公司获偿 12 亿美元及利息。C 公司随后向美国哥伦比亚特区地方法院提起诉讼,寻求确认仲裁裁决。在针对财产的执行豁免的问题上,法官指出,根据美国《外国主权豁免法》的规定,管辖豁免条款和执行豁免条款独立运作。[①] 从该案法官的观点还可以看出,放弃执行豁免条款的效力依据执行国的国内法律。除美国外,很多国家均以内国法规定国家在明示或书面情况下可以被认为放弃了执行豁免权。[②] 因此,在对执行豁免有明确规定的国家,通过书面形式在仲裁协定中约定放弃执行豁免的条款是有效力的。

(三)管辖及执行豁免一体放弃

有观点认为,管辖豁免和执行豁免可一体放弃,国家同意仲裁并非直接默认同意放弃执行豁免的观点是存疑的。原因如下:(1)这是对法律规定的一种不公正的限制;(2)放弃执行豁免是提交仲裁而自愿承担的义务;(3)如果国家同意仲裁而不能认为其同意放弃执行豁免,这种观点不

---

① 333 F. Supp. 3d 380, (2018).

② 除美国《外国主权豁免法》外,还有英国《国家豁免法》、以色列《外国国家豁免法》、日本《对外国国家民事管辖法》和西班牙《有关外国政府等享有的特权与豁免的组织法》等。

符合逻辑;(4)国家同意仲裁而否认放弃执行豁免会增加投资的阻碍;(5)否认放弃执行豁免会促使各国对不承认仲裁“政治化”。[①] 国家签署仲裁协议意味着其放弃了因仲裁而引起的在外国法院被诉时的国家豁免,包括执行仲裁协议、执行仲裁裁决和仲裁程序的管辖豁免,除非明示放弃,否则就保留强制临时措施和仲裁裁决的强制执行豁免。[②] 但反对者认为,《联合国豁免公约》和《欧洲国家豁免公约》都主张,执行豁免的放弃必须以明示方式作出,且仅签订仲裁协议不构成放弃执行豁免的一种形式。[③]

在实践中,有些法院认为,如果主权国家同意放弃管辖豁免,那么也意味着同意放弃执行豁免。[④] 例如,在“刚果(金)案”中,中国香港特别行政区终审法院的少数法官认为,无论香港特别行政区实行的是绝对豁免原则还是限制豁免原则,刚果(金)已经通过签订仲裁条款的行为放弃了管辖豁免和强制执行豁免的特权。[⑤] 法国法院在实践中也有类似观点,鲁昂上诉法院在“Bec Frères 公司诉突尼斯谷物办公室案”(Société Bec Frères v. Office des Céréales de Tunisie)中裁定,突尼斯政府部门通过提交临时仲裁接受了国际贸易的共同规则,并因此放弃了其管辖和执行豁免。[⑥]

---

① Brenninkmeijer Mees & Gélinas Fabien, *Execution Immunities and the Effect of the Arbitration Agreement*, 5 Journal of International Arbitration 549(2020).

② 钟澄:《论国际商事仲裁中国家对豁免的放弃》,载《仲裁研究》2009 年第 4 期。

③ 杨玲:《国际商事仲裁中的国家豁免》,载《法学》2013 年第 2 期。

④ Nelson Goh, *State Immunity and Court-Ordered Relief in Support of Arbitration*, 1 Chartered Institute of Arbitrators 89(2018).

⑤ [2011] HKCFA 41.

⑥ Turck N. B., *French and US Courts Define Limits of Sovereign Immunity in Execution and Enforcement of Arbitral Awards*, 3 Arbitration International 327(2001).

上述第四点理由具有一定的合理性,但其他理由并不能支持管辖和执行豁免一体放弃的观点。首先,区分管辖和执行豁免放弃本身是一种立法选择,国家对于这种选择需要考虑本国国情,并在平衡国家主权和私主体合法权益的基础上进行价值判断,因此,并不存在对法律规定的不公正限制。其次,国家提交仲裁是一种表达同意的方式,但不能因此剥夺主权国家对同意范围进行合理解释的权利,否则将不符合国家同意原则的一般国际法原则之精神。最后,管辖豁免和执行豁免本身具有许多的不同,在放弃时进行区分是合乎逻辑的。执行豁免的判断标准要严于管辖豁免,限制豁免目前尚难以形成习惯国际法,各国更多是基于政治和外交的考量。① 那些采取限制豁免立场的国家无法认同或者解释一项仅表明放弃管辖豁免的条款还包含执行豁免放弃,放弃执行豁免需要依照各国国内法的规定单独明示。究其原因就在于,执行豁免的认定标准不同于管辖豁免,大陆法系和普通法系国家对放弃执行豁免的判断还采用了不同的方式。大陆法系国家倾向在个案中发展出针对执行豁免的裁判方法,尤其是以本国最高法院的判例作为执行豁免的衡量标准,如瑞士和法国。② 普通法系国家则通过立法的方式进行规制,如美国和英国。③ 为了更加明确对执行豁免的放弃,仲裁机构在指定仲裁规则时应对此问题有更明确的规定,当事人

---

① 张亮、宁昆桦:《国家豁免对国际投资仲裁裁决有效执行的影响及其克服》,载《政治与法律》2021 年第 1 期。

② 殷峻:《瑞士国际仲裁执行豁免的新发展及其借鉴》,载《社会科学动态》2019 年第 1 期;张亮、宁昆桦:《国家豁免对国际投资仲裁裁决有效执行的影响及其克服》,载《政治与法律》2021 年第 1 期。

③ 刘元元:《国家财产执行豁免问题研究》,武汉大学 2013 年博士学位论文,第 38 页。

也可以在仲裁协议中包含对国家明确放弃执行豁免的要求。[①] 笔者认为，管辖豁免和执行豁免无法一体作出。明示放弃豁免的仲裁条款或协议在现行国际条约和各国国内法规定之下，只能视为对管辖豁免的放弃。如果要达到放弃执行豁免的法律效果，需要单独在仲裁协议或条款中明确表示。需要说明的是，美国《外国主权豁免法》规定了主权国家默示放弃豁免时国家财产能够被执行的唯一条件是“财产本身用于商业目的”，这是在国家默示放弃豁免情况下，管辖豁免放弃效力扩展至执行豁免的情形。

（四）临时措施的豁免放弃

一国同意仲裁是对仲裁管辖以及仲裁监督法院的管辖豁免放弃，但该放弃是否包含对国家财产的临时措施豁免放弃则存在争议。主流观点认为，此处的国家财产必须是基于商业目的。仲裁双方的同意和属地原则是协助仲裁的法院采取临时措施的关键，特别是国家同意可以在过度保护国家主权与为保护私人相对方而损害豁免规则之间达成一种平衡，仲裁庭和具有监督权的法院是一种共生互补的关系，即仲裁地法院在某种特殊情况下的救济措施具有域外效力。[②] 也有观点认为，如果国家与自然人、法人或其他组织签订了仲裁协议，那么国家就放弃了豁免且该放弃不仅包括仲裁管辖豁免，还包括执行仲裁裁决和为执行仲裁裁决所采取的查封、扣押

---

① Nicholas Pengelley, *Waiver of Sovereign Immunity from Execution: Arbitration is Not Enough*, 6 Journal of International Arbitration 859 (2009).

② Nelson Goh, *Court-Ordered Interim Relief Against States in Aid of Arbitration: Sovereign Immunity, Waiver and Comity*, 4 Journal of International Arbitration 679 (2017).

等保全措施豁免的放弃。[①] 但在实践中,有法院认为,管辖豁免和扣押执行豁免虽有重合,但后者的范围更窄,[②]各国的国家豁免法对临时措施豁免放弃的规定也各有不同。

日本对临时措施豁免放弃的形式有明确规定,日本《对外国国家民事管辖法》明确了对外国国家财产的临时禁制令及民事执行令不予豁免的情形。[③] 如果外国国家通过条约、国际协议、仲裁协议、书面合同或者是在执行该临时禁制令或民事执行令过程中作出的声明,或向法院或对方当事人所作的书面通知明示同意接受对其所有的财产执行临时禁制令或民事执行令,那么该国家就对与该临时禁制令或民事执行令有关的程序不享有豁免。日本国内法的态度较开放,主权国家不仅可以在采取临时措施之前通过仲裁协议的方式明示放弃临时措施豁免,而且在执行过程中也可以通过书面方式告知相对人该国放弃相应的豁免。

法国对临时措施豁免放弃的执行程序有规定,原先的立法规定,对于国家财产的执行措施无须事先征得法官的同意。[④] 但这种方式存在不满足法定条件致使财产被扣押的法律风险。因此,新修改的法国《民事执行程序法》规定,当债权人对国家财产申请临时措施或执行决定时,需要获得一个优先司法授权。对于外交财产,需要国家明示且特别具体的同意;对

---

① 韩健:《现代国际商事仲裁法的理论和实践》,法律出版社 2000 年版,第 505 页。

② 333 F. Supp. 3d 380, (2018).

③ 日本《对外国国家民事管辖法》第 3 节第 17 条。

④ Fleur Malet-Deraedt, *The New French Legislation on State Immunities from Enforcement*, 2 ASA Bulletin 332(2018).

于其他财产，如用于商业目的且与诉讼针对的实体有关联的财产，也需要明示同意。[①] 同时，对外国财产采取临时措施的豁免放弃，必须获得该国的明示同意。[②] 可见，虽然法国对临时措施豁免问题一直采取较“前卫”的态度，但从最新的立法修改也可以看出其对该问题的谨慎态度。

美国对临时措施豁免放弃的方式有更灵活的规定，外国国家可通过明示或默示的方式放弃为协助执行而进行的扣押豁免或执行豁免。[③] 当判决是基于请求执行针对外国不利的仲裁裁决时，如果为协助执行而进行的扣押或执行与仲裁协议中的任何规定均无冲突，亦可达到放弃豁免的效果。可以看出，美国立法突破了国家放弃临时措施豁免必须明示的观点。在“美孚塞罗内格罗有限公司诉委内瑞拉政府案”（Mobil Cerro Negro, Ltd. v. Bolivarian Republic of Venez.）中，法官通过将美国《外国主权豁免法》第1605节第1条与《华盛顿公约》第54条相结合，认为《华盛顿公约》每个缔约方都有义务“承认根据本公约作出的裁决具有约束力，并在其领土内执行该裁决施加的金钱义务”，构成美国《外国主权豁免法》的默示放弃豁免的效果。[④] 加拿大的国家豁免法规定和美国类似，但是并没有对“为协助执行”的限制。[⑤] 西班牙同美国一样，放弃强制性措施豁免的方式

① 法国《民事执行程序法》第L.111-1条规定，该问题由巴黎专门法院处理；第L.111-6规定，利益相关各方包括第三方债务人或诉讼涉及的其他国家，有权寻求法官同意申请修改或撤销临时措施。

② 法国《民事执行程序法》第L.111-1-2条。

③ 美国《外国主权豁免法》第1610节第1条。

④ 87 F. Supp. 3d 573,（2015）.

⑤ 1985年加拿大《国家豁免法》第12条。

既可以是明示的也可以是默示的,但默示放弃仅限于“外国政府指定其名下财产以偿付诉讼请求之情形”。[①] 此外,美国司法实践对扣押财产的豁免放弃还有一项标准,即判断扣押“用于商业活动”的财产的时间标准。在“泰格保险有限公司诉阿根廷共和国案”(TIG Ins. Co. v. Republic of Arg.)中,法院认为,该判断时间为向法院提交扣押令状请求的时间,而不是法院发出扣押财产令的时间。[②] 相较之下,英国对临时措施豁免放弃的时间范围更加宽泛,根据英国《国家豁免法》第 13 条的规定,经国家书面同意可以采取任何救济措施或启动任何程序,这种“同意”(可能包括在事前协议中)可以表明仅在限定范围内适用或普遍适用。[③]

俄罗斯直接对临时或其他强制措施豁免进行了判决前和判决后的划分。[④] 如果外国国家已签署一项仲裁协定或仲裁条款,以解决已经或可能出现的关于义务履行的争议,该外国国家被视为已放弃与仲裁协定或仲裁条款相关争议的司法豁免权。[⑤] 那么该国就放弃了俄罗斯的司法豁免权(该司法豁免权的意思是俄罗斯法院避免使某外国陷入法院诉讼的法律义

① 2015 年西班牙《有关外国政府等享有的特权与豁免的组织法》第 17 条、第 18 条。

② 967 F. 3d 778, 448 U. S. App. D. C. 385, (2020).

③ 类似规定还有 1979 年新加坡《外国国家豁免法》第 15 条、1981 年南非《外国国家豁免法》第 14 条、1981 年巴基斯坦《国家豁免条例》第 14 条。1981 年巴基斯坦《国家豁免条例》第 14 条规定,如果国家仅同意接受管辖权的规定,不得视为本款所述的同意。

④ 2015 年俄罗斯《关于外国国家和财产在俄罗斯联邦的管辖豁免法》第 2 条第 5 款、第 6 款。

⑤ 2015 年俄罗斯《关于外国国家和财产在俄罗斯联邦的管辖豁免法》第 6 条第 2 款。

务）。[①] 如果该国要放弃执行豁免（包括判决前措施和判决后措施），需要根据法律规定的方法之一表示同意。[②]

综上所述，一些国家对放弃临时措施豁免关注的角度不同，并采用了不同的立法范式。从总体来看，采取限制豁免立场的国家在一定程度上允许主权国家放弃临时措施豁免权，放弃的方式以明示或书面表示为主，放弃时间可以在最终裁决执行之前或之后。因此，临时措施豁免的放弃可以通过拟定仲裁条款的方式予以实现，但应当遵循相关国家的国内法规定，这一特点和放弃执行豁免相类似。从各国的立法实践也可以看出，无论采取何种认定放弃临时措施豁免的标准，主权国家仅表示放弃豁免或放弃管辖豁免均无法实现放弃临时措施豁免的法律效果。

三、国际仲裁中国家违反放弃豁免条款的法律责任

（一）国家是否承担责任

从仲裁纠纷解决的角度看，保护国家间的共同利益与确保国家支付商业债务的法律利益同等重要，因此，合同中会出现广泛的仲裁豁免放弃条款。国际性条约（如《联合国豁免公约》《欧洲国家豁免公约》）和许多国内立法（美国《外国主权豁免法》、加拿大《国家豁免法》、英国《国家豁免法》、新加坡《外国国家豁免法》等）都承认主权国家在仲裁协议或仲裁

---

① 2015年俄罗斯《关于外国国家和财产在俄罗斯联邦的管辖豁免法》第2条第4款、第5条第1款。

② 2015年俄罗斯《关于外国国家和财产在俄罗斯联邦的管辖豁免法》第14条、第15条。

条款中约定放弃国家豁免权的效力。那么,当主权国家违反放弃豁免条款再次提出主权豁免的主张时,应当承担何种责任,承担责任的依据为何?

首先,要考虑国家的豁免立场。当一个国家采取绝对豁免立场,是否意味着该国必然享有绝对豁免而不承担违反放弃豁免条款的责任?可以预见,如果一个国家采取绝对豁免立场,一般不会在与私主体签订的仲裁协定或合同中约定放弃国家豁免权的内容(包括管辖豁免、执行豁免和临时措施豁免等),这种情况下自然不存在承担违反条款的责任。如果此类国家与私主体签订了放弃豁免条款并再次提出国家豁免的主张,这时要考察的不是该国采取何种国家豁免立场而是争议受理国的国家豁免主张。[①]若争议受理国采取绝对豁免立场,则不承担责任。若采取限制豁免立场,则根据国家豁免立法和对其生效的相关条约判断。这种情况和采取限制豁免立场国家违反放弃豁免条款的情形一样。采取限制豁免立场的国家和私主体签订放弃豁免条款后再次以国家安全、社会公共利益、非商业目的等为由主张国家豁免,该行为是否有效?这也取决于争议受理国本国的国家豁免立场。当争议受理国采取绝对豁免原则,违反放弃豁免条款的主权国家不承担法律责任。当争议受理国采取限制豁免原则,违反放弃豁免条款的主权国家是否承担责任,其判断依据源于争议受理国的国家豁免法和对其有效的相关条约。

① 此处的争议受理国可以理解为受理因违反放弃豁免条款产生争议的所有相关国家,该国可能是仲裁地国、仲裁执行地国、临时措施执行地国、监督仲裁法院地国等。

其次，要考虑国际条约和放弃豁免条款的关系。此处的国际条约可以是双边条约，例如，BIT，也可以是多边条约，如《联合国豁免公约》《纽约公约》《华盛顿公约》。有时国家和私主体的国际商事仲裁和豁免放弃条款直接源于上述条约，特别是BIT。例如，在“C公司诉委内瑞拉政府案”案中，当事人就是基于加拿大与委内瑞拉的BIT规定提起国际仲裁。[①] 双方约定作为BIT的一部分，加拿大和委内瑞拉无条件同意将争议提交国际仲裁。仲裁适用于一国与另一国投资者之间的争议，涉及投资者声称该国采取或未采取的措施违反了BIT以及投资者已蒙受损失或因该违规行为而造成的损害。仲裁庭适用BIT和国际法规则。BIT还规定，仲裁程序将依据《ICSID仲裁规则》、《ICSID附加便利规则》或《UNCITRAL仲裁规则》进行。当国家与私主体签订协议后，若国家违反协议时，相对人享有基于合同产生的违约责任请求权和基于条约产生的条约请求权。[②] 这种双重请求权的出现是基于“保护伞”条款造成的。[③] 当国家违反放弃豁免条款时，仲裁相对方是否当然享有上述两种请求权并要求国家承担相应责任？国家违反合同约定条款义务自然构成违约行为。但作为习惯国际法的一个问题，国家违反外国人与国家之间的合同并不自动产生国家责

---

① 244 F. Supp. 3d 100,(2017).

② 丁夏：《国际投资仲裁中适用“保护伞条款”之冲突与解决——以仲裁庭阐释条款的态度为线索》，载《西北大学学报(哲学社会科学版)》2014年第2期。

③ BIT中的“保护伞”条款，是指缔约方须遵守其对缔约他方投资者(及其投资)所承担的(任何)义务或承诺。参见余劲松：《国际投资条约仲裁中投资者与东道国权益保护平衡问题研究》，载《中国法学》2011年第2期。

任。[①] 因此,对于国家是否违反"保护伞"条款并承担违反条约的责任需要进一步作判断。在司法实践中,"保护伞"条款的基本效力、管辖权以及适用范围等重大问题的解释仍然存在严重分歧。[②]

本章仅在国家违反放弃豁免条款的情形下,是否构成违反条约的问题进行讨论,大多数涉及条约中的"保护伞"条款是否违反。如果在BIT中有针对国家放弃豁免条款的直接规定,那么国家违反该条款自然构成条约义务的违反。当没有直接规定时,国家是否构成对其中"保护伞"条款内容的违反则需要进一步探究。对此问题有不同解释方法:第一种是消极解释,该方法认为,不能将违反合同的义务上升到违反条约"保护伞"条款义务。[③] 该观点在"SGS诉巴基斯坦案"(SCG v. Pakistan)中被采用。[④] 但是消极解释方法对"保护伞"条款进行了极其狭义的解读,实际上使其在条约中的存在变得毫无意义。[⑤] 第二种是自动适用解释,该方法认为,国家

① Monique Sasson, *Substantive Law in Investment Treaty Arbitration: The Unsettled Relationship between International Law and Municipal Law*, Kluwer Law International, 2017, p. 199.

② 赵红梅:《投资条约保护伞条款的解释及其启示——结合晚近投资仲裁实践的分析》,载《法商研究》2014年第1期。

③ 国内学者称其为限制性解释,参见余劲松:《国际投资条约仲裁中投资者与东道国权益保护平衡问题研究》,载《中国法学》2011年第2期;赵红梅:《投资条约保护伞条款的解释及其启示——结合晚近投资仲裁实践的分析》,载《法商研究》2014年第1期。

④ ICSID Case No. ARB/01/13, Decision of the Tribunal on Objections to Jurisdiction (August 6, 2003) [EB/OL].

⑤ Monique Sasson, *Substantive Law in Investment Treaty Arbitration: The Unsettled Relationship between International Law and Municipal Law*, Kluwer Law International, 2017, p. 235.

一旦违反合同义务,就会上升为违反"保护伞"条款的条约义务。[1] 这种解释方法也存在问题,它消除了违反合同和条约之间所有的区别。虽然这种方法得到了一些学者的支持,认为仅仅存在"保护伞"条款就会将国家和投资者之间的合同义务转化为两个缔约方之间的国际义务,以便通过制裁任何违反条约的行为以保护合同,但扩张解释未能坚持1969年《维也纳条约法公约》(以下简称《条约法公约》)第31条的规定,即根据条约上下文并参照其目的和宗旨来解释条约的规定。[2] 第三种是"统治权"(Iure Imperii)解释,[3]该观点认为,根据包含"保护伞"条款的BIT组成的仲裁庭只对条约请求权有管辖权,即仲裁双方对BIT的违反,不包括国家作为主权国以外的对合同或BIT的违反行为。在"泛美能源有限责任公司和Bp阿根廷勘探公司诉阿根廷案"(Pan American Energy LLC and Bp Argentina Exploration Company v. Argentina)[4]和"埃尔帕索能源国际公司诉阿根廷案"(El Paso Energy International Company v. Argentina)[5]中,仲裁庭认为,对双边投资条约的平衡解释是必要的,既要考虑国家利益,又要考虑保护

---

① 国内学者称其为扩大性解释,参见余劲松:《国际投资条约仲裁中投资者与东道国权益保护平衡问题研究》,载《中国法学》2011年第2期;赵红梅:《投资条约保护伞条款的解释及其启示——结合晚近投资仲裁实践的分析》,载《法商研究》2014年第1期。

② ICSID Case No. ARB/01/13, Decision of the Tribunal on Objections to Jurisdiction (August 6,2003)[EB /OL].

③ Monique Sasson, *Substantive Law in Investment Treaty Arbitration: The Unsettled Relationship between International Law and Municipal Law*, Kluwer Law International, 2017, p. 229.

④ ICSID Case No. ARB/03/13.

⑤ ICSID Case No. ARB/03/15.

外国投资及其持续流动的必要性。因此,不能简单地将合同请求权转化为条约请求权。“保护伞”条款不会将条约保护扩大到国家或国有实体签订的普通商业合同的违约行为。这种观点仅将“保护伞”条款适用于国家在行使主权时订立的合同或实施的违约行为,并且要暗示要对 BIT“平衡解释”,但这种解释要求并没有国际法依据。第四种是“强制执行”解释方法。在“SGS 诉菲律宾案”(SGS v. Philippines)中,仲裁庭用该方法解决了“SGS 诉巴基斯坦案”中对适用“保护伞”条款导致的合同中的争端解决机制被架空的担忧。仲裁庭对“保护伞”条款的解释在保留合同争端条款的同时区分了合同请求和条约义务。即如果该国根据合同承担责任(可能鉴于合同中争议解决方法的原因,国家不太可能承担)并拒绝履行其支付义务,仲裁庭很可能会裁定菲律宾违反了“保护伞”条款规定。[①] 按照上述 4 种方法,第二、第三、第四种方法都可以将国家违反放弃豁免条款的行为视为对条约义务的违反。

最后,要考虑条约必须信守原则。有观点认为,条约必须信守原则在维护条约的同时也在维护合同。无论协议的性质如何,如果它具有约束力,保持其完整性和使其具有约束力的法律原则与条约必须信守的法律原则相同。[②] 基于此观点,主权国家违反仲裁协议或合同中的放弃豁

---

① ICSID Case No. ARB/02/6, Decision of the tribunal on objections to jurisdiction (January 29,2004) [EB/OL].

② Ayad M. B., *Investor Risks Due to Sovereign Immunity Pleas in Court Rulings on Arbitral Award Enforcement of MENA-FI Investments can be Mitigated Via Harmonised International Commercial Arbitration Law Code*, 5 Journal of World Investment & Trade 753(2010).

免条款，就是违反了条约必须信守原则，应当承担违反国际法的责任。条约必须信守原则是善意原则在条约法领域具体适用的表现形式。[①] 但条约必须信守原则在适用时有条件要求：首先，条约必须合法；其次，条约对当事国有效；再次，当事国有相应的国内立法程序；最后，对条约的解释需要善意。[②] 因此，不能笼统地说违反合同义务就违反了条约必须信守原则。

综上，采取限制豁免立场的国家违反放弃豁免条款可能承担3种责任。首先，基于国家与私主体签订的协议，主权国家违反了约定义务需要承担违约责任。这是从私法意思自治角度将国家视为与私主体具有平等法律地位主体得出的结果。国际商事仲裁的传统建立在当事人意思自治自由支配的国际销售合同文化中，[③]因此，作为国际商事仲裁一方的国家应当对自己发出的意思表示和对方基于此意思表示的合理预期负责。其次，国家承担违反条约义务的责任。因为国家同意放弃豁免权是一种主权行为（国家同意原则的体现），当放弃豁免协议从属或包含于BIT内容时，国家违反放弃豁免协议的同时也违反了作为协议"保护伞"的BIT条约。最后，当国家违反放弃豁免条款符合违反条约必须信守原则的要件时，还违反了一般的国际法原则。

---

① 王玮：《善意原则在国际法实践中的应用研究——基于国际法院具体适用的类型化分析》，载《河北法学》2021年第4期。

② 汪静：《略论国际法上的"条约必须信守原则"》，载《法学家》1986年第7期。

③ Muthucumaraswamy Sornarajah, *The Settlement of Foreign Investment Disputes*, Kluwer Law International, 2000, p. 240.

(二)承担责任的法律依据

1. 国际法依据

国家违反放弃豁免条款需承担法律责任。国家与私主体协议中签订的放弃豁免条款是承担违约责任的依据,当其位于BIT条款之下时是违反条约义务的依据。那么,有关国家豁免的多边条约是否也可作为国家违反放弃豁免条款的国际法依据,如《条约法公约》《联合国豁免公约》《纽约公约》等。

《条约法公约》第1条规定,该公约适用的范围是国家间的条约。这说明,国家与其他国际法主体的协议不受该公约的约束。因此,该公约中的条约必须信守原则就不具有约束仲裁协议(或合同)的效力。当主权国家与私主体签订的仲裁协议处于该主权国家与私主体所属国的BIT之下,该仲裁协议或合同是否属于《条约法公约》的适用范围?《条约法公约》的第3条草案规定了条约适用范围的保留:(1)国家与其他国际法主体之间或此类其他国际法主体之间缔结的国际协定;(2)对非书面形式的国际协定,不应影响这些协定的法律效力,也不应影响该条款中规定的任何规则对它们的适用,因为这些规则是独立于本条款的。[①] 对于第一项保留,联合国国际法委员会是考虑到国家和国际组织之间以及两个组织之间的国际协定很常见,最好在第3条中对其法律效力和可能出现的问题作出明确保留。第二项保留的必要性来自第2条中"条约"的定义,即"以书面形

① 第3条内容在1961年和1962年的草案中是第2条。

式”缔结的国际协定。在关于条约法的第二届会议中，对第 3 条的内容进行了修改，BIT 属于该公约第 1 条规定的适用范围。[①] 因此，当国家和私主体签订包含放弃豁免条款的合同或仲裁协议并将 BIT 并入时，《条约法公约》可以作为主权国家承担违反放弃豁免条款法律责任的国际法依据，当事人可以主张主权国家违反了条约必须信守原则。

对于国家与私主体非基于 BIT 达成的包含放弃主权豁免协议，是否可以适用《联合国豁免公约》《条约法公约》？《条约法公约》第 26 条规定："凡有效之条约对其各当事国有拘束力，必须由各该国善意履行。"从条文可以看出，首先需要判断的是"有效之条约"的含义。关于该条文的拟定，一些成员最初对是否将"生效"一词包括在条文内感到担忧，因为通过解释可能会削弱规则的表达清晰度。然而，其他成员认为"生效"一词表达了构成规则要素的一部分。此外，因为联合国国际法委员会通过的其他条款涉及条约的生效、条约暂时生效的情况、缔约方在生效前承担的某些义务、条约的无效以及它们的终止，因此有必要根据逻辑理由将它们含括在内。一些成员认为，规定一方必须避免采取旨在破坏条约目的和宗旨的行为，这将更有利。[②] 还有成员提出，在"生效"和"具有约束力"之间插入"符

---

① 联合国条约法会议官方记录，A/CONF. 39/11/Add. 1；《条约法公约》第 3 条规定："本公约不适用于国家与其他国际法主体间所缔结之国际协定或此种其他国际法主体间之国际协定或非书面国际协定，此一事实并不影响：(a)此类协定之法律效力；(b)本公约所载任何规则之依照国际法而毋须基于本公约原应适用于此类协定者，对于此类协定之适用；(c)本公约之适用于国家间以亦有其他国际法主体为其当事者之国际协定为根据之彼此关系。"

② 联合国条约法会议官方记录，A/CONF. 39/C. 1/L. 181。

合本公约的规定”。[①] 然而,联合国国际法委员会认为,这显然隐含在善意履行条约的义务中。委员会倾向以尽可能简单的形式陈述条约必须信守的规则。[②] 经过上述讨论过程,最终形成了正式文本的第26条。可见,“有效之条约”指的是《条约法公约》适用范围内的有效力的条约。鉴于《联合国豁免公约》目前尚未生效,因此不符合“有效”要件。国家和私主体之间的协议也不属于条约范围。因此,私主体不能通过《联合国豁免公约》和《条约法公约》的结合适用要求主权国家承担违反条约必须信守原则的国际法责任。

目前,有的国家通过解释的方式实现条约适用范围的扩大化。例如,美国直接阐明国际投资争端属于《纽约公约》项下的“商事”关系,使此类裁决可适用该公约以寻求承认与执行。[③] 在中国对外签署BIT的缔约实践中,已有个别的投资争端解决条款对商事争议与投资争端的两分法进行了调整,从而突破了现有的国内法律规定,明确投资者与国家间仲裁裁决适用《纽约公约》予以承认和执行的合法性。[④] 一些中国国内的仲裁机构也采取了相同观点。[⑤] 由此,国家违反放弃豁免协议的问题就转化为该国

① 联合国条约法会议官方记录,A/CONF. 39/C. 1/L. 173。

② 联合国条约法会议官方记录,A/CONF. 39/11/Add. 2。

③ 2012年版美国BIT范本第34条第10款规定:“根据本章提交仲裁的一项申请应被视为产生于《纽约公约》第1条意义上的商事关系或交易。”

④ 张建:《国际商事法庭承认与执行国际投资仲裁裁决问题探析》,载《国际法学刊》2020年第1期;张建:《国际投资争端仲裁裁决在中国法院的承认与执行——兼论国家豁免立场的现代转型》,载《司法改革评论》2020年第1期。

⑤ 汪蓓:《论承认与执行国际投资仲裁裁决面临的挑战与出路——基于上诉机制改革的分析》,载《政法论丛》2021年第5期。

是否违反《纽约公约》的问题。《纽约公约》第3条规定了承认和执行的条件,并确立了保障承认与执行的3项原则。第一,允许承认及执行外国裁定所依据的"条件"完全由《纽约公约》所管制;第二,各缔约方管制承认及执行外国仲裁裁决事宜的国家程序规则,对承认或执行该公约所适用的仲裁裁决,不应该比对承认或执行本国的仲裁裁决规定实质上更苛刻的条件或更高的费用;第三,虽然第3条给予缔约方在承认及执行阶段适用其本国程序规则的自由,但法院在适用第3条时应尽可能地在最大限度上遵守《纽约公约》促进承认及执行的政策。① 通过这种解释的方式,《纽约公约》也可以作为国家承担违反放弃豁免条款责任的国际法依据。

2. 国内法依据

除国际法依据外,国内法依据也非常重要。放弃豁免条款争议最终交由争议受理国处理,其本国的国家豁免法对该争议会产生很大影响。下文将通过对具体案件的分析,观察不同争议受理国的国内法依据对同一案件产生的不同影响。

(1)"克赖顿公司诉卡塔尔市政和农业部的ICC仲裁案"

在"克赖顿公司与卡塔尔市政和农业部的ICC仲裁案"(Creighton Limited v. Government of the State of Qatar)中,可以看出美国和法国的不同做法。1982年,克赖顿公司与卡塔尔市政和农业部签订了在卡塔尔多哈建造医院的合同,合同规定所有争议都将"最终根据国际商会的调解和

---

① UNCITRAL《关于〈承认及执行外国仲裁裁决公约〉的指南》(2016年版),第77~78页。

仲裁规则解决”。1986年,卡塔尔市政和农业部将克赖顿公司开除出建筑工地,理由是其表现不令人满意。次年,克赖顿公司就损害赔偿向卡塔尔市政和农业部提起仲裁。由于克赖顿公司和卡塔尔市政和农业部之间的合同没有指定仲裁地点,ICC根据其规则决定仲裁在巴黎进行。根据美国对其中一项行为的判决,卡塔尔自愿参加仲裁。① 1993年,仲裁庭发布了两项裁决,要求卡塔尔市政和农业部向克赖顿公司支付总计超过800万美元的损害赔偿、利息和律师费。卡塔尔政府于1994年向法国法院提起诉讼,要求撤销根据法国法律无效的两项仲裁裁决,后被巴黎上诉法院驳回。② 但巴黎上诉法院认为,卡塔尔并未放弃其执行豁免权,并且根据法国法律,被克赖顿公司扣押的资产享有扣押豁免权。③ 克赖顿公司就上述裁决向最高法院提出上诉,最高法院在2000年7月的裁决中推翻了上诉法院的判决,认为卡塔尔签署ICC仲裁条款意味着放弃执行豁免权。最高法院认为,根据1988年ICC《仲裁规则》第24条第2款的意见,该条规定:“将争议提交国际商会仲裁,当事人应被视为已承诺毫不拖延地执行由此产生的裁决,并在可以有效作出此类放弃的情况下放弃其以任何形式上诉的权利。”克赖顿公司随后试图对卡塔尔在法国的资产执行裁决,但根据法国法律,这些资产被认定具有豁免权。

---

① 181 F.3d 118, (1999).

② Turck N. B., *French and US Courts Define Limits of Sovereign Immunity in Execution and Enforcement of Arbitral Awards*, 3 Arbitration International 327(2001).

③ Alexis Blane, *Sovereign Immunity as a Bar to the Execution of International Arbitral Awards*, 41 International Law And Politics 453(2009).

克赖顿公司还向美国哥伦比亚特区提交了执行仲裁裁决的申请。哥伦比亚特区上诉法院根据美国《外国主权豁免法》有关弃权和仲裁条款规定分析对涉案标的物的管辖权。由于当时卡塔尔不是《纽约公约》的签署国,法院认为,在《纽约公约》缔约方进行仲裁的协议并未达到放弃主权豁免所必需的主观标准。虽然没有弃权,但法院认为,根据美国《外国主权豁免法》的规定其享有该案管辖权。虽然卡塔尔辩称,仲裁条款是在克赖顿公司与卡塔尔达成协议后被添加到约定中的,但法院认为这只是一项管辖权条款,因此不会被宣告无效。然而,法院认定它对卡塔尔缺乏属人管辖权。通过将美国《外国主权豁免法》对有关仲裁条款的规定解读为仅授予标的物管辖权,法院认为在《纽约公约》签署方领土内进行仲裁的协议仅构成对标的物管辖权的放弃。因此,卡塔尔保留反对美国法院属人管辖权的权利。法院认定,尽管卡塔尔与一家开曼公司达成了一项协议,规定在《纽约公约》的签署方进行仲裁,该协议在美国可明确执行,但卡塔尔缺乏必要的最低限度联系,法院无法认定它拥有对国家的属人管辖权。因此,克赖顿公司的请求无法获得支持。[①]

从上述案例可以看出,虽然美、法两国最终都没有支持投资者要求执行相关财产的诉求,但两国法院的分析路径和理由依据完全不同。法国法院认为,卡塔尔政府依照ICC《仲裁规则》的规定放弃了执行豁免权,但基于本国法的规定,涉案资产本身具有豁免权,因此拒绝执行。美国法院基

① Turck N. B. ,*French and US Courts Define Limits of Sovereign Immunity in Execution and Enforcement of Arbitral Awards*,3 Arbitration International 327(2001).

于对美国《外国主权豁免法》的解读认为，即使卡塔尔同意仲裁，也没有放弃其在执行程序中对美国法院管辖的抗辩权。因此，在约定放弃豁免条款的仲裁案件中，国家违反放弃豁免条款的最终结果取决于争议受理国的国内法规定。

(2)"Noga 公司诉俄罗斯联邦案"

在"Noga 公司诉俄罗斯联邦案"(Compagnie Noga d'lmportation etd' Exportation S. A. v. Russian Federation)中，瑞士 Noga 公司与苏联政府先后签订了两个协议，由后者供应原油。1991 年协议第 14 条和 1992 年协议第 15 条均规定："如在本协议的执行过程中发生争议，借款人和贷款人同意相互协商，以友好方式解决此类争议。如果双方未能达成协议，尽管有其他补救措施，产生的分歧可提交给斯德哥尔摩商会仲裁以作出决定。争议应根据瑞士法律进行裁决。根据此类仲裁达成的决定为最终决定，对双方均有约束力。双方放弃对此类仲裁裁决提出上诉，并且借款人放弃就执行与本协议有关的针对其发出的任何仲裁裁决的豁免权。"当俄罗斯违反合同终止原油供应后，Noga 公司向 SCC 提起并赢得了仲裁。仲裁结束后，瑞典法院驳回了俄罗斯推翻裁决的诉求。就财产执行问题，俄罗斯向巴黎大审法院提出对仲裁裁决相关财产扣押的解除请求，但被法院驳回。[1] 俄罗斯提出上诉，Noga 公司回应称，俄罗斯已经通过合同放弃了管

① Nikolai A. Lazarev, *Aspects of Russian Legislation Relating to Recognition and Enforcement of Foreign Awards: The Noga Case*, 3 Arbitration: The International Journal of Arbitration, Mediation and Dispute Management 189(2006).

辖与执行豁免。法院认为,俄罗斯确实放弃了豁免权,但是基于俄罗斯是1961年《维也纳外交关系公约》的成员,俄罗斯并没有放弃外交豁免权以及以外交为目的的财产豁免权。因此,法院最后解除了相关账户的扣押措施。相较"克赖顿公司诉卡塔尔市政和农业部的ICC仲裁案",俄罗斯明确在合同中约定了放弃对诉讼、执行和扣押的任何豁免权。但法院最终根据1961年《维也纳外交关系公约》对被采取强制措施的财产性质进行了分析,得出俄罗斯对该财产并没有放弃豁免权的结论。这实质上是通过公约对主权国家放弃豁免的意思表示进行了限缩解释。[①]

在巴黎上诉法院裁定俄罗斯联邦在法国的大使馆账户不受查封之前,Noga公司于2000年1月在美国提出了两起申诉:一起是在肯塔基州的联邦地方法院,另一起是在美国纽约南区的地方法院,其目的都是寻求确认和执行1997年SCC作出的两项裁决。俄罗斯联邦分别于2000年5月和2000年6月在两个地方法院提起诉讼,这些诉讼于2000年9月在美国纽约南区地方法院进行合并。在美国法院看来,该案的争议在于法院是否基于美国《外国主权豁免法》第1605节第1条第6款第2项对该仲裁裁决予以承认。[②] 相较上一个案例,该案的特别之处在于与Noga公司签订合同的是苏联,但之后苏联解体。因此,重要的问题是俄罗斯政府是否是仲裁相对方。法院认为,1997年的裁决将"俄罗斯联邦政府(俄罗斯)"指定为

---

① Alexis Blane, *Sovereign Immunity as a Bar to the Execution of International Arbitral Awards*, 41 International Law And Politics 453(2009).

② 00Civ. 0632 (WHP), 2002 U.S. Dist. (S.D.N.Y., 2002).

答辩人和反诉人,该裁决并未说明俄罗斯联邦对俄罗斯政府的责任进行负责。此外,裁决和补充裁决没有说明俄罗斯联邦是仲裁的一方。SCC 仲裁的相关情况表明,俄罗斯联邦无意对提交的争议进行仲裁。在仲裁中,俄罗斯联邦也反对仲裁并坚持认为它不是适当的一方当事人。最终,SCC 仲裁员仅针对俄罗斯政府作出裁决。基于上述理由,美国法院认为其不能承认对俄罗斯联邦的裁决。[①] 美国法院对该案的分析重点放在仲裁相对方的身份确认环节,基于仲裁的表述、仲裁的结果以及俄罗斯抗辩的理由,得出裁决无法得到承认的结果。

从上述两个案例可以看出,美、法两国作为争议受理国,涉诉法院都是依据本国的国家豁免法规定判断主权国家是否需要承担违反放弃豁免条款的责任。在面对相同案件的情况下,对于当事人的诉求,两国法院从不同视角给出了不同结果,或是虽相同结果但分析思路和理由不同。

四、国际仲裁中国家放弃豁免条款的具体拟定

从上文分析可看出,主权国家与私主体签订的放弃豁免权条款具有法律效力,但其效力范围和违反该条款承担的法律依据有所不同,放弃豁免条款的表达方式和具体内容影响争议受理国对其效力的判定。同时,放弃豁免条款的存在能够帮助当事人避免纠纷并且将相关裁决的效力延伸至执行阶段。下文将对放弃豁免条款的具体拟定进行分析。

---

① 361 F. 3d 676 (2d Cir. 2004).

（一）放弃豁免条款的形式

放弃豁免条款采用的形式主要有明示和默示两种，目前各国国内立法主要以主权国家通过明示的方式放弃豁免，也有一些国家支持明示和默示两种方式，如西班牙和美国。由于在实践中默示方式的认定条件较苛刻、证明难度大且受主观判断影响程度高，大多数放弃豁免条款的形式都是书面方式。本章的讨论对象是具体的放弃豁免条款，因此对采用默示方式放弃豁免的方式不予讨论。放弃豁免条款要求采用书面的方式可以避免对国家主权的任意侵蚀，这既是国家同意原则的表现，也是国际礼让原则的要求。通过明示方式还可以减少对相关概念诸如“商业行为”、财产性质和国家行为等概念的不同理解。

（二）放弃豁免条款的内容

ICSID、UNCITRAL、ICC 等主要国际仲裁机构都建议在仲裁条款中加入对管辖与执行豁免放弃的条款。[①] 部分机构给出了示范条款，如常设仲裁法院《仲裁当事一方为国家的争端之任择性规则》示范仲裁条款第 6 条规定，“本仲裁协议构成放弃一方当事人在执行根据本协议组成的仲裁庭作出的任何裁决时可能享有的任何主权豁免权，即放弃执行主权豁免权”。ICSID 示范条款第 15 条规定，“东道国在执行和实施根据本协议组成的仲裁庭作出的任何裁决时，特此放弃对该国及其财产的任

① Gary B. Born, *International Arbitration and Forum Selection Agreements Drafting and Enforcing*, Kluwer Law International B. V., 2021, p. 137 - 138.

何主权豁免权”。

关于放弃豁免条款的内容拟定,要注意以下3点:第一,放弃豁免条款内容要考虑到合同约定的法院选择协议。因此,条款可以拟定为:“当事人同意放弃任何司法管辖区对与当事人之间根据本法院选择协议或其他方式进行的任何诉讼、执行、判决前或判决后扣押或其他法律程序的豁免权。”第二,要根据不同国家具体的国内豁免法规定拟定有针对性的放弃豁免条款。例如,针对美国《外国主权豁免法》,放弃豁免条款可以表述为:“当事人执行、交付和履行本协议构成私人和商业行为,而不是公共或政府行为。当事人或其任何财产或收入均不会在任何司法管辖区对与当事人在本协议下的义务有关的诉讼、司法、判决、扣押(无论在判决之前或之后)、抵销或执行判决或任何其他法律程序或补救措施主张任何豁免权。”针对英国《国家豁免法》的规定,放弃豁免条款可以表述为:“如果当事人在任何司法管辖区为自己或其资产要求豁免诉讼、执行、扣押(不论是协助执行、判决前或其他)或在任何此类司法管辖区可能将任何此类豁免归于自己或其资产,当事人在此不可撤销地同意不要求和放弃此类司法管辖区法律允许的全部豁免权。”[①]第三,虽然对于执行豁免并无统一做法,但合同当事人可以要求国家(或国家自愿)预留出资金或财产为合同项下的某些特殊义务的履行提供保证。[②] 这可以进一步保证裁决执行的可预

① Gary B. Born, *International Arbitration and Forum Selection Agreements Drafting and Enforcing*, Kluwer Law International B. V., 2021, p. 29 – 30.

② Sagar Samarth, "*Waiver of Sovereign Immunity*" *Clauses in Contracts*, 5 Journal of International Arbitration 609 (2014).

见性。

综上所述,放弃豁免条款的表述要非常清晰,内容可以包括管辖豁免、执行豁免、诉前临时措施、诉后临时措施以及其他保证合同履行的措施(如预留相关财产、提供保险或保证人等)。最重要的是,当事人在拟定放弃豁免条款时需要考虑可能涉及的具体法域的国家豁免规定,该法域可能是合同履行地国、仲裁地所在国以及仲裁执行地国等。

五、结论

国家豁免作为仲裁裁决承认和执行的障碍一直存在。从国际角度来看,管辖豁免的绝对主张已经逐步“落伍”,执行豁免的绝对与限制主张成为目前的主流观点。无论是国际条约还是国内立法都在用不同的方式对执行豁免进行更加明确、细致的规定。国际仲裁中通过拟定放弃豁免条款规避国家豁免导致的阻碍成为新的国际潮流。

对于采取限制豁免立场的国家来说,拟定放弃主权豁免条款具有法律效力并且必然导致放弃管辖豁免权。执行豁免和临时措施豁免在国际上并没有形成相对统一的标准,即便是采取限制豁免立场的国家之间也未形成一致观点。因此在实践中,各国放弃豁免条款效力范围的认定主要依据各自国内的国家豁免法。当国家违反放弃豁免条款,在国际法和国内法两个层面均可要求其承担法律责任,其中,包括违约责任、条约义务责任和条约必须信守原则。但在大多数情况下,主权国家责任的认定最终取决于争议受理国的国家豁免立场及国家豁免法。放弃豁免条款的拟定可以避免针对诸如“商业行为”等概念的争议并延伸仲裁裁决的效力至执行阶段。仲裁协议相对方在拟定放弃豁免条款时要考虑很多因素,例如,所涉合同的法院选择协议、争议受理国的放弃豁免条款规定以及要求主权国家履行合同目的的保障措施等。

第六章　中国国际商事仲裁司法审查案例及所涉法律问题

本部分由最高人民法院民四庭根据各高级人民法院上报数据以及在中国法院裁判文书网和其他互联网途径公开（截至2022年6月30日）的仲裁司法审查裁定，对过去一年国际商事仲裁司法审查案件进行回顾分析，就所涉法律问题予以述评。

2021年，全国法院新收涉外、涉我国港澳台地区仲裁司法审查案件379件。其中，涉外149件，涉我国香港特别行政区204件，涉我国澳门特别行政区11件，涉我国台湾地区15件，占全部新收仲裁司法审查案件（15,934宗）的2.37%。

一、申请确认涉外、涉我国港澳台地区仲裁协议效力相关法律问题

（一）涉外因素的界定

在“申请人广州八八六六网络科技有限公司与被申请人绍兴上虞必果

益游网络科技有限公司申请确认仲裁协议效力案”中,[①]申请人申请确认其与被申请人就游戏合作开发签署的合作开发运营协议约定争议提交至HKIAC依照《HKIAC机构仲裁规则》最终解决的仲裁条款无效,理由为我国法律并未允许国内当事人将其不具有涉外因素的争议提请境外仲裁,合同当事人均为中国内地登记注册的法人,涉案协议约定的游戏研发及交付等相关事宜均于中国内地开展,被申请人恶意拟定于香港特别行政区仲裁的条款,意图提高申请人的维权门槛。此外,合作开发运营协议、八八六六公司之股东协议分别约定了仲裁和法院管辖。被申请人则辩称,合同履行具有涉外因素,从微信聊天截图看,申请人对游戏在境外发行是知情的。法院认为,合作开发运营协议约定申请人负责游戏开发工作,其分成收入包括该合作游戏的海外收益分成,之后被申请人授权某公司与香港公司就中国内地以外的全球发行签订发行合作协议及补充协议。因此,涉案合作开发运营协议的履行和收益与中国境外具有连接点,该案情形符合最高人民法院《关于适用〈中华人民共和国涉外民事关系法律适用法〉若干问题的解释(一)》第1条第5项关于“可以认定为涉外民事案件的其他情形”的规定,故涉案合同关系属于涉外民事法律关系。案涉仲裁条款适用仲裁地法律即香港特别行政区法律仲裁条款有效。至于合作开发运营协议及八八六六公司之股东协议分别约定了仲裁管辖及法院管辖,该两份协议的签订主体及约定内容并不相同,各自具有独立性,股东协议的法院管辖条

① 广东省广州市中级人民法院民事裁定书,(2021)粤01民特748号(2021年9月8日)。

款并不适用于因合作开发运营协议引起的或与该协议有关的争议。据此驳回申请人的申请。

在"申请人天津市垃圾分类处理中心与申请人天津大马南方环保工程有限公司申请确认仲裁协议效力案"中,[①]申请人主张无涉外因素的争议约定于香港特别行政区仲裁的条款无效。法院认为,双方在天津市潘楼生活垃圾中转站运营合同中订立的仲裁条款,约定有关争议事项提交HKIAC仲裁,但双方当事人均为中国法人,标的物在中国境内,合同也在中国境内订立和履行,无涉外民事关系的构成要素,该合同不属于涉外合同。该合同及所包含的仲裁条款所适用法律,无论当事人是否作出明确约定,均应确定为中国法律。由于仲裁管辖权系法律授予的权力,而我国法律没有规定当事人可以将不具有涉外因素的争议交由境外仲裁机构进行仲裁,故当事人约定将有关争议提交HKIAC仲裁没有法律依据。因而裁定确认案涉仲裁条款无效。

(二)涉外仲裁条款效力准据法的认定

在"上诉人施某睐与被上诉人郑某太合同纠纷管辖权上诉案"中,[②]上诉人的上诉理由为:合资公司协议是由上诉人与被上诉人等以及两名孟加拉国居民根据孟加拉国法律法规签订的,内容为在孟加拉国设立合资公司,协议约定"若双方就本协议或任何公司经营的协议内容与任何权利、责

① 天津市第一中级人民法院民事裁定书,(2021)津01民特11号(2021年8月16日)。

② 广东省广州市中级人民法院民事裁定书,(2019)粤01民辖终1790号(2021年7月2日)。

任或义务发生任何分歧或纠纷、均应提交仲裁(shall be referred to the arbitration)"特指孟加拉国的仲裁机构,故仲裁协议效力的审查应当适用孟加拉国法律。法院认为,《涉外民事关系法律适用法》第18条规定:"当事人可以协议选择仲裁协议适用的法律。当事人没有选择的,适用仲裁机构所在地法律或者仲裁地法律。"最高人民法院《关于审理仲裁司法审查案件若干问题的规定》第13条规定:"当事人协议选择确认涉外仲裁协议效力适用的法律,应当作出明确的意思表示,仅约定合同适用的法律,不能作为确认合同中仲裁条款效力适用的法律。"合资公司协议关于合资公司的设立和经营受孟加拉国政府规章制度的约束,可以理解为约定了合同适用的法律,无法得出应适用孟加拉国法律作为判断案涉仲裁协议效力准据法的结论。案涉仲裁条款仅约定"提交仲裁",对于仲裁地或仲裁机构所在地均未作出约定,根据最高人民法院《关于适用〈中华人民共和国仲裁法〉若干问题的解释》第16条的规定,对涉外仲裁协议的效力审查,适用当事人约定的法律;当事人没有约定适用的法律但约定了仲裁地的,适用仲裁地法律;没有约定适用的法律也没有约定仲裁地或者仲裁地约定不明的,适用法院地法律,该案应适用法院地法即我国法律认定仲裁协议效力。因案涉仲裁协议对仲裁机构未作出约定,双方亦未对此作出补充约定,故应认定该仲裁协议无效。该案经报核最高人民法院,裁定驳回上诉,维持原裁定。

在上海市高级人民法院关于"华泰财产保险有限公司(以下简称华泰公司)诉Luster Maritime S. A.(光彩海运公司)等海事海商纠纷案"能否受

理的请示案中，[①]案涉共损担保函正面约定了仲裁条款，主要内容为："c)本协议适用英国法，并根据英国法来解释；任何由本协议引起的纠纷提交伦敦仲裁，根据1996年英国仲裁法或者任何它的法定修正案或者重新立法。仲裁应根据伦敦海事仲裁员协会(LMAA)在仲裁开始时的现行规则进行。"原告华泰公司基于案涉共损担保函提起诉讼。最高人民法院复函认为，从该条款的内容上看，已经明确约定了仲裁地、适用法律、仲裁规则等，法院应根据仲裁条款所约定的英国《1996年仲裁法》或其法定修正案或重新立法的规定，认定该仲裁条款是否有效。如果案涉仲裁条款有效，人民法院应当告知原告向仲裁机构申请仲裁，若其坚持起诉的，裁定不予受理。

在"申请人天津德升酒店管理有限公司与被申请人香港豪华酒店(中国)国际管理有限公司申请确认仲裁协议效力申请确认仲裁协议效力案"中，[②]申请人申请确认仲裁条款无效的理由为：双方签订的管理合同中仲裁条款约定ICC作为仲裁机构，但ICC不具备仲裁职能，事实上也不存在ICC这一仲裁机构。法院查明，管理合同第11.05条约定，"除酒店专家依照本合同作出的任何决定外，产生于本合同或本合同的违约、终止或无效性或与之有关的任何国际商会争议、纠纷或索赔，均由ICC依照在收到仲裁通知之日有效的ICC《仲裁规则》(或其类似的后续规则)，通过仲裁加以解决。指定机构为ICC。仲裁员为一人；如若仲裁一方不同意，则仲裁员为

---

① 最高人民法院(2021)最高法民他431号复函。

② 天津市第一中级人民法院民事裁定书，(2021)津01民特1号(2021年7月15日)。

三人。仲裁程序所用语言为英语。仲裁地点为香港”。法院认为,管理合同之仲裁条款约定了仲裁地为香港特别行政区,应适用香港特别行政区法律确定仲裁协议效力。《香港仲裁条例》第19条规定,仲裁协议是指当事人同意将他们之间一项确定的契约性或非契约性的法律关系中已经发生或者可能发生的一切争议或某些争议交付仲裁的协议。仲裁协议可以采取合同中仲裁条款的形式或单独的协议形式。根据香港特别行政区法律之规定,仲裁条款效力取决于当事人将争议交付仲裁的意思表示,而不以是否约定仲裁机构、约定的仲裁机构是否唯一、约定的仲裁机构名称是否准确、约定的仲裁机构是否存在等为其生效要件。管理合同中仲裁条款具备当事人将争议交付仲裁的意思表示,应认定为有效的仲裁条款。因而裁定驳回申请人的申请。

在“广东省高级人民法院关于上诉人东莞市修泰机电有限公司与被上诉人兆奕精密机械股份有限公司买卖合同纠纷管辖权异议上诉请示案”中,[①]当事人在案涉合作代理合同及合作代理合同补充协议中均约定,争议提交当地仲裁委员会仲裁或依法向中国大陆的人民法院或台湾地区地方法院起诉。最高人民法院复函认为,当事人没有选择仲裁协议适用的法律,也没有约定仲裁地,约定的仲裁机构为当地仲裁委员会,对于当地仲裁委员会具体为哪一个仲裁机构,是不明确的。参照最高人民法院《关于适用〈中华人民共和国仲裁法〉若干问题的解释》第16条的规定,应适用我

① 最高人民法院(2021)最高法民他336号复函。

国大陆的法律认定案涉仲裁协议的效力。该案当事人约定争议可以向仲裁机构申请仲裁,也可以向人民法院起诉。该案亦不存在一方向仲裁机构申请仲裁,另一方未在《仲裁法》第20条第2款规定的期间内提出异议的情形。故案涉仲裁协议无效。该案复函同时指出,人民法院在审查涉外及涉我国港澳台地区仲裁协议效力时,应当首先就确认仲裁协议效力适用的法律作出认定。

在湖北省高级人民法院关于"申请人武汉武钢绿色城市技术发展有限公司与被申请人中铁五局集团有限公司确认仲裁协议效力请示案"中,①案涉合同履行地为利比里亚,案涉《机械设备租赁合同》第7.2条约定,将争议提交利比里亚蒙罗维亚司法部门进行仲裁。最高人民法院复函认为,双方当事人并未约定仲裁协议应适用的法律,首先应判断案涉《机械设备租赁合同》第7.2条是否构成约定了明确的仲裁机构,由于各国仲裁制度不一,依据利比里亚法律判断为宜。中铁五局集团有限公司主张,依照合同约定到利比里亚解决纠纷,可要求其提交利比里亚相关法律,如指定期限内无法提交,则可依据法院地法律即中华人民共和国法律认定案涉仲裁协议的效力。

(三)仲裁协议的签署问题

在"申请人 Infiplay Limited 与被申请人利为公司申请确认仲裁协议效力案"中,②申请人以其在涉案合同的印章、授权代表签字系伪造为由,申

① 最高人民法院(2021)最高法民他106号复函。

② 北京市第四中级人民法院民事裁定书,(2021)京04民特30号。

请确认仲裁协议无效,并对印章、签字的真实性申请鉴定。法院准许其鉴定申请。鉴定机构出具鉴定意见为:(1)案涉合同上的印文与样本印文不是同一枚印章;(2)因申请人未能提供有参考价值的对比样本,无法对其授权代表签字的真实性出具鉴定意见。法院认为,结合双方往来邮件,可认定双方当事人存在以签订、履行合作协议为目的的商业交往与接触。现申请人法定代表人签字的真实性无法通过司法鉴定予以查明,双方签订合同的实际情况需要进一步举证并通过案件实体审理全面分析研判才能认定。现有证据仅有合作协议中印文与样本印文对比的鉴定意见,对于申请人是否仅有或仅使用过一枚印文并无法证明,而且印文的形成过程仍需通过实体审理予以综合判断。故仅通过司法鉴定无法判断当事人在行为时的真实意思表示,更无法对法律行为的效力作出准确认定。案涉争议应当在仲裁机构通过实体审理进一步解决更妥当。据此,驳回申请人确认仲裁协议无效的申请。

在"申请人 WAITAT 贸易公司与被申请人深圳某实业发展有限公司申请确认仲裁协议效力案"中,①申请人申请确认仲裁协议无效的理由为包含仲裁条款的合作协议系林某违法使用公司印章签订的,并非该公司真实的意思表示,其效力应予否定。法院认为,合作协议加盖申请人长条形签字章,签字人是申请人当时登记的合伙人,无证据证明合作协议上的公司印章是虚假的。因此,仲裁协议对申请人有约束力。仲裁协议具有独立

① 广东省深圳市中级人民法院民事裁定书,(2019)粤03民特1090号(2021年3月15日)。

性，至于合作协议中的权利义务条款是否是申请人的真实意思表示，能否约束申请人，应由仲裁庭在仲裁案件中予以审理。

（四）认定当事人是否放弃仲裁协议的审查标准

在"泰国南华橡胶有限公司（以下简称泰国南华公司）与青岛力恒源国际贸易有限公司（以下简称力恒源公司）国际货物买卖合同纠纷案"中，①原告泰国南华公司起诉力恒源公司赔偿销售合同项下违约损失，力恒源公司未到庭。法院查明，原告在自己翻译的中文合同文本中隐去了双方明确约定的争议提交 SIAC 仲裁的条款。法院认为，第一，在当事人之间的合同订有仲裁条款的情况下，当事人不得向法院起诉是我国民事诉讼法的明确规定，是人民法院应依职权主动审查的事项。立案后，法院发现合同中有仲裁条款，即使被告未出庭、未抗辩，法院依然要主动进行审查。第二，公告送达是法定的拟制送达，非实际送达，在这种送达方式下，被告未出庭抗辩不能视为放弃仲裁条款约定。根据最高人民法院《关于订有仲裁条款的合同一方当事人不出庭应诉应如何处理的复函》，如仲裁条款有效，被告经合法传唤未答辩应诉，不能据此认定其放弃仲裁并认定人民法院取得管辖权，法院并不因此取得管辖权。案涉仲裁条款应适用约定的仲裁机构所在地法即新加坡国际仲裁法判断效力，且根据现有的法律查明情况，该条款不能被确认为无效，裁定驳回原告起诉。

在"申请人太阳谷太阳能有限公司（以下简称太阳谷公司）与被申请

① 山东省青岛市中级人民法院民事裁定书，(2020)鲁02民初1507号(2021年3月31日)。

人保定天威薄膜光伏有限公司(以下简称天威公司)申请承认和执行美国法院民事判决请示案”中,[①]请示的问题是案涉当事人就争议的仲裁条款,是否有效排除美国加利福尼亚州法院对案件的管辖权。该案争议的采购合同订有仲裁条款,约定仲裁地应设在中国的贸仲。太阳谷公司向美国加利福尼亚州法院起诉,天威公司未应诉,美国法院作出支持太阳谷公司诉请的缺席判决。太阳谷公司申请承认和执行美国法院判决。最高人民法院复函认为,案涉仲裁条款准据法为仲裁地法律即我国法律,该条款是有效的。《纽约公约》第 2 条第 1 项规定,“当事人以书面协定承允彼此间发生或可能发生之一切或任何争议,如关涉可以仲裁解决事项之确定法律关系,不论为契约性质与否,应提交仲裁时,各缔约国应承认此项协定”,即《纽约公约》各缔约方有义务尊重仲裁协议。仲裁协议不仅对当事人具有法律约束力,同时具有排除法院行使管辖权的法律效果。如当事人事后选择放弃仲裁协议,依照合同变更理论,必须以明确清晰的方式达成一致,未答辩应诉的行为不能推定放弃仲裁协议。我国《仲裁法》第 26 条规定的是当事人参加首次开庭且未对法院受理案件提出异议的情形,并不包括当事人缺席不应诉的情形。故美国加利福尼亚州法院对争议不具有管辖权,案涉判决应不予承认和执行。该裁判规则为《纪要》所采纳。《纪要》第 47 条规定:“外国法院作出缺席判决后,当事人向人民法院申请承认和执行该判决,人民法院经审查发现纠纷当事人存在有效仲裁协议,且缺席当事人

① 最高人民法院(2021)最高法民他 64 号复函。

未明示放弃仲裁协议的，应当裁定不予承认和执行该外国法院判决。”

在“申请人 WAITAT 贸易公司与被申请人深圳某实业发展有限公司申请确认仲裁协议效力案”中，[①]被申请人辩称，涉案仲裁案件已经在深圳仲裁委员会开庭审理，申请人参与庭审且没有依法在仲裁庭首次开庭前提出仲裁协议效力异议。法院认为，仲裁条款约定在深圳仲裁委员会提起仲裁，应适用仲裁机构所在地法即我国法律审查仲裁条款的效力。涉案仲裁案件开庭审理时，申请人即 WAITAT 贸易公司律师的授权委托书仅加盖公司签字章而没有授权签字人签字，该授权属无效授权，仲裁庭向该律师送达开庭通知书的行为不能视为已向申请人送达开庭通知，申请人并未得到仲裁开庭通知，没有参加仲裁庭审，其起诉申请确认仲裁协议效力，没有超过法定期限。

（五）先前仲裁程序中意思表示的约束力

在“申请人烟台中际投资有限公司等与被申请人劳玛斯特钻井系统（北京）有限公司、第三人姜某樟申请确认仲裁协议效力案”中，[②]申请人请求确认仲裁协议对双方之间的纠纷不具有约束力，理由为被申请人既不是《投资合作协议》的出资人，也不是签约主体，且《投资合作协议》第 6 条约定，“如协商不成，由原告所在地相应的级别法院管辖”。经查明：《投资合作协议》约定提交北仲仲裁解决。法院认为，因仲裁地北京在我国境内，应适用我国法律审查涉外仲裁条款。基于北仲之前就该相关争议作出

① 广东省深圳市中级人民法院民事裁定书，（2019）粤 03 民特 1090 号（2021 年 3 月 15 日）。

② 山东省烟台市中级人民法院民事裁定书，（2020）鲁 06 民特 88 号（2021 年 6 月 18 日）。

的生效仲裁裁决认定的事实,申请人等认可《投资合作补充协议》仲裁条款对被申请人的法律约束力,认可双方之间关于《投资合作协议》、《投资合作补充协议》及《投资合作补充协议(二)》的争议由北仲仲裁解决。现被申请人基于上述3份协议对申请人等提起仲裁,申请人等否认该仲裁条款的约束力,与其之前在仲裁案件中所作的意思表示相矛盾,不予支持。因而法院不支持申请人的主张。

(六)仲裁协议独立性原则的适用

在"广州香蔓蕾文化发展有限公司、朱某燕、香港易汇环球集团有限公司等申请确认仲裁协议效力案"中,[①]申请人请求确认《股权合作协议》包含的争议提交杭州仲裁委员会仲裁的条款无效,理由为该协议签署后,双方又签订了《股权重组框架协议》,约定《项目股权合作协议》效力终止,而《股权重组框架协议》中并没有约定仲裁条款。法院认为,案涉仲裁条款具备请求仲裁的意思表示和明确的仲裁事项,选定了杭州仲裁委员会仲裁,符合仲裁法规定,属有效仲裁协议。根据我国《仲裁法》第19条规定的仲裁协议独立性原则,《股权合作协议》是否终止并非该案审查内容,即使该协议终止,亦不会影响该协议中所约定仲裁条款的效力。故裁定驳回申请。

在"申请人硕润实业连云港有限公司(以下简称硕润公司)与被申请人株式会社I-未来、池田商事株式会社(以下简称池田会社)申请确认仲

① 浙江省杭州市中级人民法院民事裁定书,(2020)浙01民特112号(2021年2月1日)。

裁条款效力案"中,[①]购销合同约定争议提交连云港市仲裁委员会仲裁,池田会社在甲方株式会社I-未来会社处加盖印章。法院认为,仲裁协议独立性是一项基本法律原则。《仲裁法》第19条第1款规定:"仲裁协议独立存在,合同的变更、解除、终止或者无效,不影响仲裁协议的效力。"因此,在确定仲裁条款效力包括仲裁条款是否成立时,可以先行确定仲裁条款本身的效力;在确有必要时,才考虑对整个合同的效力包括合同是否成立进行认定。虽然株式会社I-未来会社未在涉案购销合同盖章,但是其在该案诉讼中明确认可与硕润公司之间存在仲裁条款。因此,涉案仲裁条款对硕润公司与株式会社I-未来会社有约束力。池田会社明知购销合同载有仲裁条款,仍在合同株式会社I-未来会社处上加盖印章,表明其接受仲裁条款约束。尽管"连云港市仲裁委员会"并不准确,因连云港市当地只有一个仲裁机构,即连云港仲裁委员会。因此,涉案仲裁条款视为选定了连云港仲裁委员会,涉案仲裁条款有效。裁定驳回上诉,维持原裁定。

(七)金融仲裁案件的管辖权

在"申请人柬埔寨光纤通信网络有限公司与被申请人国家开发银行申请确认仲裁协议效力案"中,[②]被申请人就《质押协议》履行产生的争议向贸仲提交仲裁申请,贸仲立案受理。申请人遂向法院申请确认《质押协议》的仲裁条款无效,理由为:《质押协议》第23.1条、第23.2条约定,在发生争议后国家开发银行可以将该争议提交贸仲仲裁,同时也可以选择提交

① 江苏省高级人民法院民事裁定书,(2020)苏民辖终43号(2021年1月26日)。

② 北京市第四中级人民法院民事裁定书,(2021)京04民特976号(2021年12月31日)。

柬埔寨王国法院诉讼。依据仲裁地法即我国法律规定,或裁或诉的约定违反仲裁法,属于无效条款。且仲裁条款赋予国家开发银行单方选择的权利,仲裁条款显失公平,应当认定无效。法院认为,因国家开发银行为银行金融机构,且质押协议为3份《外汇贷款合同》的从合同,该案为涉金融民商事纠纷的确认仲裁协议效力案件,而贸仲所在地为北京市,故可以确认仲裁协议效力的法院应为北京市具有管辖权的中级人民法院。根据最高人民法院《关于北京金融法院管辖的规定》第1条第5项关于北京市金融法院管辖"金融民商事纠纷的仲裁司法审查案件"之规定,裁定该案移送北京金融法院处理。

(八)境外仲裁庭管辖权认定程序和我国法院申请仲裁协议效力确认之诉的冲突

在"上诉人高盛国际、美国高盛(亚洲)有限责任公司等与被上诉人莱克电气股份有限公司(以下简称莱克公司)管辖权异议上诉纠纷案"中,[①]上诉人上诉请求撤销一审裁定、驳回莱克公司起诉,其中的一项理由为:涉案仲裁条款约定的仲裁机构是HKIAC,莱克公司已向仲裁庭提出仲裁条款无效的异议,仲裁庭裁决认定仲裁协议有效,故人民法院无须重复审理,且香港特别行政区高等法院作出禁诉令,命令莱克公司撤回或中止该案诉讼。法院认为,莱克公司住所地在江苏省苏州市,苏州市中级人民法院对该案有管辖权。根据《仲裁法》第20条的规定,当事人对仲裁协议的效力

① 江苏省高级人民法院民事裁定书,(2020)苏民辖终83号(2021年4月16日)。

有异议的，可以请求仲裁委员会作出决定或者请求人民法院作出裁定。但是该法律条文规定的仲裁委员会系根据《仲裁法》第 10 条和第 66 条设立的仲裁委员会，并不包括香港特别行政区的仲裁机构。因此，《仲裁法》第 20 条、最高人民法院《关于适用〈中华人民共和国仲裁法〉若干问题的解释》第 13 条的规定不适用香港特别行政区的仲裁机构对仲裁条款效力作出认定的情形。故裁定驳回上诉，维持原裁定。

（九）"先裁后诉"条款的认定

在"申请人韩国大荣 C&E 株式会社与被申请人广州乾鹊机电有限公司申请确认仲裁协议效力案"中，[①]采购合同约定争议向广州仲裁委员会申请仲裁，仲裁不成向广州人民法院提起上诉。申请人主张，上述约定表明，双方请求仲裁的意思表示不肯定，"先仲裁，后诉讼"的争议解决方式等同约定了仲裁和诉讼的选择权，违反了"一裁终局"原则，条款应属无效。法院认为，采购合同中约定的争议解决条款，已经明确仲裁优先，只有在仲裁无法处理时才向法院起诉，该条款不属于最高人民法院《关于适用〈中华人民共和国仲裁法〉若干问题的解释》第 7 条规定的仲裁协议无效的情形，故该仲裁条款应为合法有效。故裁定驳回申请人的申请。值得注意的是，《纪要》第 94 条"根据仲裁法第九条第一款关于仲裁裁决作出后当事人不得就同一纠纷向人民法院起诉的规定，'先仲裁、后诉讼'关于诉讼的约定无效，但不影响仲裁协议的效力"的规定采取更彻底的解决思路，

---

① 广东省广州市中级人民法院民事裁定书，(2021)粤 01 民特 1084 号(2021 年 7 月 22 日)。

否定“后诉”约定的效力，人民法院直接判断仲裁协议有效与否即可。

(十)仲裁条款效力的审查范围

在“申请人山东洪达化工有限公司与被申请人威立雅能源管理(菏泽)有限公司申请确认仲裁协议效力案”中，[①]《洪达锅炉改造与蒸汽销售协议》的争议解决条款约定仲裁在北京由贸仲按照其规则用中文与英文主持进行，仲裁庭应由3名仲裁员组成，每一方应当各指定1名，第三名仲裁员不应为中国或法国公民或永久居民。申请人主张，案涉争议无涉外因素，上述仲裁条款将争议提交外籍人士裁决，约定的组庭程序违反中国公共政策及法律因而条款无效。法院认为，认定仲裁条款无效应当依据《仲裁法》第17条及相关司法解释的相关规定，明确涉案仲裁条款存在的无效情形并举证证明。申请人援引事由是针对申请撤销仲裁裁决的规定，不是确认仲裁协议无效的法定事由。该案虽为国内争议，但我国仲裁法并不禁止外籍仲裁员审理国内仲裁案件，在不违反我国法律规定的情况下，人民法院及仲裁机构均应当充分尊重仲裁当事人之间的意思自治。涉案仲裁条款亦未违反禁止将非涉外争议提交外国仲裁机构仲裁的法律规定。故裁定驳回申请。

在“申请人陈某潮与被申请人戴某瑶等申请确认仲裁协议效力案”中，[②]申请人申请双方在多份合同约定的争议深圳仲裁委员会仲裁的条款

① 北京市第四中级人民法院民事裁定书，(2021)京04民特636号(2021年9月28日)。

② 广东省深圳市中级人民法院民事裁定书，(2021)粤03民特625－627号(2021年6月22日)。

为有效的仲裁条款。被申请人戴某瑶等未作答辩。法院认为,被申请人未对还款合同中仲裁条款的真实性提出异议,该条款有请求仲裁的意思表示和仲裁事项,并选定了仲裁委员会,符合法律规定的条件,且并无法律规定的无效情形,因此仲裁协议有效。

(十一)提单仲裁条款效力的认定

在天津市高级人民法院关于"上诉人中纺粮油进出口有限责任公司(以下简称中纺公司)、中国太平洋财产保险股份有限公司航运保险事业营运中心(以下简称营运中心)与被上诉人艾瑞尼航运公司(Eirini Shipping Ltd.,以下简称艾瑞尼公司)共同海损纠纷管辖权异议请示案"中,①案涉提单背面的运输条款第8条约定:"由本提单引起的所有争议应在伦敦仲裁……本提单项下的任何争议均受英国法律约束。"最高人民法院复函认为:首先,艾瑞尼公司起诉请求中纺公司作为货主分摊共同海损,艾瑞尼公司作为承运人应当知晓提单背面仲裁条款内容并受其约束,中纺公司作为提单持有人在一审期间明确表示接受提单背面仲裁条款的约束,故应认定艾瑞尼公司与中纺公司之间存在仲裁协议。

(十二)以援引方式并入仲裁条款的效力认定

在"上诉人埃斯埃公司与被上诉人莱茵公司服务合同纠纷上诉案"中,②埃斯埃公司与莱茵公司签署电子报价单一份,该电子报价单本身未

---

① 最高人民法院(2021)最高法民他385号复函。

② 上海市第二中级人民法院民事裁定书,(2020)沪02民终4718号。

载明仲裁条款,但报价单尾部的双方当事人签署栏下方载明:《一般商业条款和条件》是报价单不可分割的重要组成部分,对双方均具有约束力;当埃斯埃公司确认本报价单并以要求方式同传给莱茵公司后,即视为其已经认真阅读并完全理解《一般商业条款和条件》的全部内容。电子报价单下方未直接附上《一般商业条款和条件》全文,仅附全文的下载链接。在前述链接指向的《一般商业条款和条件》全文中,载有仲裁条款。埃斯埃公司主张,莱茵公司对涉案格式仲裁条款未尽到任何提示、说明义务,该仲裁条款应认定为无效。上海市静安区人民法院一审认为,根据电子报价单签署栏下方的提示,应视为埃斯埃公司接受了《一般商业条款和条件》的全部内容,而《一般商业条款和条件》所载仲裁条款本身合法有效。上海市第二中级人民法院二审认为,涉案仲裁条款应依格式条款控制规则审查。第一,关于提示与说明义务。虽报价单提及《一般商业条款和条件》,但未将包括仲裁条款在内的一般条款和条件内容载入报价单文本或作为附件进行显示,在签署报价单时,埃斯埃公司未能实际看到或知晓仲裁条款,莱茵公司除报价单外,亦未提交证据证明其已采取任何合理方式提醒对方注意或进行说明。第二,关于排除或限制主要权利问题。若将以格式条款订立的仲裁协议完全排除在格式条款的效力评价范围之外,将有可能排除当事人在发生纠纷时选择争议解决方式的权利,亦违反我国《仲裁法》第4条规定的仲裁自愿原则。据此撤销一审裁定,认定莱茵公司与埃斯埃公司未达成仲裁合意。

（十三）仲裁条款对保险人的约束力

在浙江省高级人民法院“关于中国人民财产保险股份有限公司厦门市分公司（以下简称人保厦门公司）与香港鸿森国际海运有限公司海上货物运输合同纠纷管辖权异议请示案”中，[①]就案涉仲裁条款是否对人保厦门分公司具有约束力问题，最高人民法院复函认为，仲裁协议是各方希望通过仲裁方式解决纠纷的合意，需要当事人之间具有请求仲裁的意思表示。保险人依据保险合同向被保险人赔付货物损失后，行使向承运人以及其他责任人请求赔偿货物损失的代位求偿权时，其并非协商订立案涉仲裁条款的当事人，提交仲裁的约定并非其意思表示，除非其明确表示接受，否则该仲裁条款对其不具有约束力。

（十四）主合同仲裁条款对担保合同当事人的效力认定

在天津市高级人民法院“关于上诉人中纺公司、营运中心与被上诉人艾瑞尼公司共同海损纠纷管辖权异议请示案”中，[②]艾瑞尼公司以货物的保险人营运中心在事故发生后向艾瑞尼公司出具海损担保函为由，请求营运中心对中纺公司的付款义务承担连带责任。案涉担保函属于艾瑞尼公司与中纺公司依据提单形成的海上货物运输合同的从合同，不能直接受到提单仲裁条款的约束。从中纺公司、营运中心与艾瑞尼公司通过电子邮件对保证书和担保函内容进行磋商的情况看，艾瑞尼公司同意中纺公司、营

① 最高人民法院（2021）最高法民他88号复函。
② 最高人民法院（2021）最高法民他385号复函。

运中心关于删除争议管辖条款的意见,最终担保函未约定仲裁条款。故应认定艾瑞尼公司与营运中心之间不存在仲裁协议。

在“广东省高级人民法院关于深圳光汇石油集团股份有限公司(以下简称光汇集团)与日照港达船舶重工有限公司(以下简称日照公司)海事担保合同纠纷管辖权异议仲裁条款效力问题请示案”中,[①]日照公司与光汇海运签署的油船建造合同约定了仲裁条款。其后又签订补充协议。同日,光汇集团向日照公司出具担保声明书,承诺就主合同及补充协议项下的债务承担连带责任,该担保声明书没有约定仲裁协议。最高人民法院复函认为,光汇集团作为担保方并非主合同的当事人,主合同中约定的仲裁条款不能约束担保合同的当事人。光汇集团主张,担保合同产生的争议适用主合同仲裁条款的理由不能成立。

(十五)关于仲裁机构名称的认定

在福建省高级人民法院“关于香港雅禾矿业资源有限公司(以下简称雅禾公司)与福建省福能电力燃料有限公司(以下简称福能公司)买卖合同纠纷管辖权异议请示案”中,[②]雅禾公司与福能公司先后签订10份煤炭购销合同,前4份合同无争议解决条款,后6份均有仲裁条款,约定的仲裁机构为“中国国际贸易仲裁中心”。最高人民法院复函认为,从“中国”“国际”“贸易”这3个关键词来看,可以确定双方指向的应为“中国国际经济贸易仲裁委员会”,上述仲裁条款符合我国《仲裁法》第16条的相关规定,

① 最高人民法院(2021)最高法民他32号复函。

② 最高人民法院(2021)最高法民他34号复函。

应为有效。据此,6 份煤炭购销合同中的仲裁条款有效。

(十六)关于体育争议解决条款的效力认定

在"塞尔维亚籍教练诉上海恩渥餐饮管理有限公司(以下简称恩渥公司)(原上海聚运动足球俱乐部有限公司,以下简称聚运动公司)劳务合同纠纷请示案"中,[1]双方签订解除合同协议,约定《职业教练工作合同》自当日终止,聚运动公司向教练支付剩余工资及住房补贴等,其中第 5.1 条约定,"与本解除合同协议相关,或由此产生的任何争议或诉讼,应当受限于国际足联球员身份委员会或任何其他国际足联有权机构的管理"。第 5.2 条约定,"如果国际足联对于任何争议不享有司法管辖权的,协议方应当将上述争议提交至国际体育仲裁法庭,根据《与体育相关的仲裁规则》予以受理。相关仲裁程序应当在瑞士洛桑举行"。后该教练向国际足联球员身份委员会申请解决案涉争议,委员会作出《单一法官裁决》(Decision of the Single Judge of the Players' Status Committee)即独任决定,要求聚运动公司支付报酬,如当事人对决定结果有异议,应当在收到决定之日起 10 日内向国际体育仲裁院提起上诉,否则决定具有终局性、约束力。双方均未提起上诉。因聚运动公司解散并不再在中国足球协会注册,上述决定无法通过足球行业自治机制得以执行,该教练向上海市徐汇区人民法院起诉恩渥公司及股东吕某。恩渥公司和吕某提出管辖权异议,认为根据《解除合同协议》第 5.2 条的约定,案涉争议应当提交国际体育仲裁院仲裁,人民法院无

① 最高人民法院(2021)最高法民他 3 号复函。

管辖权。徐汇区人民法院一审认为,双方已就争议解决方式明确排除了人民法院的管辖权,裁定驳回原告起诉。原告不服,向二审法院提起上诉。二审法院就案涉仲裁协议效力问题逐级报核至最高人民法院。最高人民法院复函认为,《解除合同协议》第5.2条约定的争议解决条款本身有效,但国际足联球员身份委员会等国际单项体育组织内设的纠纷解决机构并非具有独立性的仲裁机构,其调处会员单位和成员之间纠纷的活动属于体育行业内部的自治解决纠纷程序,相应的纠纷处理决定不属于《纽约公约》项下的外国仲裁裁决。合同约定关于将纠纷提交国际体育仲裁院仲裁的约定虽然涉及仲裁程序,但该仲裁条款附有条件,而案涉纠纷不符合该条款约定的条件,故不适用于案涉纠纷,不能排除人民法院依法享有的司法管辖权。

二、申请撤销涉外、涉我国港澳特别行政区仲裁裁决相关法律问题

(一)对仲裁协议成立与否的审查

在湖南省高级人民法院"就不予执行北京仲裁委员会(2018)京仲裁字第0358号仲裁裁决涉及刘某责任部分请示案"中,[①]被执行人刘某称,其没有与中海外公司达成书面仲裁协议,并申请对其签名进行鉴定。法院在组织鉴定期间查明《债务清偿协议》原件由中海外公司持有,并向该公

① 最高人民法院(2021)最高法民他178号复函。

司发出举证通知书,要求其在指定期限内提交,该公司收到举证通知书后无正当理由未在指定期限内提交《债务清偿协议》原件,致使鉴定无法进行。最高人民法院复函认为,根据最高人民法院《关于民事诉讼证据的若干规定》第95条的规定,一方当事人控制证据无正当理由拒不提交,对待证事实负有举证责任的当事人主张该证据的内容不利于控制人的,人民法院可以认定该主张成立。该案应当认定刘某所称其没有与中海外公司达成书面仲裁协议的主张成立。同意不予执行案涉仲裁裁决第4项涉及刘某承担连带清偿责任内容的处理意见。

在"申请人徐某与被申请人汤某、广州市德成物业管理有限公司(以下简称德成公司)申请撤销仲裁裁决案"中,①申请人申请撤销中国广州仲裁委员会作出的仲裁裁决的理由为:商铺租赁协议的签订主体只有德成公司和汤某,申请人作为德成公司的法定代表人,仅履行法定代表人职责,案涉协议对其个人并无约束力。广州市越秀区人民法院裁定已确认徐某与汤某未达成仲裁条款,之所以驳回起诉是因为该案取决于汤某和德成公司之间的租赁关系是否解除,该裁定书不能作为广州仲裁委员会对申请人具有管辖权的依据。法院查明,越秀区人民法院对汤某诉德成公司和徐某的房屋租赁合同纠纷立案受理后,德成公司以仲裁条款对提出管辖权异议。越秀区人民法院裁定认为,虽汤某与徐某之间并未约定仲裁条款,但审查徐某是否应承担退还定金的责任,是基于汤某与德成公司之间的租赁合同

① 广东省广州市中级人民法院民事裁定书,(2019)粤01民特860号(2021年9月9日)。

是否应予解除、德成公司是否应按合同约定承担退还定金的责任，德成公司异议成立，该案应由广州仲裁委员会管辖，裁定驳回汤某起诉。广州仲裁委员会受理该案后，徐某到庭参与庭审，但答辩其不应作为该案被申请人。法院认为，徐某作为德成公司的法定代表人在商铺租赁协议书上签字，其应明知该协议中存在仲裁条款。在越秀区人民法院受理的“汤某诉德成公司、徐某房屋租赁合同纠纷案”中，德成公司以其与汤某在商铺租赁协议书中约定了仲裁条款为由提出了管辖权异议，越秀区人民法院作出裁定，认定“本案应由广州仲裁委管辖”，并驳回了汤某的起诉。该裁定现处于生效状态并具有法律约束力，徐某未就该裁定提出上诉，应视为徐某接受了该裁定认定的结果，广州仲裁委员会据此具有管辖权。经报最高人民法院审核，裁定驳回徐某的撤裁申请。

(二)对仲裁庭处理鉴定申请的审查

在“武汉协卓联合贸易有限公司(以下简称协卓公司)与别洛德莱销售有限责任公司申请撤销仲裁裁决案”中，[①]协卓公司申请撤销贸仲的仲裁裁决，其中的一项理由为：仲裁庭不准许协卓公司的货物质量鉴定申请，剥夺了协卓公司对关键证据重新鉴定的机会，协卓公司由此丧失抗辩机会，故仲裁违反法定程序。法院认为，根据最高人民法院《关于适用〈中华人民共和国仲裁法〉若干问题的解释》第20条的规定，我国《仲裁法》第58条规定的“仲裁的程序违反法定程序”，是指违反仲裁法规定的仲裁程序

① 北京市第四中级人民法院民事裁定书，(2021)京04民特710号(2022年3月29日)。

和当事人选择的仲裁规则可能影响案件正确裁决的情形。《仲裁法》第44条第1款规定，仲裁庭对专门性问题认为需要鉴定的，可以交由当事人约定的鉴定部门鉴定，也可以由仲裁庭指定的鉴定部门鉴定。据此，仲裁庭有权决定鉴定程序启动与否。该案仲裁庭结合双方当事人的到庭陈述、各自提交的证据，认为经考虑双方当事人的意见及该案的实际情况，对鉴定申请不予同意，该决定属于其履职范围，未违反我国仲裁法及该机构仲裁规则的规定，其未准予鉴定申请不存在仲裁庭通知不及时，剥夺协卓公司重新鉴定、举证及辩论权的问题。综上，协卓公司提出的仲裁违反法定程序的主张，不予支持。

（三）对补正裁决可补正范围的审查

在广东省高级人民法院“关于申请人香港居民陈某与被申请人邝某、杜某申请不予执行仲裁裁决请示案”中，[①]深圳仲裁委员会补正裁决将原第2项“并将涉案土地上所有属申请人的房屋返还予申请人”补正为“并将涉案土地上所有房屋返还予申请人”。最高人民法院复函认为，上述补正可能造成返还房屋的范围不同，应当视为对当事人权利义务的实质性变更，而不属于我国《仲裁法》第56条关于“对裁决书中的文字、计算错误或者仲裁庭已经裁决但在裁决书中遗漏的事项，仲裁庭应当补正”和该仲裁委仲裁规则第68条关于“裁决书中如有文字、计算错误或者遗漏事项，仲裁庭应当自行补正”的规定中可以补正的内容。通过补正裁决对仲裁规则

① 最高人民法院（2021）最高法民他404号复函。

中不属于补正范围的当事人实体权利义务内容予以补正,构成仲裁的程序与仲裁规则不符的情形,同意不予执行补正裁决的报请意见。

(四)对是否超出仲裁协议范围的审查

在"申请人慈铭博鳌国际医院有限公司(以下简称慈铭博鳌公司)与被申请人海南亨廷顿医院管理咨询有限公司(以下简称亨廷顿公司)、美国HRC公司等申请撤销仲裁裁决案"中,[①]申请人申请撤销仲委仲裁裁决的其中一项理由为:辅助生殖技术(以下简称IVF)批复是海南省卫健委针对慈铭博鳌公司的申请许可其开展特定业务,行政许可不能转让,本身也不具备财产价值,不具有可仲裁性,仲裁庭对IVF批复价值的酌情估价作出的裁决,超出了合作协议对双方所应承担责任的约定,也超出了仲裁条款的约定。法院认为,裁决实际是在确认IVF批复本身不具备资产价值的基础上,对HRC公司、D&W公司、亨廷顿公司在批复获取中发挥的作用,结合双方对于IVF中心未来的盈利预测,以及双方对于合作协议解除所应承担的责任进行综合认定,未超出法律规定的可仲裁事项与当事人约定的仲裁范围,也不存在因未审理IVF批复价值而对IVF批复相关价值作出认定这一超出仲裁请求范围的情形。仲裁庭对上述事项进行审理,是对平等民事主体之间商事纠纷的审理,在仲裁权的行使范畴内,裁决并未超裁。

① 北京市第四中级人民法院民事裁定书,(2021)京04民特26号(2021年3月5日)。

（五）对是否违反社会公共利益的审查

在"申请人慈铭博鳌公司与被申请人亨廷顿公司、美国 HRC 公司等申请撤销仲裁裁决案"中，[①]申请人申请撤销贸仲仲裁裁决的理由为：裁决违背国家设立 IVF 行政许可的本意，使事前行政许可的意义受到根本性伤害，危害社会公共利益。法院认为，裁决已经认定"IVF 批复本身不具备资产价值"，因此不存在变相承认行政许可具有价值的情形，裁决结果仅影响案件当事人之间的权利义务，不涉及为社会公众所享有，为整个社会发展存在所需要，具有公共性和社会性的社会公共利益。因此，裁决未违反社会公共利益。

三、申请承认（认可）和执行外国、我国港澳特别行政区仲裁裁决相关法律问题

（一）司法审查的范围问题

在"申请人西班牙瑞欧太阳能公司与被申请人华夏聚光（内蒙古）光伏电力有限公司申请承认和执行外国仲裁裁决案"中，[②]被申请人认可收到 SIAC 的通知，对裁决的欠款金额等亦没有异议，但认为应当适用开始执行程序当日的汇率将裁决的新加坡元换算为人民币。因被申请人的该项主张不属于《纽约公约》第 5 条规定的审查事由，法院未予处理。法院认

① 北京市第四中级人民法院民事裁定书，（2021）京 04 民特 26 号（2021 年 3 月 5 日）。
② 内蒙古自治区呼和浩特市中级人民法院民事裁定书，（2020）内 01 民特 100 号（2021 年 3 月 1 日）。

为,案涉仲裁裁决并不存在《纽约公约》第5条规定的拒绝承认之事由,也不违反我国加入该公约时所作出的保留性声明条款,裁定对案涉仲裁裁决的法律效力予以承认。

在“申请人东盛航运有限公司与被申请人商行荣耀国际航运有限公司申请承认和执行外国仲裁裁决案”中,①双方签订了一份定期租船合同,约定纠纷提交伦敦仲裁,适用英国法及伦敦海事仲裁委员会(London Maritime Arbitrations Association,LMAA)规则。双方发生争议后,各自指定一名仲裁员,并由两名仲裁员作出一致最终裁决。法院认为,根据《纽约公约》第5条的规定,拒绝承认和执行外国仲裁裁决的情形可以分为两类:一是需要被申请人请求并提供证据证明的,包括仲裁协议无效等程序性事项(第5条第1款);二是法院依职权主动审查的,包括争议事项不可仲裁以及违反法院地公共政策两项(第5条第2款)。该案被申请人并未依据该公约第5条第1款的规定提出拒绝承认和执行仲裁裁决的请求并提供相应的证据证明,其提出的有关费用的意见属于该案仲裁裁决的未决事项,裁决书明确仲裁庭对此保留管辖权。该意见内容也不属于该案审查的内容范围。裁定承认和执行案涉仲裁裁决。

在“申请人NHE航运有限公司(以下简称NHE公司)与被申请人江苏四海荣进出口有限公司承认与执行国外仲裁裁决案”中,②双方签订的航次租船合同约定如有争议在伦敦适用英国法进行仲裁,争议金额不超过

① 上海海事法院民事裁定书,(2020)沪72协外认1号(2021年2月26日)。

② 南京海事法院民事裁定书,(2020)苏72协外认1号(2021年8月20日)。

5万美金时适用伦敦仲裁协会小额仲裁程序。该合同第27条约定,未尽事宜按照标准金康94执行并作逻辑性修改及替换。双方就上述租船确认书发生纠纷后,申请人NHE公司依约在英国伦敦提起仲裁。后仲裁庭对被申请人进行缺席仲裁裁决。因被申请人未提出拒绝承认和执行的抗辩,仲裁裁决事项系因履行租船合同引起的纠纷,属平等主体之间的契约性商事法律关系,当事人有权选择以仲裁方式解决争议,也不涉及我国的社会公共利益。故该案不存在《纽约公约》第5条第2款规定的拒绝承认和执行仲裁裁决的情形,裁定承认和执行就案涉租船确认书纠纷作出的仲裁裁决(包括仲裁员作出的《仲裁裁决更正备忘录》)。

"申请人中国中车(香港)有限公司(以下简称中车香港公司)、中国中车香港资本管理有限公司(以下简称中车资本公司)与被申请人麦达斯控股有限公司(以下简称麦达斯公司)申请认可和执行HKIAC仲裁案"中,[①]麦达斯公司作为发行人与纽约梅隆银行新加坡分行作为受托人签订了信托契约,约定麦达斯公司拟发行总计本金金额最多不超过5亿新加坡元的多币种中期票据。麦达斯公司作为发行人与新加坡星展银行有限公司(以下简称星展银行)及香港上海汇丰银行有限公司(以下简称汇丰银行)签订了第三、第四期票据认购及配售协议,约定星展银行及汇丰银行承销麦达斯公司发行的第三、第四期本金金额各3000万美元的票据。中车香港公司认购了第三、第四期票据各1500万美元,中车资本公司也认购了第

① 江苏省南京市中级人民法院民事裁定书,(2020)苏01认港1号(2021年3月4日)。

三、第四期票据各1500万美元。其后，中车香港公司、中车资本公司分别与麦达斯公司签订了谅解备忘录、补充协议，对第三期票据的延期等事宜进行了约定。2017年12月11日，麦达斯公司作为出质人分别与中车香港公司、中车资本公司作为质权人签订了两份股权质押协议，麦达斯公司将其持有的南京中车浦镇城轨车辆有限责任公司的股权16.25%质押给中车香港公司，股权16.25%质押给中车资本公司。由于麦达斯公司违反了股权质押协议，未能履行其在补充协议项下的义务，且未能支付第三、第四期票据项下的应付款项。中车香港公司、中车资本公司根据两份股权质押协议约定的仲裁条款向HKIAC提起对麦达斯公司的仲裁，HKIAC经审理后作出裁决。法院认为，因被申请人麦达斯公司未就中车香港公司、中车资本公司申请认可与执行申请提出辩解意见，该院不再对最高人民法院《安排》第7条第1款规定的5种不予认可与执行的情形审查，且HKIAC案涉仲裁裁决不存在违反内地社会公共利益的情形，裁定认可和执行HKIAC案涉裁决。

(二)仲裁协议当事人认定问题

在"申请人维实洛克有限公司与被申请人宁德市闽东联谊工贸有限公司(以下简称闽东联谊)、福建省鑫森炭业股份有限公司(以下简称鑫森炭业)申请认可和执行HKIAC仲裁裁决案"中，①闽东联谊、鑫森炭业辩称：(1)申请人在主体方面与仲裁程序中不同；(2)鑫森炭业不是仲裁程序的

① 福建省南平市中级人民法院民事裁定书，(2018)闽07认港1号(2021年8月19日)。

当事人，鑫森炭业只是签订了修订协议，修订协议中并没有仲裁条款；(3)两个仲裁案件是独立的案件，但是仲裁庭却进行了证据混用。该案经报核至最高人民法院后认为：根据维实洛克有限公司提交的公司设立证明及公司转换证明，可确认"美德维实伟克有限公司"更名为"维实洛克有限公司"，申请人具备该案主体资格。关于案涉《供应协议》中的仲裁条款是否约束鑫森炭业，即鑫森炭业与维实洛克有限公司之间是否达成仲裁协议，应以最高人民法院《安排》第7条第1款第1项的规定作为审查依据。在该案各方当事人未就确认仲裁协议效力的准据法作出约定的情况下，应依据仲裁地法律即香港特别行政区法律进行判断。在该案中，鑫森炭业未在《供应协议》上签字，仅是《修订协议》的签字方。但从《供应协议》第6条、第10条、第16条、第18.2条及《修订协议》第2.1.1条、第2.1.3条、第2.2.1条、第3.1条、第6.1条等约定内容看，维实洛克有限公司、闽东联谊、鑫森炭业通过签订《修订协议》，对《供应协议》中第6条、第7条、第10条、第11条、第12条、第13条的内容进行了部分变更，并作为新条款添加到《供应协议》中，其中，第3.1条和第6.1条特别约定适用于鑫森炭业。尽管《修订协议》本身没有载明仲裁条款，但《修订协议》明确援引了《供应协议》，且第2.1.1条约定了《修订协议》中对《供应协议》作出变更的内容已经成为《供应协议》的一部分，此表明《修订协议》的当事人意图按照《供应协议》的仲裁条款来解决争议。《香港仲裁条例》第19条第1款规定，"在合同中提及载有仲裁条款的任何文件的，只要此种提及可使该仲裁条款成为该合同一部分，即构成书面形式的仲裁协议"；该条第2款规定，"在不影响第(1)款的原则下,仲裁协议如符合以下规定,即属以书面订立——(a)该协议是在于文件之内的,不论该文件是否由该协议的各方签署”。可见,《香港仲裁条例》允许通过援引包含仲裁条款的其他文件的方式纳入仲裁条款,而不要求当事人必须在载有仲裁条款的文件上签字。因此,鑫森炭业与维实洛克有限公司、闽东联谊之间已就《修订协议》第3.1条不竞争义务和第6.1条保密义务而产生的争议达成了仲裁协议。

(三)仲裁适当通知问题

在“申请人乌克兰爱迪玛有限公司与被申请人张家港万晟新材料有限公司(以下简称万晟公司)承认与执行外国仲裁裁决案”[①]“申请人斯夫拉玛特有限公司与被申请人万晟公司承认与执行外国仲裁裁决案”中,[②]申请人请求承认和执行乌克兰工商会国际商事仲裁庭的仲裁裁决。被申请人辩称,其没有收到任何案涉仲裁通知等仲裁材料。法院认为,根据《纽约公约》第5条第1款第乙项的规定,受裁决援用之一造未接获关于指派仲裁员或仲裁程序之适当通知,或因他故,致未能申辩者,可以拒绝承认和执行。乌克兰工商会国际商事仲裁庭受理案件后,通过DHL公司以信函的方式向万晟公司寄送了仲裁材料副本、乌克兰工商会国际商事仲裁庭的规则和仲裁员推荐名单,虽DHL邮寄的地址与双方合同中地址存在“BAIZIGANG”与“BAIRIGANG”的差异,但寄送地址的城市、大厦及公司名称均正确,且根据地图查询,张家港东方新天地所对应的路,也仅为白子

① 江苏省苏州市中级人民法院民事裁定书,(2019)苏05协外认7号(2021年1月4日)。

② 江苏省苏州市中级人民法院民事裁定书,(2019)苏05协外认6号(2021年1月4日)。

港路,不存在任何其他定位。故根据以上信息,DHL 送达地址足以指向万晟公司地址,且 DHL 的签收回单反馈也可以显示,DHL 已将函件送达并被签收。另外,乌克兰工商会国际商事仲裁庭通过 DHL 公司以信函的方式向合同载明的万晟公司地址寄送了审理案件信息的通知书,该函件由当时万晟公司总经理沈某签收。乌克兰《国际商事仲裁法》第 3 条和乌克兰工商会《国际商事仲裁院仲裁规则》第 15 条第 5 款均规定,仲裁程序的通知可以通过邮寄送达。仲裁庭虽在第一次送达时,邮寄地址栏中存在轻微瑕疵,但载明的地址信息能够明确指向万晟公司且函件被签收,故该送达符合乌克兰仲裁程序通知的法律规定,涉案仲裁裁决不存在《纽约公约》第 5 条第 1 款第乙项规定的情形。故裁定承认和执行案涉仲裁裁决。

在"青岛传潮国际贸易有限公司(以下简称青岛传潮公司)申请不予承认和执行外国仲裁裁决请示案"中,[①]最高人民法院对山东省高级人民法院的报核请示,答复认为:《俄罗斯联邦工商会国际商事仲裁院仲裁规则》(2017 年版)第 10 条第 1 款规定,国际商事仲裁院按照接受文件一方当事人注明的地址或者另外一方当事人注明的地址向各方当事人发送文件。当事人应当立即将之前注明之地址的变更告知国际商事仲裁院;该条第 3 款规定,仲裁申请书、书面陈述、开庭通知书、仲裁裁决书、裁定书应以带有送达回证的挂号信或者具有投递记录的其他发送方式予以发送;该条

---

① 最高人民法院(2021)最高法民他 267 号复函。

第5款规定,通知在其由当事人收到之日,或者在其根据该条前述条款发送而应当被收到之日,视为收到,即使该当事人未收到通知,放弃接收,或不在、不位于通信地址,也应视为收到通知。仲裁庭寄送地址与案涉合同约定的地址一致,故不违反该仲裁规则第10条第1款的规定。对于快递单使用的电话号码与案涉合同约定的电话号码不一致的问题,该仲裁规则第10条并未对电话号码作出要求,仲裁申请人已对不一致问题作出了合理解释。关于第一次寄送仲裁申请书没有投递记录的问题,该案3次寄送皆由一家快递公司完成,第二次和第三次寄送皆有投递记录,符合该仲裁规则第10条第3款、第5款的规定;特别是考虑到《纽约公约》第5条第1款第2项所要求的是指定仲裁员和进行仲裁程序的适当通知,而此等通知已经通过第二次、第三次投递向青岛传潮公司寄送。综上,不应认为青岛传潮公司没有被给予指定仲裁员和进行仲裁程序的适当通知。

在"申请人路易达孚瑞士公司与被申请人青岛保税区棉花交易市场有限公司(以下简称棉花交易公司)申请承认与执行国外仲裁裁决案"中,[①] 被申请人棉花交易公司辩称其未收到仲裁庭的通知,亦未能得到指派仲裁员的通知。法院认为,国际棉花协会仲裁庭已通过电子邮件的方式向被申请人送达了仲裁通知、仲裁申请、指派仲裁员通知及仲裁裁决。其中一个邮箱A为合同中载明的邮箱,虽然被申请人主张该邮箱其已不再使用,但

① 山东省青岛市中级人民法院民事裁定书,(2021)鲁02协外认5号(2021年12月20日)。

依据国际棉花协会仲裁规则，在一方未通知地址变更的情况下，其已知的最后的住址、营业地点、电子邮箱或传真地址应为有效地址，因此仲裁庭向该电子邮箱的送达符合仲裁规则，应视为送达。另一个邮箱 B，以被申请人的名义向仲裁庭提交了答辩内容及修订后的合同，被申请人主张该邮箱并非其所有且对仲裁不知情，不符合常理。另外，关于裁决书，仲裁庭亦通过 DHL 的方式向合同载明的被申请人地址进行了送达。虽然该地址并非被申请人工商注册的地址，但申请人提交的送达公证书可以证明，被申请人的工商登记地址没有被申请人的实际办公场所，故该地址应认定为已知的最后的住址、营业地点，仲裁送达符合仲裁规则。对于被申请人关于仲裁送达程序的抗辩，不予支持，仲裁庭已按照仲裁程序的规则向被申请人送达了仲裁通知、指派仲裁员通知、仲裁裁决。被申请人未在指定时间内指定仲裁员，由仲裁庭指定仲裁员符合仲裁规则，法院依法予以确认。

在“申请人德国科兹集团分销有限公司（以下简称科兹公司）与被申请人广东省东莞畜产进出口有限公司申请承认和执行外国仲裁裁决案”中，[①]被申请人辩称：纠纷原因在于科兹公司有一笔货款遭到黑客入侵，误将约美元 20 万元汇给案外人深圳某公司，被申请人并未收取该款项。被申请人也从来没有收到俄罗斯联邦贸易工业联合会国际商事仲裁院的仲裁通知。若该仲裁院委托 DHL 快递公司向被申请人发出仲裁通知，DHL

① 广东省东莞市中级人民法院民事裁定书，（2019）粤 19 协外认 1 号（2020 年 4 月 30 日）。

快递公司的显著位置必须标注中文“信件”,否则也不是合法的送达。法院查明:根据科兹公司提交的仲裁院寄送邮单以及DHL快递公司的通报反映,DHL快递公司快递员多次尝试向被申请人送达仲裁材料,但收件人拒收。而且根据寄送邮单反映,仲裁院送达的地址与被申请人在案涉供应协议中所明确的地址一致。依据仲裁院仲裁规则第10条的规定,秘书处发送的文件,被视为在一方收到该消息的当天或在发送时应该收到该消息时收到的情况,包括该人没有出现接收信息、拒绝接收信息、没有找到或者没有住在适当的地址。故仲裁院已对被申请人进行了适当通知。故裁定承认和执行案涉仲裁裁决。

(四)仲裁庭对证据的处理问题

在“申请人庄信万丰戴维科技有限公司、陶氏全球技术有限公司与被申请人鲁西化工集团股份有限公司(以下简称鲁西化工)申请承认外国仲裁裁决案”中,[①]最高人民法院对山东省高级人民法院的报核请示,答复认为:该案系对瑞典仲裁裁决的承认案件,应当适用《纽约公约》予以审查。鲁西化工主张,其在仲裁程序中未能申辩,但从案涉仲裁审理情况来看,其事实上享有较充分的意见陈述和提供证据的权利,包括通过技术雇员、专家证人审阅案件材料以补强举证能力等,故不存在被剥夺陈述意见权利的情形。对其主张仲裁庭在披露范围、披露对象问题上未给予平等、公平的对待,导致其未能提交关键证据、被迫放弃关键证人,违反《SCC仲裁规则

① 最高人民法院(2020)最高法民他302号复函,山东省聊城市中级人民法院(2019)鲁15协外认1号。

(2010年)》的问题,该仲裁规则第19条第1款规定,“在遵守本规则规定以及当事人约定的前提下,仲裁庭可以其认为适当的方式进行仲裁程序”;第26条规定:“仲裁庭有权决定证据的可采性、关联性、实质性和证明力……可以指令当事人一方提供可能与案件结果有关的任何文件或其他证据。”故根据该仲裁规则,仲裁庭在举证要求、证据审查等方面拥有较宽泛的自由裁量权。仲裁庭在该案举证环节对证据披露范围、披露对象等作出的决定,未明显违背正当程序要求。综上,鲁西化工请求不予承认的主张不能成立。

(五)多方多合同仲裁问题

在天津市高级人民法院“关于申请人来宝公司与被申请人天津市滨海新区枫泽商贸有限公司(以下简称枫泽公司)、新鑫国际能源有限公司(以下简称新鑫公司)、渤海钢铁集团国际贸易有限公司(以下简称渤钢公司)、重庆繁盛机电技术进出口有限公司(以下简称繁盛公司)申请执行香港特别行政区仲裁裁决请示案”中,[①]请示的问题为:(1)来宝公司将分属于不同合同的合同当事人列为同一仲裁案件的被申请人,提出4个仲裁申请,HKIAC按照“多份合同,单个仲裁”程序作为4个案件进行审理,是否符合其《2013机构仲裁规则》第29条关于“多份合同,单个仲裁”的规定;(2)HKIAC将4个仲裁案件合并审理并作出一份仲裁裁决,是否符合《2013机构仲裁规则》第28条关于“仲裁的合并”的规定。最高人民法院

① 最高人民法院(2021)最高法民他130号复函。

复函认为,来宝公司与枫泽公司签订的合同中存在仲裁条款,与新鑫公司、渤钢公司、繁盛公司分别签订的合同中亦存在仲裁条款,但其中任何一份合同均不能同时约束多个被申请人,因此对该4个案件适用"多份合同,单个仲裁"程序,不符合《2013机构仲裁规则》第29条关于适用该程序应当满足"导致仲裁的各仲裁协议分别约束仲裁所有当事人"这一条件的规定。但枫泽公司、新鑫公司、渤钢公司、繁盛公司在仲裁庭组成后明确赋予当事人异议权的时间段内,均未正式提出异议,而是参加了仲裁程序。根据《2013机构仲裁规则》第29.2条关于"只要可以有效放弃,当事各方放弃基于依第29条开始单个仲裁而对仲裁庭作出的任何裁决的效力和/或执行提出任何的异议"的规定和第31条关于"当事人知道或理应知道未按本规则(包括一个或多个仲裁协议)的规定或其引发的要求行事,但仍继续参与仲裁而未立即提出异议的,应视为已放弃提出异议的权利"的规定,应视为4个公司已经放弃了对适用该程序提出异议的权利。因此,HKIAC依照"多份合同,单个仲裁"程序进行仲裁并不违反仲裁规则规定。《2013机构仲裁规则》第28条"仲裁的合并"规定,"(c)请求依据多于一个的仲裁协议提出,而两个或所有仲裁中存在相同的法律或事实问题,请求救济的权利均涉及或源于同一交易或同一系列交易,且香港国际仲裁中心认定各仲裁协议彼此兼容",HKIAC将4个案件合并为一个仲裁程序进行仲裁并不违反仲裁规则的规定。对来宝公司撤回部分裁项的申请应予以许可,对其余裁项应予以认可和执行。

（六）超范围仲裁问题

在“申请人阿联酋安富尔自由贸易区公司（以下简称安富尔公司）与被申请人广东粤新海洋工程装备股份有限公司（以下简称粤新公司）申请承认和执行外国仲裁裁决案”中，[①]双方签订的船舶建造合同约定，争议将到新加坡并根据当时现行有效的新加坡海事仲裁院仲裁规则最终解决，仲裁庭应当由该合同双方协商一致任命的一名仲裁员组成，若协商不成，则由新加坡海事仲裁院院长在该合同任一方提出申请时委任仲裁员。仲裁庭以书面形式审理该案并作出终局裁决。粤新公司主张，仲裁庭收到安富尔公司提交的因仲裁产生的法律费用的意见书后，未要求粤新公司提出回复意见，使粤新公司丧失了对安富尔公司的法律费用意见进行申辩的权利。法院查明，仲裁庭收到安富尔公司的费用意见书后，当日即要求粤新公司提交结案陈词，粤新公司可以对安富尔公司的费用意见向仲裁庭陈述自己的意见，但粤新公司并没有向仲裁庭提交意见，即仲裁庭并没有剥夺粤新公司对安富尔公司法律费用意见进行申辩的权利。粤新公司还主张，仲裁庭对利息的裁决超出仲裁请求范围。根据新加坡海事仲裁院《仲裁规则》（第三版）第 37.2 条的规定，仲裁庭可以对裁决的任何金额按其认为公正的利率裁定为单利或复利，该案仲裁裁决第 8.1 条对此也作出了“仲裁庭在利息裁定方面拥有极大的自由裁量权”的说明，故在安富尔公司已请求中山船厂视察费用的情况下，仲裁庭对中山船厂视察费用利息的裁决

① 广州海事法院民事裁定书，(2020)粤 72 协外认 1 号(2020 年 6 月 17 日)。

不属于仲裁范围以外的事项。故裁定承认和执行案涉仲裁裁决。

在“申请人路易达孚瑞士公司与被申请人青岛保税区棉花交易公司申请承认与执行国外仲裁裁决案”中,[①]被申请人抗辩仲裁庭超越权限,仲裁了不在仲裁协议范围内的担保合同关系。法院认为,被申请人主张裁决内容涉及股权转让协议的无效,该部分内容只是为解决修订合同的效力而进行的分析说理,并非裁决主文的内容。因此该部分不属于超出仲裁申请的范围。

(七)裁决书更正问题

在“申请人维实洛克有限公司与被申请人闽东联谊、鑫森炭业申请认可和执行 HKIAC 仲裁裁决案”中,[②]闽东联谊、鑫森炭业辩称,更正裁决未在规定的时限内作出以及超出更正的范围。法院认为,维实洛克有限公司在 2016 年 4 月 21 日向仲裁庭提出更正请求,仲裁庭认为请求合理,应在 45 日内,即 2016 年 6 月 5 日作出更正。因 2016 年 6 月 5 日为周日,该案更正裁决系在该法定节假日后的第一个工作日,即 2016 年 6 月 6 日作出的,该工作日应计算在规定的时限内,不存在超过时限作出更正裁决的情形。关于更正内容,仲裁庭认定鑫森炭业违反了《供应协议》及《修订协议》项下的不竞争义务及保密义务,结论为:“[20.25]仲裁庭还因答辩方违反 2005《供应协议》第 10 条以及《修订协议》第 6.1 条,判予维实洛克公司 1 美元象征性的损害赔偿。”然而,第 24.1.8 段因排印错误,多了一个

① 山东省青岛市中级人民法院民事裁定书,(2021)鲁 02 协外认 5 号(2021 年 12 月 20 日)。
② 福建省南平市中级人民法院民事裁定书,(2018)闽 07 认港 1 号(2021 年 8 月 19 日)。

"不"字。因此,仲裁庭予以更正为"[24.1.8]宣布答辩方因违反2005《供应协议》第10条以及《修订协议》第6.1条,而分别且连带地向维实洛克公司负有象征性的损害赔偿,总值1美元"。更正后的内容与仲裁庭在具体问题5分析与结论中的结论是一致的,可以认定是一种笔误或排印错误,该更正并非作出一个新的裁定,符合更正的范围。仲裁庭在第20.24段及第20.25段的结论为:"答辩方……严重违反了2005《供应协议》第6.1条,以及《修订协议》第3.1条。因此,仲裁庭判给维实洛克公司总计1,168,891美元的损害赔偿。"故该判赔内容系针对两名被申请人共同违约的责任承担。仲裁庭认为,第24.1.9.3段把该内容放在关于闽东联谊应当承担的责任项下属于排版错误。因此,仲裁庭将原第24.1.9.3段独立出来,作为第24.1.11段,以消除排版错误,上述修改确实不是对原裁决的实质性修改,亦符合最终裁定对于该项问题的具体分析、裁定以及结论。

(八)违反公共政策问题

在"申请人庄信万丰戴维科技有限公司、陶氏全球技术有限公司与被申请人鲁西化工申请承认外国仲裁裁决案"中,[①]最高人民法院认为,《纽约公约》第2款第乙项规定的公共政策者,应当理解为承认和执行外国仲裁裁决将严重违反我国基本法律原则、侵犯我国国家主权、危害社会公共安全、违反善良风俗以及危及我国根本社会公共利益的情形。鲁西化工以

① 最高人民法院(2020)最高法民他302号复函。

仲裁庭未平等对待仲裁双方为由主张承认案涉仲裁裁决有违我国公共政策,理由不能成立。

在“申请人野村控股株式会社(以下简称野村会社)与被申请人上海久有股权投资基金管理合伙企业(有限合伙)(以下简称久有基金)、日中资本有限公司(以下简称日中公司)申请认可和执行香港特别行政区仲裁裁决案”中,[①]被申请人久有基金辩称,案涉裁决与内地生效判决存在冲突,认可和执行该仲裁裁决违反内地社会公共利益,上海一中院生效裁定认为,确认日中公司作为久有基金清算组成员参与合伙企业的清算事宜。案涉仲裁裁决将日中公司除名系基于日中公司未按照有限合伙协议出资,但日中公司未按约定出资是外汇管制政策所致,且与野村会社行为有关。如认可和执行案涉仲裁裁决,将严重损害内地相关部门在经济管理方面立法和执法的权威性,违反公序良俗。法院认为:第一,关于案涉仲裁裁决是否与内地已生效裁判存在冲突。上海一中院裁定认为,日中公司及野村会社作为合伙人均有权向法院申请指定清算人,并指定久有全兴合伙清算组应由中介机构及合伙人指定的人员组成。该裁定并未排除合伙企业进入清算程序后仍可能发生的合伙人因被除名而退伙的情况,亦未审理日中公司的除名问题。日中公司在被除名之前有权申请指定清算人,与 HKIAC 依据有限合伙协议及相关法律规定作出将其除名的仲裁裁决,并不矛盾。第二,案涉合伙法律关系为平等主体之间民事法律关系,HKIAC 就久有全

① 上海金融法院民事裁定书,(2020)沪 74 认港 1 号(2021 年 9 月 29 日)。

兴合伙协议所涉纠纷作出的裁决内容限于合同当事人之间,对其认可和执行并不会涉及社会不特定多数人的利益。仲裁庭已对日中公司未按约出资问题作出实体审理,日中公司未按约出资的原因是否为外汇管制政策所致,不属于该案仲裁司法审查的范围。久有基金所称认可和执行案涉仲裁裁决违反外汇管理规定,依据不足。裁定认可和执行 HKIAC 案涉裁决(费用除外)。